정신통합

영혼의 심리학

존 퍼만, 앤 길라 저   이정기, 윤영선 역

PSYCHOSYNTHESIS
;A PSYCHOLOGY OF THE SPIRIT

씨아이알

정신통합연구소에서 우리와 함께 작업하고, 즐기고,

웃으며, 울었던 모든 사람들에게.

우리 모두는 함께 고생을 하면서 서로 많은 것을 배웠다.

감사의 글 ─────────────

우선 이 책을 쓰는 동안 관대한 지지를 해준 우리의 동료이자 친구인 크리스 미리암Chris Meriam에게 깊은 감사를 드리고 싶다. 그의 진실함, 공감, 그리고 이 책에 대한 지식은 우리에게 엄청난 가치가 있었다. 크리스는 이 책을 쓸 때 여러 면에서 격려해주고 충고해주었을 뿐 아니라, 이 책의 내용에 대한 피드백과 편집 교정에 적극적으로 참여하였다.

이 책의 원고를 읽고, 우리와 함께 확대된 이론적 논의를 했던 필립 브룩스Philip Brooks에게 깊은 감사를 드린다. 필립의 우정, 진심, 임상적 지혜는 이 책을 쓰는 데 매우 중요한 역할을 했다.

원고에 대한 통찰력 있는 코멘트와 유용한 질문을 많이 해준 존 대처John Thatcher, 현대 정신통합에 대한 우리의 치료를 검토해주고 자신의 개인적 이야기를 나눈 데이비드 클러그만David Klugman, 자신의 개인적 경험을 인용하도록 허용해준 앤 지프Anne Ziff, 그리고 뉴욕 주립대학의 출판사New York Press, State University와 함께 우리의 책 두 권을 출판하도록 도움을 주고 지지해준 존 화이트John White에게 따뜻한 감사를 드린다.

이 책을 위하여 많은 삽화를 주었던 존의 형제 데이비드 퍼만David 'Pope' Firman에게 감사를 드린다. 그의 참을성 있는 돌봄, 예술적 능력, 기법적 지식은 이 책을 쓰는 데 매우 유용했다.

마지막으로 이 교재는 지난 30년 동안 개인과 집단 상담으로부터 나온 것이기 때문에, 그동안 개인적 여정을 우리와 함께 나눈 학생들과 내담자들 모두에게 감사를 드리고 싶다.

한국 독자들에게 _____

한국에서 이 책이 번역되어 여러분들이 『정신통합 : 영혼의 심리학』을 읽을 수 있게 되어서 매우 기쁩니다. 바라건대 여러분들이 『정신통합 : 영혼의 심리학』 접근법을 읽고 여러분들의 개인적 영적 성장이 이루어지기를 원합니다. 존 퍼만John Firman과 내가 처음으로 『정신통합 : 영혼의 심리학』을 만났을 때, 우리는 고향에 온 듯한 느낌을 받았습니다. 우리는 정신통합 이론이 우리를 이해하는 것 같았습니다. 당신에게도 그와 비슷한 경험이 있길 바랍니다.

나와 존은 20년 동안 California, Palo Alto에 있는 Sofia 대학(전 초월심리학 연구소)의 심리학 박사와 석사 과정에서 정신통합을 가르쳤습니다. 2008년 존이 하늘나라로 간 뒤, 나는 영성지도의 석사 과정을 지도하면서, 학생들이 영성지도가 무엇인지 이해하고 설명하려고 애쓰고 있다는 말을 들었습니다.

나는 이 프로그램에서 정신통합을 배우는 학생들이 정신통합 공부를 통하여 영성지도에 대한 새로운 이해를 하였다는 말을 매우 자주 들었습니다. 정신통합의 핵심은 **높은자기실현**입니다. 그것은 개인적 존재인 '나'와 영성과 신성을 나타내는 **'높은자기'**의 지속적인 관계를 발달시키고 강화합니다. 정신통합 치료사인 존과 나는 **높은자기실현**과 영적 여정을 발견하고 따르는 사람들을 돕는 소중한 자리에 있었습니다.

존과 나는 내담자를 만나면, 먼저 질문합니다. "당신을 여기에 오게 한 것은 무엇입니까?" "상담에서 무엇을 구하고 있습니까?" 내담자가 상담에 오게 한 동기가 무엇이든, 그것이 무엇이었든 이 주제를 말하는 것은 영적 여정에서 한 발 나아가고 있다는 것입니다. 우리는 내담자에 대한 그림을 가지고 있

지 않습니다. 우리는 내담자가 무엇을 탐색하고 무엇을 탐색하지 말아야 하는
가를 예측하지 않습니다. 우리는 전능하지 않습니다. 우리보다 더 큰 누군가
또는 무엇인가가 있다는 것을 알고 있습니다. "당신을 여기에 오게 한 것은 무
엇입니까?"에 대한 답을 우리가 함께 찾아가는 것입니다. 우리는 그것을 알 수
없을지라도, 어떤 큰 힘이 이 사람의 삶에서 움직이고 있음을 신뢰합니다. 이
사람은 자신의 능력을 극대화할 수 있는 **높은자기실현**의 여정을 따라가고 있
음을 신뢰합니다.

　마지막으로 '나', '의지', '높은자기' 용어를 명료화하고 싶습니다. 영어에서
는 명사 앞에 정관사 'the'를 붙이는 것이 보통입니다. **정신통합**에 대한 다른
책을 보면, 그 단어들 앞에 정관사가 있는 것을 볼 것입니다. 그러나 이 책에
서는 이 관습을 따르지 않습니다. '나', '의지', '높은자기'에 정관사를 붙이는 것
은 그 단어를 객관화하고, 그 단어가 전하려고 하는 순수한 주관성보다는 자
각의 대상이나 내용이라는 인상을 주기 위한 것입니다. 그러나 우리는 정관사
를 쓰지 않는 것이, 설명하기 쉽지 않은 '나', '의지', '높은자기'를 완전하지는
않지만 표현하려 할 때 유용하다는 것을 알았습니다.

2013년 7월

Palo Alto, California에서

앤 길라_{Ann Gila}

역자 서문 ─────────────

　정신분석을 공부한 지 10년 정도 지난 후 아사지올리의 정신통합 이론을 알게 되면서 말할 수 없이 기뻐했던 때에 존 퍼만과 앤 길라의『정신통합: 영혼의 심리학』을 보게 되었다. 정신병리와 장애 심리학이 아닌『영혼의 심리학』이라는 책 제목에서 나의 길을 찾은 것 같은 자유와 기쁨을 느꼈다. 허브향 가득한 길에 들어선 느낌이었다. 감사하는 마음으로 앤 길라 여사와 메일을 주고받으면서 존 퍼만이 얼마 전에 하늘나라로 가셨다는 말을 들었다. 아쉬운 마음이 컸다.

　한국 독자를 위하여 기꺼이 서문을 써준 길라 여사의 글에서도 말했지만 정신통합은 영적으로 성장하기를 원하는 사람에게 매우 적합한 책이다. 아사지올리는 **높은자기**Self를 인간도식의 타원형 꼭지점에 놓아 '나'와 **높은자기**가 통합되어가는 과정을 정신통합 과정이라고 보았다. 그러나 퍼만과 길라는 **높은자기**를 인간도식 안에 표시하지 않았다. **높은자기**는 도식 전체에 있기 때문에 특별히 그려 넣을 필요가 없었다. 개인 무의식과 집단 무의식을 모두 아울러서 전체를 포함하고 있는 **높은자기**가 '나'와 접촉하는 순간, 우리는 궁극적 진리나 우주적 힘 또는 보편적 에너지와 대화할 수 있음을 알게 될 것이다. 그리고 지금까지 놓지 못하고 있었던 것, 시간, 즐거움, 정체성 등을 포기해야 될지도 모른다는 두려움을 느낄 수도 있다. 그러나 **높은자기**의 부름은 그 모든 것을 초월하여 '나'와 만나 영혼의 여정을 가도록 우리를 초대한다.

　높은자기의 부름을 듣지 못하거나 무시하던 때에 우리는 **생존통합중심**에서 나오는 메시지, 즉 '느끼지 마라', '제대로 해라', '너의 욕구를 갖는 것은 이기적이고 자기 중심적이야, '착해라' 등과 같은 메시지를 따라 살았을 것이다. 이 메시지는 우리의 내면에 기억되어 있어서 언제든지 상황만 되면 영적 성장을 이루어가는 길에 걸림돌이 되어 우리를 넘어뜨린다. **정신통합**에서는 이 **생존통합중심**을 탐색하여 그것이 우리로 하여금 성장하지 못하게 하면서 **생존인격** 단계에 머무르게 하고 있었음을 알게 한다.

우리의 욕구가 무시되었을 때, 넘어졌을 때, 신체적 정신적 학대에 노출되었을 때, **생존인격**은 생존하기 위하여 그 힘든 마음을 억압하고 겉으로는 아무 일도 없었다는 듯이 아름답게 그 마음을 포장한다. **생존통합중심**은 그렇게 억압된 마음을 만나려 하지 않지만, **참된 통합중심**은 그 마음을 만나고 그 마음을 가진 인격과 지속적인 관계를 맺으면서 억압되었던 마음이 **높은자기**와 통합될 수 있게 한다. 그 과정이 영적 성장으로 나아가는 길이다.

영적 성장은 길고도 몹시 힘든 여정이며, 놀랍고 힘들고 심지어는 위험하기까지 한 낯선 땅을 모험하는 여정이라고 아사지올리는 말하였다. 생존하기 위하여 붙잡고 있었던 그 메시지에서 벗어나는 것이 그만큼 어렵다는 말이다. 그러나 어디에선가 미세하게 들려오는 **높은자기**의 부름은 우리를 깨어나게 한다. "나는 누구인가?" '나'가 출현하고 '나'가 **높은자기**의 이미지라는 것을 알게 되면서 이제부터는 **생존통합중심**이 아닌 **참된 통합중심**과 관계를 맺으며 힘들기만 했던 영혼의 여정을 기쁜 마음으로 갈 수 있게 된다. 그리고 아무리 연약한 싹이라 하더라도 **높은자기**의 부름에 응답하고 **참된 통합중심**과 지속적으로 만난다면 우리는 더 의식적이고 의미 있는 방향으로 꽃피어날 것이다.

이 책을 읽으면서 의미 있는 꽃으로 피어날 독자들, 이 책이 나오기까지 애써주신 윤희조 교수님, 이 책을 같이 읽으며 교정해준 엄은형 님, 신은자 님, 안성희 님, 도서출판 씨아이알의 박영지 님, 서보경 님에게 한없는 감사를 드린다.

　이 책의 원서에는 본래 각주가 없으나 몇 개의 단어를 각주에서 간단하게 설명하였다. 따라서 각주는 모두 역자주임을 밝힌다.

2015년 12월 25일

이정기, 윤영선

들어가는 글 _____

> 정신통합은 정신분석을 전제로 한다.
> 아니 그보다는 정신분석을 우선 필요한 단계로 여긴다.
> — 아사지올리

> 나는 정신분석적 방법과 이론이 '더 높은' 또는 성장 심리학에 필요한
> 하위 구조라고 믿는다.
> — 아브라함 매슬로우

아사지올리Roberto Assagioli는 이탈리아 출신의 정신과 의사로, 1910년 정신분석이 정신병리의 근원으로서 어린 시절의 역동에 대한 분석을 지나치게 강조한다고 주장하였다. 그때 그는 '정신통합psychosynthesis'을 생각하면서 인격의 많은 국면들을 전인성으로 어떻게 통합시킬까를 강조하였다. 아사지올리는 초기에 정신분석을 배우면서 프로이트의 견해를 존중하고 소중하게 여겼으나 그것만으로는 '한계'가 있다고 생각하여(Assagioli 1965a), 정신통합을 발달시켰고, *Psychology Today*와의 인터뷰에서 자신이 정신분석과 가졌던 초기의 관계를 다음과 같이 설명한다.

나는 프로이트를 개인적으로 만난 적은 없지만 서로 연락을 했고 그는 융에게 내가 이탈리아에서 정신분석을 발전시키기를 기대한다는 내용의 편지를 썼다. 그러나 나는 곧 이단자가 되었다. 나는 융과 더 다정한 관계를 맺었다. 우리는 그때 여러 번 만났고 이야기를 하면서 서로 마음이 잘 통하였다. 모든 현대 심리치료사들 중에서 융의 이론과 실제는 정신통합과 가장 가깝다(Keen 1974, 2).

융은 아사지올리가 프로이트를 따를 것을 원했지만, 아사지올리는 정신분석의 '이단자'가 되어 프로이트의 환원주의를 받아들이지 않고 인격의 긍정적인 면을 인정하였다. 정신통합은 정신분석에서 탄생하여 인간 존재의 예술적이고 이타적인, 그리고 영웅적인 잠재력을 심리치료에 포함시킨 첫 번째 접근법이 되었다. 심미적이고 영적인 절정 경험을 인정하였고, 심리 증상은 영적 역동(지금은 종종 영적 긴급성spiritual emergency이라 불리는 것)에 의하여 생겨날 수 있다는 통찰을 하게 되었다. 그리고 삶의 의미와 목적은 지속적인 일상의 삶에서 개인적 자기와 더 깊은 높은자기 사이의 건강한 관계로부터, 소위 높은자기실현Self-realization으로부터, 나온다는 사실을 이해한다. 이러한 관심으로 인하여 나중에 정신통합은 인간중심과 초개인 심리학이 발달하는 영역 안에 있을 수 있게 되었다.

정신통합을 발달시킴으로써 아사지올리는 낮은 무의식에 초점을 맞추어 초기 어린 시절의 문제를 해결하는 것뿐 아니라 심미적 경험, 창조적 영감, 더 높은 의식의 상태, 높은 무의식 또는 초의식의 영역에도 관심을 갖게 되었다. 그는 이렇게 핵심적인 인간 경험의 차원들 각각에 대하여 한 차원을 다른 차원으로 환원시키지 않으면서 적절한 자격을 부여하려 하였다.

아사지올리는 정신분석을 초월하였음에도 불구하고 프로이트의 체계를 완전히 떠나려는 의도가 없었다. 그는 자신의 중요한 책 두 권 중 첫 번째 책인 『정신통합』(*Psychosynthesis* 1965a)에서 정신통합을 더 깊은 무의식에 대한 정신분석적 탐색에 기초한 것으로 보았다.

> 우리는 처음에 더 깊은 무의식 속으로 용감하게 들어가서 우리를 걸려 넘어지게 하며 위협하는 어두운 세력을 발견하였다. 그것은 우리를 사로잡거나 조용히 지배하는 어린 시절 또는 조상의 이미지인 '환영phantasms'이고, 우리를 마비시키는 두려움이며, 우리의 에너지를 고갈시키는 갈등이었다. 정신분석을 통하여 어두운 세력을 발견할 수 있다(21).

높은 무의식과 중간 무의식을 포함하여 — 무의식을 더 탐색함으로써 개인은 의식적 인격 너머에 있는 더 깊은 높은자기와의 의식적 관계를 더 자유롭게 발달시킬 수 있다. 이것을 아사지올리의 말로 하자면 "높은자기와 의사소통하는 채널을 확장시킬 수 있다(27)."

이러한 높은자기와의 관계는 이전의 자기 탐색의 열매를 포용하는 인격의 새로운 통합을 이룰 수 있게 하며 더 나아가서 그것은 개인의 삶의 방향과 의미의 원천이 될 수 있다. 무의식에 대한 이전의 탐색 결과로 나온 높은자기와의 지속적인 관계는 높은자기실현이고 그것이 정신통합의 근원적 원리이다.

아사지올리에게 분석 작업은 정신통합 과정의 기초가 되는 개인적 탐색에서 매우 중요한 부분이다. 아사지올리는 정신분석과 정신통합 모두가 전인성을 이루는 데 꼭 필요하다고 보는 것 같다.

정신분석과 정신통합

그러나 수년 동안 정신통합은 최소한 영어로 쓰인 문헌에서는 정신분석의 발달과 낮은 무의식에 초점을 맞추는 것에서 멀어져 있었다. 뉴욕의 정신통합 연구소의 공동창립자인 윌 프리드만Will Friedman의 말을 빌리자면 정신통합은 "정신분석적 뿌리와의 접촉을 상실하였다(Friedman 1984, 31)." 그리고 정신통합 연구 재단의 전 부회장이며 심리학자인 프랭크 헤로니안Frank Haronian은 정신통합이 '인간의 연약함과 한계'를 간과했기 때문에 낮은 무의식에 더 관심을 기울여야 할 필요가 있다고 경고하였다(Haronian 1983, 31, 27).[1]

정신통합이 정신분석으로부터 분리된 중요한 이유는 아사지올리와 그 후의 정신통합 이론가들이 프로이트와 기본적으로 다른 철학을 갖고 있었기 때문인 것 같다. 아사지올리의 입장은 프로이트의 환원적 역동 이론과 심하게 갈등하고 있었다. 프로이트는 영성과 종교를 경멸하였고 분석가의 중립적 태도를 주장하였다.

아사지올리는 프로이트의 그러한 원칙을 따를 수가 없었다. 왜냐하면 그 원칙들은 근본적으로 인간 본성에 대한 그의 견해와 맞지 않았기 때문이다. 그는 개인적 자기됨selfhood, 선택, 책임이 욕동보다는 더 본질적인 수준에 있다고 보았으며 삶의 영적이고 종교적인 차원을 인정하였다. 그리고 진실성과 공감이 심리치료에서 핵심적이라고 주장하였다. 가장 기본적으로, 아사지올리는 인간 존재가 관찰될 수 있는 고립된 개인이 아니라, 더 넓은 관계 영역에서 지속적이고 적극적인 상호작용을 하는 주체라고 이해하였다.

실제로 고립된 개인은 하나의 비실존적 관념일 뿐이다. 현실에서 개인은 꼭 필요한 심리적이고 영적 관계의 복잡한 망으로 얽혀 있다. 그리고 다른 사람들과 서로 나누고 상호작용한다(Assagioli 1965b, 5).

이 기본적인 차이 때문에 많은 다른 이론들 중에서 정신분석과 정신통합은 바로 두 가지 별개의 발달 과정을 따를 수밖에 없었다.

체계 발달

정신통합은 발달하면서 개인의 성장, 높은자기실현, 높은 무의식에 초점을 맞추는 경향이 있다. 반면 초기의 발달이나 심리 장애의 뿌리에 대한 말은 잘 하지 않는다. 정신통합은 초기에 실존주의/인간주의 심리학과 초개인 심리학의 광범위한 변화 속에 있는 체계들 중의 하나가 되었다. 매슬로우(Abraham Maslow 1971)는 낮은 무의식과 정신병리 연구를 '인간 본성에서 더 멀어지는 것'이라고 했으나 프로이트는 그것에 초점을 맞추어 연구하였고 위의 두 심리학은 프로이트를 넘어서 발달하여 갔다.

아사지올리는 융, 매슬로우, 칼 로저스와 함께 '심리학의 새로운 방향', 그리고 '프로이트 이후의 혁명'(Wilson 1972)에서 주요 인물이며 초개인 심리학의 주요 초기 사상가로 여겨졌다(Boorstein 1980; Scotton, Chinen, 그리고 Battista 1996).

실제로 **초개인적 자기**Transpersonal Self **또는 높은자기**Higher Self, **높은 무의식** higher unconscious, **초의식, 하위인격**subpersonalities, **동일시**identification, **탈동일시** disidentification, **관찰하는 자기**observing self, **'나'**와 같은 정신통합 개념은 현대 심리학을 발전시킨 많은 사람들의 사상에 영향을 주었다. 더 나아가 이러한 변

화를 주도했던 많은 사람들은 이미지 따라가기, 시각화의 창조적 사용, 인격 부분들과의 대화, 탈동일시, 동일시 수준 탐색, 지혜의 내적 상징과 관계 맺기 등의 전통적 정신통합 기법들을 활용한다.

다른 한편 정신통합은 프로이트를 넘어서 자체 발달을 이루었으나 공교롭게도 그것은 아사지올리의 초기 관계적 개념에 대한 것이었다. 정신분석도 정신통합처럼 현실이 공간에서 상호작용하는 고립된 대상들로 구성되어 있다고 보지 않고, 관찰자를 포함하여 모든 사물들이 포함되고 상호관계를 맺는 거대한 체계라고 보는 세계적 패러다임 변화의 한 부분이 되었다. 아인슈타인Einstein의 놀랄 만한 통찰, 헤이젠베르그Heisenberg의 불확실성 원리, 버탈란피Bertalanffy의 일반체계 이론으로부터 나온 가족체계 이론, 여성 운동, 본성 중심적 영성, 환경적 의제, '지구촌global village', 종교적 에큐메니즘까지, 실존 그 자체는 근원적으로 관계적인 것으로 나타났다.

> 통합에 대한 이러한 흐름은 이미 분명하게 나타나고 있으며 점점 더 확산되고 있다. 정신통합은 그것에 기여할 뿐이다.
>
> — 아사지올리

정신분석이 이러한 관계성 쪽으로 관심을 갖게 되자 점차 인간을 뉴턴Newton 역학의 고립된 대상이 아닌 관계적 체계나 관계영역이 상호작용하는 한 부분으로 인식하게 되었다. 내적 역동과 투쟁하는 고립된 개인이라는 개념은 인간을 보다 광범위한 전체의 통합된 한 부분으로 보는 개념으로 바꾸기 시작하였다. 이러한 관계적 입장은 오늘날의 정신분석에서 예를 들어, 대상관계 이론, 자기 심리학, 상호주관적 심리학으로 나타난다. 이들 각각은 나름대로 상호작용 영역에 초점을 맞추고 있으며 정신분석에서 관계적 모델로 불렸던 주요 패러다임 변화의 한 부분이다(Mitchell 1988).

정신분석적 관점을 포함하는 정신통합

요즈음 정신통합이 정신분석적 통찰에 더 깊이 참여하고 더 나아가 초기 어린 시절 발달을 현재의 연구에 통합시키는 것은 흔한 일인 것 같다. 이것은 우리가 이 책에서 다루고자 하는 과제들 중의 하나이다.

그러나 정신분석 관점을 포함시킨다는 것은 정신분석과 정신통합의 공식적인 개념 모두를 하나의 이론으로 절충한다는 것도 아니고, 이 체계를 옹호하는 상담사들 사이에 공통적인 정교한 이론적 기초를 반드시 만든다는 것도 아님을 이해하는 것이 중요하다. 오히려 아사지올리의 본래 개념을 확장하고 더 연구하여 심층 심리학과 발달 심리학에선 전통적인 인간 경험의 중요한 차원들을 보다 완전하게 포용할 수 있게 하려는 시도가 있을 뿐이다. 이러한 차원들을 포함시키는 것이 아사지올리의 본래 의도였을 것이다.

이 접근법에서 아사지올리가 높은자기실현에 대하여 이해한 것은 전인 심리학의 세 가지 중요한 영역—발달 이론, 인격 이론, 임상 이론—을 통합하는 핵심 원리가 될 수 있다. 이 세 가지 영역은 정신통합의 실제 적용에서 높은자기실현을 분명하게 밝히고 지지하면서 밀접하게 연결되어 있는 것으로 보인다.

발달 이론

발달 이론은 인간 발달 이론을 정교화한 것으로, 핵심적인 정신통합 개념 위에 세워졌을 뿐 아니라 동시에 현대 정신분석, 상호주관 심리학, 애착 이론,

현대 유아 연구와도 밀접한 연관성을 가지고 있다. 아사지올리가 높은자기와 의 관계를 이해한 것에 따르면, 이 관계는 본질적인 유대관계나 관련성이 있 는 것으로 그것에 의하여 인간 영혼은 전 생애에 걸쳐서 활짝 피어난다. 우리 는 이러한 관계에 의하여 주어지는 지지 때문에 발달 단계를 통하여 성장해갈 수 있고, 우리의 인격을 조화롭게 할 수 있으며 삶의 의미와 방향을 발견할 수 있다. 높은자기와의 관계는 발달의 모든 단계에서 나타나며 중요한 내적 외적 환경에서도 발견된다. 그렇기 때문에 높은자기실현은 인간 발달의 특별 한 단계에서만 이루어지는 것이 아니다.

인격 이론

이 발달적 관점에서 인격 이론이 나오는데, 그 이론에 따르면 높은자기와 의 온전한 관계는 인격의 다양한 많은 국면들인 육체, 감정, 마음, 본능, 상상, 욕동, 하위인격 등과 창조적인 관계를 맺을 수 있게 한다. 이 본성적 다양성은 인간의 포괄적인 공감 영역 안에 내적 일관성이나 공동체를 형성할 것이다. 그때 그 사람은 높은자기의 공감적 영역 안에 있게 된다. 높은 무의식과 낮은 무의식은 자연스럽게 일어나는 인격 구조나 발달 단계에서 생겨난 것이 아니 라, 오히려 높은자기와의 관계에 상처를 입은 결과로 생긴 것이고, 약하거나 심한, 개인적이거나 초개인적 심리 장애의 기저를 이루고 있는 것으로 보인다. 이것이 의미하는 바는 높은 무의식과 낮은 무의식이 지속적인 탐색과 통합을 필요로 하는 부분이라는 것이다.

임상 이론

만일 높은자기와의 온전한 공감적 관계가 인간 영혼, 일관성 있는 인격 표현, 삶의 의미를 발견할 수 있게 허용한다면, 이 공감적 연관성의 중단은 이들 영역에서 장애의 원인이 될 것이다. 더 나아가 만일 공감적 중단이 상처의 원인이 된다면, 공감적 연관성만이 이 상처를 치유할 수 있을 것이다. 따라서 정신통합 상담사와 내담자 사이의 심오한 공감적 상호주관적 반향은 모든 정신통합 상담의 핵심적인 치유 요인이 될 것이다. 공감적 영역의 기능은 아마도 높은자기가 정신통합 실제에서 작용하는 가장 중요한 방식이 될 것이다. 이러한 공감 없이는 진실한 치유와 변화도 없을 것이다. 정신통합의 광범위한 영역은 다양한 접근법들로부터 많은 기법과 방법을 사용할 수 있게 하지만 이것들은 완전히 이 공감적 반향에 부차적인 것일 뿐이다.

　이 세 가지 영역을 검토함으로써 정신통합은 인간 경험의 높이와 깊이, 심리적 문제와 영적 실제, 일상생활에서의 초월을 통합하는 것을 다루는 사람들에게 구체적인 도움을 줄 수 있다. 다른 한편 우리는 이것이 우리의 영적 여정에서 곁길로 빠지게 하거나 망상에 사로잡히게 한다는 이유로 심리 상담을 회피할 필요가 없다. 또한 우리는 종교적 경험을 심리적 증상으로 보거나 영적 실제를 방어 기제로 볼 필요가 없다.

　심리적 문제, 대인관계에서의 도전, 개인적 자기실현, 더 높은 의식 상태 등 이 모두가 같은 인격에 있는 것이기 때문에, 정신통합은 결국 우리들 대부분의 상황인 공통적인 경험을 다룬다. 그러나 이것보다 훨씬 더 중요한 것은 정신통합이 인간의 특별한 삶의 여정, 개인의 고유한 높은자기실현의 여정을 인식하고 지지하려 한다는 것이다.

이 책의 목적

우리는 다음의 목적들을 염두에 두고 『정신통합: 영혼의 심리학』을 썼다.

· 이 책에 있는 사례와 상담 이론은 높은자기실현의 개인적 여정을 이해하고 촉진하려는 사람들을 지지하기 위한 것이다. 이것은 선배들, 그리고/또는 노련한 지도자와 함께 이 길을 가려는 것이 아니다. 여기에는 그러한 여행을 하는 동안 만날 수 있는 많은 영역에 대한 유용한 정보가 있다.

· 정신통합의 기초 교재가 될 이 책은 초급과 고급 정신통합 과정, 전문적 훈련 프로그램, 발달, 성격, 임상 이론의 초개인적 통합을 추구하는 연구의 어떤 과정에서도 유용한 것이다. 우리는 여기에서 아사지올리가 개관한 정신통합 훈련의 일곱 가지 본질적 주제—탈동일시, 개인적 자기 혹은 '나', 의지, 이상적 모델, 통합, 초의식 혹은 높은 무의식, 그리고 높은 자기—를 다룬다(1974).[2]

· 그것은 또한 일반적인 심리학 과정에도 적절하다. 왜냐하면 그것은 정신통합과 현대 발달 연구, 대상관계 이론, 자기 심리학, 상호주관적 심리학, 외상 이론, 회복 운동, 융 심리학, 인본주의와 초개인 심리학, 일반적인 심리적 진단 사이의 관계들 중 몇 가지를 보여주기 때문이다.

· 마지막으로 교육자, 사회사업가, 진로 상담자, 개인 코치, 치료사, 영성 지도사, 의사, 목회 상담사, 간호사, 부모는 여기에서 그들의 특별한 전문

직을 적용하게 될 광범위한 틀을 발견할 것이다. 정신통합은 기법이 아
니고 인간 존재에 대한 광범위한 통합적 견해이기 때문에 그것은 다양한
적용을 위하여 유용한 맥락을 제공할 수 있다.

이 책의 목차

이 책은 1970년대 이후 정신통합 문헌에서 발견되는 많은 전통적 자료를
정교화하는 반면 정신통합 사상에 현대적 진보를 통합한다.

이렇게 더욱 새롭게 발달하는 것들 중 많은 것은 우리의 책 『원상처: 외상,
중독, 성장에 대한 초개인적 견해』(*The Primal Wound: A Transpersonal View of
Trauma, Addiction and Growth* 1997)에서 더 자세히 설명되고 있다. 이 책은 그
연구를 뒷받침하는 것이며 이번에는 존 퍼만John Firman이 초기에 쓴 책 『'나' 그
리고 높은자기: 정신통합재고』('*I' and Self: Re-Visioning Psychosynthesis* 1991)의
지지를 받고 있다. 이 책을 간단하게 요약하자면 다음과 같다.

총괄적으로 들어가는 글과 제1장은 정신통합의 역사를 개관한다. 우리는
아사지올리가 초기에 정신분석에 가담했다가 거기에서 나온 것, 정신분석과
정신통합의 발전, 나중에는 인본주의와 초개인 심리학 속에 정신통합을 통합
시킨 것에 대하여 설명한다.

제2장과 제3장은 정신통합 이론에서 가장 근원적인 국면들 중 두 가지의
국면인 인간 모델과 정신통합의 단계를 설명하고 확장시킨다. 그것은 처음에는
아사지올리의 책, 『정신통합: 원리와 기법 매뉴얼』(*Psychosynthesis: A Manual
of Principles and Techniques* 1965a)의 첫 장에서 개관한 것이며, 새롭게 두 개
념을 정교화하고 발달시킨 것이다.

제4장은 정신통합에서 중요한 통찰을 정교화하기 위한 사례가 나온다. 정상 인격이 다른 부분들이나 하위인격을 구성한다는 것을 보여주고, 하위인격 형성 개념과 조화의 단계를 개관한다.

제5장은 정체성에 대한 아사지올리의 개념을 깊이 있게 탐색한다. 그것은 정체성의 본질이 관계적 모체 안에서 형성된다는 것을 보여준다. 공감, 탈동일시, 분리, 의식과 의지, 초월-내재와 같은 주제들이 포함되어 있다.

제6장은 아사지올리의 세미나에서 나온 고유한 정신통합의 발달 이론을 설명한다. 여기에서 정신통합은 대상관계 이론, 자기 심리학, 애착 이론, 현대 유아 연구의 국면들을 집중적으로 반영한다.

제7장은 무의식의 수준들과 그것들이 환경으로부터 공감받지 못함으로써 어떻게 형성되었는가를 다룬다. 아사지올리의 본래의 모델을 사용하고 적용하여 다른 심리 장애들에 대한 이해를 설명한다.

제8장은 높은자기실현을 논의하고 다른 모든 장들이 다른 방식으로 지적했던 주제로 이 책을 마감한다. 높은자기실현은 전 생애 동안 깊고 높은자기와의 지속적인 관계, 삶에 의미와 방향을 제공하는 관계라고 볼 수 있다. 여기에서 높은자기실현은 목적지가 아닌 여정으로 이해된다.

> 나는 '정신통합'을 아직 완전하지 않은 많은 국면들을 가진 어린아이 또는 청소년이라고 생각한다. 그렇기 때문에 그것은 성장을 위한 많은 잠재력을 가지고 있다.
> ― 아사지올리

요약하자면 우리는 정신통합이 분석과 통합, 상처와 치유, 개인적 초개인적 성장, 깊이와 절정 경험을 이해하려는 하나의 체계라고 말할 수 있을 것이다. 다시 한 번 무엇보다도 먼저 이것은 치유와 성장의 단계가 어디이든, 공감과 고유한 인간을 연결시킬 수 있게 한다는 관점을 말한다. 그리고 이 공감적 이해 안에서만 기법과 방법을 활용하여 상담할 수 있다.

목차

Psychosynthesis ; A Psychology of the Spirit

제1장

로베르토 아사지올리의
삶과 업적

제1장

로베르토 아사지올리의 삶과 업적

그는 너무 앞서 갔다. 누가 거기에서 그렇게 크고 조화로운 말을 들을 수
있었을까? 그것을 들을 수 있는 사람은 그리 많지 않다.
— 아사지올리에 대한 글에서, Synthesis 2

1909년 칼 융은 프로이트에게 이탈리아의 젊은 정신의학자 아사지올리
(1888-1974)에 대하여 편지를 썼다. 그는 이탈리아에서 정신분석의 발달을 위하여
전도가 유망한 사람으로 보였다. 융은 아사지올리에 대하여 다음과 같이 썼다.

우리가 처음 만나는 이탈리아인 아사지올리 박사는 플로란스에서 정신 병원에 근
무하고 있으며 우리에게 매우 큰 기쁨을 주고 도움이 되는 사람일 것입니다. 탄찌
Tanzi 교수는 우리의 논문 연구를 위하여 그를 보냈습니다. 그 젊은이는 매우 똑똑하
고 지식이 뛰어난 것 같습니다. 그리고 열의를 갖고 새로운 영역에 뛰어드는 열정적
인 사람입니다. 그는 당신을 내년 봄에 방문하고 싶어 합니다(맥과이어McGuire 1974,
241).

만일『프로이트/융의 서신』(*The Freud/Jung Letters*, McGuire 1974)을 읽는다면 아사이올리는 초기 정신분석 운동에 많은 관심을 갖고 있는 '열정적인 추종자'였음이 틀림없을 것이다. 그는 프로이트가 만들고 융이 편집한 정신분석 정기 간행물인 *Jahrbuch fur Psychoanalytische and Psychopathologische Forchungen*에 「이탈리아의 프로이트 이론」이라는 소논문을 기고하였다. 그것은 칼 아브라함Karl Abraham, 빈스방거Ludwig Binswanger, 브릴A. A. Brill, 그리고 융과 같은 사람들이 글을 실었던 학술지 *Zentralblatt fur Psychoanalyse*에서도 출판되었다. 그리고 그는 1910년 융이 만든 정신분석 모임의 멤버였으며 그곳의 회장은 훗날 **현존재분석** 또는 **실존 분석**Daseinsanalyse or existential analysis으로 유명해진 빈스방거였다. 그리고 그는 **정신분열증, 양가감정, 그리고 자폐증**이라는 용어를 만들고(Gay 1988), 명성이 높았던 정신과 의사 폴 유진 브로일러Paul Eugen Bleuler 아래서 융도 훈련받았던 쮜리히Zurich 대학의 브르골쯜리Burgholzli 병원에서 정신과 훈련을 받았다.

그러나 아사지올리가 플로란스Florence 대학에서 박사 논문을 다 마쳤을 때 그는 그것을 '정신분석'이라 하지 않고 '정신통합'이라는 제목을 붙였다('*La Psicosintesi*'). 그때만 해도 아사지올리는 프로이트의 정신분석을 넘어서 가는 초기 단계에 있었다.

정신통합에 대한 나의 초기 개념은 정신분석에 대한 박사 논문 속에 들어 있었다 (1910). 그 안에서 나는 프로이트 이론의 한계라고 생각했던 것을 지적하였다 (Assagioli 1965a, 280).

아사지올리는 정신통합을 발달시키면서 인격과 그 역기능을 분석적으로 통찰하기 위하여 분석을 사용했을 뿐 아니라 **통합**도 추구하였다. 통합은 개인 안에서, 그리고 전체적으로 세계와 맺는 개인의 관계 안에서 어떻게 전인으로 점점 더 성장해가는가를 이해하도록 돕는다.

아사지올리는 어린시절 외상을 치유하는 것과 건강한 자아를 발달시키는 것이 필요한 목표라는 프로이트의 의견에 동의하였지만 인간 성장이 이것에만 제한되어 있지 않을 수 있다고 주장하였다. 그는 인간 성장을 잘 기능하는 자아의 기준을 넘어서 잠재력을 꽃피우는 것이라고 이해하였다. 훗날 아브라함 매슬로우(1954, 1962, 1971)는 그것을 자기실현이라고 했으며 지금은 인간 경험의 영적 초개인적 차원으로 통합시키고 있다. 다음은 『초개인 정신의학과 심리학』(*Textbook of Transpersonal Psychiatry and Psychology*)으로부터 인용한 것이다.

매슬로우가 초개인 심리학의 근원적 문제를 탐색했다면 아사지올리는 이 개념을 심리치료에 실제적으로 적용한 선구자였다. 아사지올리는 인격의 초개인적인 면을 제안하였고 개인적 수준과 영적 수준 둘 다에서 인격의 통합을 위한 심리치료를 논의하였다. 그는 영적 위기에 대한 문제를 다루었으며 인격의 초월성 발달을 위한 실제적인 치료적 기법을 소개하였다(스코튼Scotton, 치넨Chinen, 그리고 바티스타 Battista 1996, 52).

달리 말하자면 아사지올리는 개인적 치유, 인격의 통합, 자기실현의 개인적 성장 과정뿐 아니라 영감을 받은 창조성, 사랑에 빠짐, 자연과의 교감, 과학적 발견, 영적 종교적 의식을 통한 절정 경험(매슬로우)을 통하여 깨닫게 되는 차원인 초개인적 발달 접근법을 생각하고 있었다. 아사지올리(1965a, 1973a)는 성장의 이 두 차원을 각각 **개인적 정신통합**, 그리고 **영적** 또는 **초개인적 정신통합**이라고 말하였다.

우리가 앞으로 볼 것이지만 아사지올리는 높은자기실현의 광범위한 과정이라는 분명한 발달선상에서 개인적 차원과 초개인적 차원을 이해하였다. 그리고 그는 의식적 인격을 조절하는 더 깊은 높은자기를 높은자기실현에 대한 개념으로 인식하였다. 이 높은자기는 개인적 초개인적 실현을 위한 방향과 의미를 제공할 뿐 아니라 삶의 부름 또는 소명의 원천으로 작용한다. 그러한 부름은 가장 깊은 진실, 삶의 가장 본질적인 의미와 목적을 발견하고 따르도록 하여 우리 자신, 다른 사람들, 자연, 세계와의 관계 속에 살도록 우리를 초대한다.

영적 욕동이나 영적 충동은 성적이고 공격적 욕동만큼 실제적이다.
— 아사지올리

정신통합은 행동주의와 정신분석에 이어서 1960년대의 제3세력과 제4세력인 인본주의 심리학과 초개인 심리학에서 최초의 선구자적 이론이다(Scotton, Chinen, Battista, 1996을 보라). 아사지올리의 개인적 정신통합 개념은 인본주의 심리학과 실존주의 심리학 등 다른 접근법들과 밀접한 관계가 있다. 그것들은 건강한 인성과 고유하고 개인적인 자기의 실현을 이해하려고 한다. 마찬가지로 그의 초개인 정신통합 개념은 일반적으로 초개인 심리학 영역을 신비하고 통합적인 절정 경험에 대한 연구와 관련되어 있다. 그러한 경험 속에서 개인은 독립적인 자기감을 넘어서 통합적이고 우주적인 실제의 차원을 경험하게 된다. 아사지올리는 『인본주의 심리학 학술지』(*Journal of Humanistic Psychology*), 그리고 『초개인 심리학 학술지』(*Journal of Transpersonal Psychology*)

편집 위원회 위원이기도 하였다.

그러면 심리학에 이렇게 중요한 변화를 그렇게 빨리 예견했던 체계를 발달시킨 이 사람에게 영향을 미친 것은 무엇이었을까?

아사지올리, 그리고 그의 영향력

한 사람에 대한 영향력을 논의하려면 그 사람의 개인적 역사에서 시작하는 것이 가장 자연스러울 것이다. 그러나 아사지올리는 자신의 삶에 대하여 말이 없기로 유명하다. 그는 자신의 연구 발달이 아닌 자신의 개인적 인격에 너무 많은 초점을 두는 것은 잘못이라고 생각하였다. 그는 그런 방식으로 인격에 초점을 맞춘다면, 그것이 그를 유명한 사람으로 만들 것이고, 심지어는 그를 심리 상담사나 심리학 이론가라기보다는 영적 스승이나 구루로 보게 될 것이라고 생각하였다. 그리고 자기 자신에 대한 왜곡된 인식은 정신통합의 개념을 왜곡할 수도 있으며, 그것은 그가 만들었던 심리 체계를 개방적이면서 발전적 체계보다는 영적 가르침이나 철학적 원리로 오해하게 할 수도 있다고 보았다. 이렇게 볼 때 아사지올리가 일종의 운동이나 조직을 운영하는 데 관심을 두지 않았기 때문에 전체적으로 정신통합 발달에 대한 어떤 행정적 통제도 단호하게 거절했다는 것도 일리가 있다.[1]

아사지올리는 죽음에 가까워서야 그의 동료들로부터의 압력에 못 이겨서 전기 작가로 보스톤Boston 심리치료사 유진 스미스Eugene Smith를 선정하였다. 그러나 아사지올리는 곧 죽음을 맞이했고 스미스는 직접 아사지올리로부터 정보를 거의 듣지 못했다. 따라서 전기에 필요한 정보는 대부분 아사지올리의 친구들과 동료들에 의존하게 되었다(Rindge 1974). 그러나 이 전기조차도 빛을 보지 못했다. 그렇기 때문에 아사지올리의 삶에 대한 문헌은 거의 없다는 사실도 놀랄 만한 일은 아니다.

우리는—아사지올리의 전기를 강요했던 사람들과 함께—자료가 부족한 것을 안타까워하지만 이러한 부족 때문에 아사지올리의 개인적 소망을 따라갈 수밖에 없었다. 그는 분명히 정신통합이 그것을 만든 사람의 개인적 역사나 인격이 아닌 그 자체의 장점에 의하여 평가되어야 한다고 믿었다. 아마도 우리는 많지 않은 전기 자료들을 탐색할 때 이러한 면을 염두에 두고, 아사지올리의 영향을 밝히는 데 가장 타당한 영역으로서 정신통합을 검토할 수 있을 것이다.

전 기

아사지올리는 이탈리아 베니스에서 1888년 2월 27일 태어났으며 그때의 이름은 로베르토 마르코 그레고Roberto Marco Grego였다. 그는 엘레나 카울라Elena Kaula(1863-1925)와 레온 그레고Leone Grego(?-1890)의 외아들이었다. 아버지 레온은 로베르토가 약 20살이 되었을 때 돌아가셨고, 그 후 어머니는 엠마누엘 아사지올리 박사Dr. Emanuele Assagioli와 결혼하였다.[2]

두 사람의 아사지올리는 '문명화된 중상류층 유대 가족'(Hardy 1987)이었으며, 엘레나는 나중에 이 유대주의 위에 신지학Theosophy에 관심을 갖게 되었다. 가족들이 집에서는 이탈리아어, 불어, 영어로 말했고 로베르토는 독일어, 라틴어, 그리스어, 러시아어, 산스크리트어를 공부할 수 있었다. 분명히 철학, 문화, 종교의 다양하고 풍부한 경향이 아사지올리의 초기의 삶에 영향을 미쳤다.

1904년 가족이 베니스에서 플로랑스로 이사하면서, 아사지올리는 Studi Superiori의 Istituto에서 의학을 공부할 수 있었다. 1905년부터 플로랑스에 있는 그의 친구들은 문화와 문학 논평지(*Leonardo*)에 책임을 맡고 있었던 젊은 철학자, 예술가, 작가들이었다(Smith 1974). 위에서 말했듯이 그는 스위스에서 블로일러Bleuler와 훈련을 받았고 정신분석을 공부하였다. 그리고 칼 융과 알게 되었으며, 특별히 윌리엄 제임스William James와 헨리 베르그송Henri Bergson의 연구에 관심을 갖게 되었다. 그는 플로랑스 대학에서 신경학과 정신의학 전공의 의학 학위를 받았다. 그는 1910년 '정신통합' 논문에서 정신분석에 대한 비판을 하였다.

> 1911년 나는 볼로냐Bologna의 '국제 철학 회의International Congress of Philosophy'에서 무의식에 대한 나의 견해를 발표하였다.
>
> — 아사지올리

그는 정신의학자로 훈련받기 시작하면서, 1912년 두 달에 한 번 발행하는 학술지 *Psiche*(*Psyche*)를 창간하여 1915년 제1차 세계대전 때문에 그만둘 때까지 원고를 편집하고 글을 실었다. 이 학술지에 "프로이트의 글이 이탈리아에서 처음으로 소개되었다. 그 글을 아사지올리가 번역하고, 프로이트가 검토하고 확인하였다."라는 내용이 있다(Berti 1988, 25).

제1차 세계대전 중 아사지올리는 '군의관'이었으며 전쟁이 끝난 후 로마 가톨릭 신자이며 신지학 신봉자인 넬라 시아쁘띠Nella Ciapetti와 결혼하였다. 그와 넬라는 40년 동안 함께 살면서 아들 일라리오Ilario(1923-1951) 하나를 두었다. 로베르토의 어머니는 1925년 돌아가셨고 일 년 후 그는 다양한 심리치료 기법과 심리학적 훈련을 발전시키고 적용하며 가르칠 목적으로 로마에 Istituto di Psicosintesi를 설립하였다(Assagioli 1965a, 280). 그다음 해 연구소는 『새로운 치료 방법 — 정신통합』(*A New Method of Treatment — Psychosynthesis*)을 영어로 출판하였다.

1930년대에 아사지올리는 오늘날까지 정신통합에서 가장 영향력 있는 소논문들 중 두 개를 발표하였다. 처음에는 이탈리아어로 쓰고 출판했지만 영어로도 번역되어 *Hibbert Journal*에 발표하였다. 이 두 소논문은 나중에 쓴 그의 책『정신통합』(*Psychosynthesis, 1965a*)에 '역동 심리학과 정신통합', 그리고 '높은자기실현과 심리 장애'라는 제목으로 실려 있다. 첫 번째 소논문은 정신통합에서 기본적인 두 가지 구성요소인 인간의 정신통합 모델과 정신통합의 단계를 개관하였고 그것은 이 책에서 다음 두 장의 틀을 형성하게 되었다. 또 한 편의 소논문은 영적 깨달음에 수반되는 절정 경험에 관심을 갖고 수년에 걸쳐서 여러 번, *Science of Mind* 학술지(Assagioli 1978), 유명한 지적 학술지(Assaioli 1991a), 영적 긴급성의 영역에서 중요한 책(Grof and Grof, 5 1989), 우울증을 다룬 개요서에(Nelson and Nelson 1996) 실렸다.

제2차 세계대전은 제1차 세계대전보다도 아사지올리의 삶과 일에 훨씬 더 큰 타격을 주었다. 로마에 있는 그의 연구소는 그의 '유대인 배경, 인도주의와 세계주의'에 대하여 비판적이었던 파시스트 정부에 의하여 문을 닫게 되었다(Smith 1974). 그 후 정부는 그를 평화주의자라고 비난하였다. 왜냐하면 그는 진실한 평화란 폭력, 정치나 법이 아니라 내면에서 발견될 수 있을 뿐이라고 주장했기 때문이다. 결국 그는 한 달 동안 독방에 감금을 당했다. 그러나 아사지올리는 독방 감금을 '영적 퇴수Spiritual retreat'라고 생각하여 내면의 삶과 명상에 초점을 맞추었다. 그는 이 기간 동안 가졌던 초월경험을 다음과 같이 말하였다.

존재하는 모든 것과 분리되지 않고 경계가 없는 느낌은 전체의 높은자기와 통합된다. 먼저 그것은 외부를 향해 있지만 어떤 특별한 대상이나 개인을 향해 있는 것이 아니다. 무한한 영역으로 확장되는 것처럼, 모든 방향으로 흘러넘치거나 유출되는 것이다. 그것이 우주적 사랑의 느낌이다(Schaub and Schaub 1996, 20-21에서).

아사지올리가 감옥에서 나온 후의 활동에 대한 설명은 많다. 어떤 작가는 그가 로마의 북쪽 반체제 운동에 가담했다고 말하고(Smith 1974), 어떤 작가는 그와 자신의 아들 일라리오가 이탈리아 시골에 숨어 살면서, 아들 일라리오는 아마도 폐결핵을 앓다가 그곳에서 결국 1950년대 초에 사망했을 것이라고 말한다(Hardy 1987).

전쟁이 끝난 후 아사지올리는 플로랑스 산 도미니꼬San Dominico 16에 Istituto di Psicosintesi를 설립하였고 그곳에서 그의 여생을 살면서 연구에 집중하였다. 그는 "1946년부터 이탈리아, 스위스 영국에서 정신통합에 대한 강의를 하였다. 그리고 더 많은 소논문과 팸플릿이 여러 나라 언어로 출판되었다(Assagioli 1965a, 280)." 1960년대 정신통합 연구소가 미국, 그리스, 영국, 아르헨티나, 인도에 설립되었고 거기에서 여러 번의 정신통합 국제회의가 열렸다.

> 정신통합에 대한 국제회의가 1960년과 1961년 1967년 스위스, 몽퇴르Montreux 근처 빌누브Villeneuve에서 열렸다.
>
> — 아사지올리

아사지올리는 언제나 개인적으로 그리고 전문적으로 영적 문제를 진지하게 다루었다. 그는 하타요가,* 라자raja 요가,** 다양한 형태의 수련을 하였고,

---

* 체조·호흡법 등에 의해 신체를 통어(統御)하고, 최고 존재와의 합일을 달성하는 요가의 방법.

또한 나중에 논의하게 될 신지학Theosophy에도 참여하였다. 그는 자신의 수련과 연구에서 봉사를 특별히 강조하였다. 이것을 가장 자연스러운 높은자기실현의 표현으로 이해하였다. 예를 들어 1950년대 그는 진보적인 유대교를 위한 이탈리아 연합을 설립하였는데, 그것은 "열린 마음과 이해하는 태도를 갖고 다른 사람들과 다른 종교와 협력하는 것이다(Berti 1988, 38)."

수년 동안 다른 영적 철학적 전통에 대한 아사지올리의 관심은 유대인 철학자 마틴 부버Martin Buber, 비전주의자esotericists 오스펜스키P.D. Ouspensky와, 엘리스 베일리Alice Bailey, 현자 라마 고빈다Lama Govinda, 인도 시인 타고르Rabindranath Tagore, 점성술사 루드야르Dane Rudhyar, 수피 신비주의자 인야트 칸Inhayat Khan, 불교학자 스즈키D. T. Suzuki, 의미요법 창시자 빅터 프랭클Viktor Frankl, 그리고 인본주의 심리학자 매슬로우Abraham Maslow와 같은 유명한 사람들을 만나게 하였다.

아사지올리는 1974년 8월 23일 86살의 나이로 카파로나 아레쪼Capalona Arezzo에 있는 그의 별장에서 세상을 떠났다. 그는 그곳을 사랑하는 아들 일라리오Ilario의 이름을 따서 명명한 곳이다. 그가 세상을 떠난 후 곧 한 사람이 그를 찬양하면서 아사지올리가 정신통합을 얼마나 앞서서 생각하고 있었으며 얼마나 오래 그것이 받아들여지기를 기다려야 했는가를 다음과 같이 말했다.

> 그는 너무 앞서 갔다. 그렇게 크고 조화로운 말을 누가 들을 수 있었을까? 1920년대에도 1930년대에도 1940년대에도 1950년대에도 그것을 들을 준비가 되어 있는 사람은 많지 않았다. 1960년대 후기에 가서야 깊고도 커다란 욕구가 생겨서 수천 명의 사람들이 그의 책과 논문을 보게 되었다. 그는 시대를 앞서 갔고 그것이 알려지는 데는 거의 60년이 지나야 했다(Vargiu 1975에서).

** 주로 마음을 다스리고 활용하는 요가의 한 형태.

『국제 정신통합 안내서』(*International Psychosynthesis Directory* 1994-1995, Platts 1994)가 출판될 때쯤에는 32개의 나라에 107개의 연구소가 운영되고 있었고 그곳에서 국제회의가 정기적으로 개최되었다.

아사지올리의 업적에 나타난 영향력

아사지올리는 전문가로서 활동하는 동안 줄곧 책을 쓰고 편집하였다. 150여 편의 크고 작은 논문들을 썼지만 많은 것들이 파시스트가 공격하고 그의 집이 전쟁 중에 폭격을 맞았을 때 소실되었다고 전해진다(Smith 1974). 비록 그가 설립했던 연구소가 그의 메모로 가득 찬 상자들로 벽을 이루고 있긴 했지만 출판이 안 된 원고는 없는 것 같다. 그가 영어로 쓴 두 가지 중요한 책은 『정신통합』(*Psychosynthesis* 1965a), 그리고 『의지의 작용』(*The Act of Will* 1973a)이며, 그의 유저 『초개인적 발달』(*Transpersonal Development* 1991b)도 출판되었다.

아사지올리 자신의 말에 따르면 우리가 그의 연구에 미쳤던 영향이 무엇이었나를 알아보려면 그의 전기보다는 그의 글을 보아야 할 것이다. 그의 중요한 책들은 프로이트, 융, 아들러, 랭크에서부터 매슬로우, 윌리엄 제임스, 리차드 버크, 빅터 프랭클, 그리고 롤로 메이까지 서양 심리학에서 유명한 사람들에 대한 이야기로 가득 차 있다. 그러나 그는 심리학뿐 아니라 바하, 모차르트, 베토벤, 십자가의 성 요한, 시엔나의 성 카트린, 성 도미니크, 소크라테스, 플라톤, 아리스토텔레스, 단테, 에머슨, 소로, 니체, 샤르뎅, 에블린 언더힐, 판탄잘리, 라다크리슈난, 비브카난다, 간디, 슈바이처, 부버, 마틴 루터 킹, 그리고 붓다와 예수까지도 언급하였다. 더 나아가 아사지올리는 영혼의 어두운 밤, 삼매(三昧, 명상의 최고 경지), 반야, 직관적 깨달음satori, 우주적 의식과 같은 다양한 전통에서부터 쉬바-샥티Shiva-Shakti, 그리고 도(道)와 같은 주제까지 다양한 경험적 상태를 논의하고 있다.

분명히 아사지올리의 심리학적 연구는 정신의학 훈련과 임상 경험에 충실했지만 많은 다양한 문화와 전통을 인정하고 받아들이기도 하였다. 우리는 초개인 심리학 연구소에서 가르칠 때 정신통합의 도입 과정에 대한 대학원생들의 반응으로서 아사지올리 사상의 폭넓음을 새삼 깨닫는다. 이들은 많은 다른 영적 전통을 갖고 있으면서 심리학과 영성 사이의 통합에 많은 관심을 갖고 있는 학생들이다. 그들이 정신통합을 연구할 때 종종 정신통합의 국면에 자신들의 전통에서 온 원리가 있음을 알게 된다. 그렇기 때문에 그들은 자신들의 전통이 아사지올리에게 중요한 영향을 미쳤을 것이라고 추론한다.

예를 들어 한 학생이 왜 아사지올리는 라마나 마하르시Ramana Maharshi를 언급하지 않았을까에 대하여 알고 싶어 한다. 왜냐하면 정신통합은 분명히 힌두교 현자의 사상을 담고 있기 때문이다. 또 다른 학생은 그의 학기말 보고서에서 정신통합이 그의 명상 연습과 너무도 같아서 불교가 아사지올리에게 강한 영향을 미쳤음이 틀림없을 것이라고 썼다. 또 한 기독교 학생은 그의 신학대학에서 왜 정신통합을 가르치지 않았는가를 의아해했다. 왜냐하면 그것은 분명히 기독교 교리에 기초하고 있었기 때문이다. 오랫동안 유대교 신비주의자였던 사람은 정신통합 모델에서 카발라Kabbala(유대교 신비주의)를 볼 수 있었다고 주장하였다. 샤만 전통에 있었던 한 교사는 그녀의 전통과 정신통합이 다른 각도에서 같은 실재를 보았다고 말하였다. 그리고 한 로시크루시안 Rosicrucian*은 그 체계의 유사성 때문에 정신통합에 매력을 느꼈다고 썼다.

---

* 1484년 Christian Rosenkreuz가 독일에서 창설했다고 전해지는 연금 마법의 기술을 부리는 비밀 결사 회원.

정신통합을 처음 알게 된 사람들은 아사지올리에게 미칠 수 있었던 영향에 대하여 추측을 할 수 없었다. 그 분야에 있는 몇몇 사람들은 분명히 정신통합이 '밀교적 표현exoteric expression' 또는 특별히 아사지올리와 함께 연구했던 엘리스 베일리Alice Bailey가 발달시킨 신지학보다 '한 단계 아래의 이론'이라고 생각한다. 그러나 정신통합은 1910년 또는 그보다 더 이전에 태동되었으나 아사지올리는 1930년까지도 베일리의 그룹에 가담하지 않았다(Berti 1988, 33). 아사지올리는 정신통합을 만든 후에 신지학 운동 안에서 적극적으로 활동하였다. 그러나 그때조차도 그는 이 두 영역 사이에서 '침묵의 벽'이라고 했던 것을 지키려고 노력하였다. 두 영역을 혼란스럽게 하지 않으려고 조심하였다. 그는 정신통합이 종교와 형이상학에 대하여 중립적일 수 있으며 그것들을 혼란스럽게 해서는 안 된다고 분명하게 말하였다. 이것에 대하여는 나중에 더 자세하게 설명할 것이다.

결 론

그러면 아사지올리와 정신통합에 대한 이렇게 광범위한 영향에서 우리는 어떤 결론을 내릴 수 있을까? 그것은 바로, 어떤 직접적이고도 분명한 영향을 끼쳤든 끼치지 않았든 아사지올리는 서양 심리학에 깊이 뿌리내리고 있으면서 아직도 매우 이질적인 전통으로 보이는 접근법을 발달시키는 데 성공하였다는 것이다. 따라서 그것은 광범위한 다른 전통 안에서 활용하기에 적절한 심리학이다.

프로이트의 정신분석과는 달리 정신통합은 종교적 영적 경험에 대하여 환원론적 관점을 채택하지 않는다. 오히려 그것과는 반대로 인간 존재의 근원적인 영적 본성과 인간 경험의 영적 차원을 발달시키기 위한 지지하는 태도를 마음 속 깊이 존중한다. 그렇다고 해서 정신통합이 그 자체로 영적 여정이고 형이상학이나 철학, 종교라는 말은 아니다. 그보다는 그 목적이 하나의 심리학, 즉 '특정 종교와 관계없는' 심리학으로 남아 있다는 것이다. 따라서 그것은 어떤 영적 여정에라도 유용하다. 아사지올리는 다음과 같이 말하였다.

> 이 점에서 한편으로는 인간 존재에 대한 정신통합 접근법, 그리고 다른 한편에서는 종교와 형이상학 사이의 관계에 대한 질문을 제기할 수 있을 것이다. 답을 하자면 정신통합은 종교와 철학 분야에 맞추려는 것이 아니다. 그것은 과학적 개념이고 다양한 종교 형태와 다양한 철학 이론에 대하여 중립적이다. 단지 예외가 있는데, 그것은 물질주의적인 것과 영적 실재를 부인하는 것이다. 정신통합은 엄청난 신비 Mystery를 형이상학적으로나 신학적으로 설명하려는 것이 아니다. 그것은 거기에 도달하는 문으로 인도할 뿐 거기서 더 나아가지 않는다(1965a, 6-7).

이렇게 광범위한 영향이 있었지만, 정신통합은 분명히 이 영향들 가운데서 탄생하여 발달되었으나, 그 모든 것과는 구별된다고 말할 수 있다. 그것은 심리학적 접근법으로 '다양한 종교 형태와 다양한 철학 이론에 대하여 중립적'이기 때문에 영성, 철학, 문화, 민족성, 고유한 개인의 세계관을 지극히 존중한다. 즉, 사람들의 삶의 핵심 경험과 의미를 무시하거나 병리화하지 않으며 오히려 그것들을 인정하고 소중하게 여기는 매우 공감적인 접근법이다. 정신통합은 교리나 믿음을 가르치는 것이 아니며 종교나 영성을 실천하는 것도 아니다. 그것은 개방되고 발달된 심리학으로 한 사람의 가장 깊은 열망과 삶의 여정의 맥락 안에서 인간 성장의 촉진을 추구하는 것이다.

이어지는 다음의 두 장에서는 정신통합 사상의 가장 근원적인 구성요소 두 가지를 자세하게 설명할 것이다. 그것은 인간에 대한 기본적인 모델과 정신통합의 단계로 아사지올리의 중요한 소논문 「역동 심리학과 정신통합」 첫 장에 나오는 것이다.

그것은 우리의 심리학적 삶에서 가장 역동적이고 심지어는 극적이기까지 한 개념이다.

— 아사지올리

정신통합 모델

제2장

정신통합 모델

프로이트는 "나는 인간 존재의 지하층에만 관심이 있다."라고 말하였다.
그러나 정신통합은 빌딩 전체에 관심을 갖는다.
― 아사지올리

1931년 아사지올리는 중요한 소논문 「*Psicoanalisi e Psicosintesi*」(정신분석과
정신통합)을 출판하였다. 거기에서 그는 정신통합 이론과 실제의 기본적인 개
요를 설명하였다. 그것은 1934년 영어로 번역되어 다시 출판될 만큼 중요한
책이었다. 그리고 마침내 그의 첫 번째 책 『정신통합』(*Psychosynthesis* 1965a)
의 첫 장 '역동 심리학, 그리고 정신통합'으로 개정되었다. 이 소논문은 피에르
쟈넷Pierre Janet으로부터 시작하여 프로이트, 아들러, 랭크, 융, 이어서 칼 아브
라함, 페렌찌, 빌헬름 스테클, 멜라니 클라인, 카렌 호르니, 에리히 프롬, 빈스
방거, 빅터 프랭클을 포함하는 서양 심리학의 발달 안에서 정신통합의 역사적
위치를 정초하여 시작하고 있다.

아사지올리는 심신상관 의학, 종교 심리학, 동양 심리학에 대한 관심 등 보다 광범위한 문화 운동에 대한 논평을 포함하여 역사적 맥락을 설명한 후 정신통합 이론의 핵심을 설명한다. 그 개요는 다음과 같다. (1) 인간에 대한 기본적인 정신통합 모델 (2) 정신통합 과정의 단계. 그것으로써 그는 인간의 구조나 '해부학', 그리고 정신통합 과정을 통하여 이루게 될 성장과 변화를 설명한다. 이번 장에서는 인간에 대한 기본적인 정신통합 모델을 검토하고 다음 장에서는 정신통합의 단계를 설명할 것이다.

아사지올리의 인간 도식

아사지올리의 인간에 대한 기본 모델은 현재 정신통합의 필수적인 부분으로 남아 있다. 아사지올리(1965a)는 이 모델이 '완전하거나 최종적인 것은 아니며' 또한 우리의 내적 구성요소의 구조적이고 정적이며 해부학적인 표상만을 줄 수 있는 개략적이고 기본적인 그림이었다고 말하였다. 이 말에 비추어 볼 때 우리는 여기에서 정신분석, 발달 심리학, 현대 정신통합, 심리 장애와 어린 시절의 상처에 대한 연구라는 현재의 흐름과 조화를 보다 더 잘 이루도록 이 모델에 대한 이해를 발달시킬 것이다. 다음의 그림 2.1은 본래의 도식을 수정한 것이다.

이 도식과 원래의 도식 사이의 주요 차이점은 높은자기 또는 초개인적 높은자기Transpersonal Self가 높은 무의식의 정점에, 반은 원의 안쪽에 반은 바깥쪽에 그려지지 않았다는 것이다. 그 대신 높은자기는 전혀 보이지 않는다. 그것은 도식의 전 영역에 그리고 도표를 넘어서 있다고 상상해야 한다. 이러한 변화의 필요성은 이번 장의 끝에서 논의될 것이다.

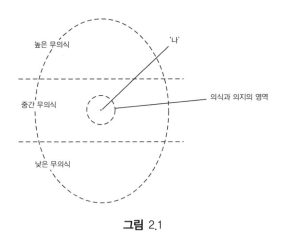

그림 2.1

아사지올리는 일반적으로 칼 융이 집단 무의식 또는 "모든 사람의 초개인적 본성 안에 공통적으로 있는 정신의 기질"이라고 말했던 것에(Jung 1969a, 4) 의하여 원이 둘러싸여 있다고 이해했다. 이 영역은 개인적 무의식을 지지하면서 둘러싸고 있고, 우리 모두에게 공통적이면서 특별한 경험과 행동에 대한 경향성이나 능력을 나타낸다. 집단 무의식은 인간이 공유하고 있는 잠재력의 가장 깊은 원천이다. 아사지올리는 "집단 무의식은 생물학적인 것에서부터 영적 수준까지 펼쳐져 있는 거대한 세계이다."라고 말하였다(1967, 8).[1] 융은 다음과 같이 말한다.

[집단] 무의식은 단순히 역사에 의하여 조건 지어지는 것이 아니라 창조적 충동의 원천이다. 그것은 자연Nature 그 자체와 같아서, 엄청나게 보수적이지만 그 창조적 행위는 역사적 조건을 초월한다(Jung 1960, 157).

아사지올리의 도식을 최종적으로 설명하자면, 다른 수준의 무의식이 잠정적으로 의식적 경험의 스펙트럼을 구성한다는 것이다. 즉, 이 다양한 층을 '무의식'이라 부르는데, 그 이유는 단순히 그 층에 들어 있는 자료가 직접적인 자각의 영역 안에 있는 것이 아니기 때문이다. 그러나 그 영역들을 분리시켜놓은 것처럼 보이는 점선은 이 영역의 내용물들이 이 경계선을 통과하여 ㅡ'심리적 삼투psychological osmosis'(Assagioli 1965a, 19, 68) ㅡ 다른 환경에 있는 의식으로 들어갈 수 있다는 것을 보여준다. 점으로 이어진 선들은 무의식적 자료가 무의식으로 있을 때조차도 그것이 한 사람의 의식적 삶에 때로는 강력한 영향을 미칠 수 있다. 예를 들어 우리는 대인 관계에 엄청난 피해를 입히는 격노나 두려움의 무의식적 감정을 발견할 수 있거나 또는 집단 무의식 안에 있는 패턴에 의하여 자기 변형에 대한 영감을 받을 수 있다. 이제 이 도식을 자세하게 검토해보자.

중간 무의식

의식과 무의식 사이는 분명하게 구분되지 않는다.

ㅡ 아사지올리

아사지올리는 중간 무의식이 "깨어 있는 의식의 요소들과 유사한 심리적 요소들로 형성되어 있으며, 우리의 다양한 경험은 이 내면 영역에서 이해된다."라고 말하였다(Assagioli 1965a, 17). 따라서 그 영역에서 우리는 의식적 인격의 기초를 형성하는, 즉 집단 무의식과 특별한 환경에서 만들어진 패턴이라고 볼 수 있는 경험, 학습, 재능, 기술을 통합시킨다. 중간 무의식을 이해하기 위하여 우리는 타고난 기질과 삶의 경험을 형성하여 그것을 어떻게 일관성 있게 한 인격으로 세상 속에 드러내는가를 논의할 필요가 있다.

많은 학자들이 주장했듯이(Bowlby 1969; Piaget 1976; Stern 1985), 삶의 가장 초기 단계부터 우리는 자기와 타인에 대한 지속적인 경험의 지도나 표상을 구성하는 내면의 패턴을 형성한다. 이러한 내적 패턴, 즉 **스키마**Piaget,* **내적 작업 모델**Bowlby 또는 **일반화된 상호작용의 표상들**Stern 등 다양하게 알려진 것들을 통하여 우리는 우리 자신과 세계를 이해하고 우리의 인격을 발달시키며 우리 자신을 표현하도록 배운다.

피아제에 따르면 이 지도는 빨기sucking와 같은 가장 기본적인 반사 작용으로 시작될 수 있다. 여기에서 빨기에 대한 지도나 패턴(Piaget의 **스키마**)을 형성하는 것은 유아로 하여금 빨기 동작을 이해하고 보다 정교한 의지적 행동 패턴으로 통합시킬 수 있게 한다. '우연히 엄지손가락을 빨게 된 후에 아기는 먼저 손가락을 입술 사이에 넣고 있다가 젖을 안 먹게 되는 동안에 빨기를 위하여 체계적으로 입으로 손가락을 넣을 것이다(66).' 그런 식으로 언어 사용 이전의 가장 기본적인 감각운동 기능이 지도로 그려지고 보다 정교한 자기표현 구조로 통합되는 것 같다.[2]

물론 이러한 발달적 성취는 집단 무의식 안에 선재해 있었던 패턴에 의하여 조건 지어진다. '엄지손가락에서 입으로 가는 전체 패턴은 본질적으로 동기화되어 인류의 특수한 행동 패턴이 된다(Stern 1985, 59).' 이 학습은 또한 양육자에 의하여 제공되는 공감적 양육의 촉진적 모체 안에서도 일어난다. 마찬가지로 원형 패턴도 촉진적 환경에 의하여(Neumann 1989) 또는 앞으로 **통합중**

---

* 새로운 경험이 내면화되고 이해되는 정신의 모델 또는 틀. 어린이가 상이한 발달 단계에서 세계를 이해하는 방식을 묘사하기 위해 피아제(Piaget)에 의해 사용된 이 용어는 이미 수립된 이해방식 또는 경험구성의 방식이 새로운 사건을 이해하는 데 어떻게 사용되는가를 설명해주는 데 쓰인다.

심unifying center이라 불리게 될 것에 의하여 촉발될 필요가 있다.

이 내적 구조화는 육체, 정서, 인지, 직관, 상상, 초개인을 포함하는 인간 경험의 모든 차원들과 관련이 있다. 우리는 자신의 정신-육체의 다른 국면들과, 그리고 환경과 상호작용하면서, 점차 경험의 다양한 요소들을 의미 있는 지각과 표현 양식으로 통합하는 구조를 형성시켜 간다.

걷기와 언어 기술을 습득하고, 가족과 사회 안에서의 역할을 발달시키고, 또는 특별한 철학적 신념이나 종교적 신념을 형성하는 데 있어서 우리는 경험의 유형들을 점점 더 복잡한 구조로 통합시켜간다. 그것은 집단 무의식과 고유한 사회 환경으로부터 온 타고난 성향의 영향을 받는다. 그러나 이것이 중간 무의식과 어떤 관련이 있는가?

무의식의 역할

어떤 유형은 보다 정교한 구조를 형성하기 위한 요소이지만 개인적인 요소들, 그 자체는 그 구조가 작용하기 위하여 대부분 무의식으로 남아 있어야만 한다는 것을 인정하는 것은 중요하다. 보다 복잡한 표현을 할 수 있게 하는 다양한 요소는 의식 속에 남아 있을 수 없다. 계속해서 의식해야 한다면 우리는 가장 기본적인 수준 이상으로 기능할 수 없을 것이다. 우리의 자각은 많은 개인적 요소들로 가득 채워져 있기 때문에, 광범위하고 복잡한 표현 패턴에 초점을 맞추는 것은 불가능할 것이다.

피아제가 쓴 다음의 글은 자각할 수 없는 개인적 요소들의 중요성을 잘 설명해준다. "그렇기 때문에 우리는 우리 자신에게 모든 발과 다리의 움직임을 설명하지 않고도 계단을 빨리 걸어 내려올 수 있다. 만약 일일이 설명을 한다면 우리는 이렇게 성공적인 행동을 위하여 타협해야 할 위험을 안게 된다(41)."

즉, 만일 많은 동작 요소들이 어느 정도 무의식적이지 않다면, 우리의 자각은 그 요소들로 (그것들의 '표상'으로) 가득 차서 더 큰 동작을 하지 못하게 될 것이다. 아사지올리는 무의식의 자연스러운 역할에 대하여 다음과 같이 말한다.

더 많은 책임을 져야 하는 과제에 온통 관심을 기울이는 의식으로부터 의식적인 '나'의 직접적인 개입 없이 무의식으로 점차 옮겨가는 일이 일어난다. 이 과정은 악기를 연주하기 위하여 배우는 것과 같은 기술적 성취에서 분명하게 나타난다. 처음에는 수행을 위한 전적인 관심과 의식이 요구된다. 그다음 조금씩 소위 행동 기제라 불릴 수 있는 것, 즉 새로운 신경과 근육 패턴을 형성하게 된다. 예를 들어 피아니스트는 음이나 건반 하나하나에 더 이상 의식적 관심을 둘 필요가 없는 지점에 이르게 되고, 그의 손가락은 저절로 원하는 곳에 가 있게 된다. 그는 이제 연주의 질quality에, 지금 연주하고 있는 음악의 정서적이고 심리적인 내용을 표현하는 것에 전적으로 의식적 관심을 기울일 수 있게 된다(Assagioli 1973a, 191).

달리 말하자면 만일 우리가 계단을 걸어 내려올 때, 피아노를 칠 때, 말을 할 때 또는 사회적 역할을 수행할 때, 다른 많은 패턴들을 자각해야 한다면 이 행동들을 전혀 할 수 없을 것이다. 우리는 그 행동을 하는 데 필요한 다양한 요소들에 압도당할 것이다. 그러나 이러한 많은 요소들은 무의식적이기 때문에, 우리는 매끄럽고 자의적인 동작을 즐길 수 있다. 이것이 중간 무의식의 기능이다. 자각의 외부에는 많은 개인적 요소들이 저장되어 있고, 그 요소들은 새롭고 보다 복잡한 표현 양식으로 통합될 것이다. 존 볼비John Bowlby(1980)는 그 표현양식을 인격 안의 자동화된 체계automated systems라고 했다.

중간 무의식의 개념은 한 영역을 지칭하는데, 그 내용이 무의식적이긴 하지만, 보통의 의식적 표현에 유용하다. 중간 무의식은 인간의 무의식적 기능의 놀라운 재능을 보여주는데, 그것은 '무의식 중에서도 우리가 마음대로 할 수 있으며, 우리에게 배우고 창조할 수 있는 무한한 능력을 주는 유연한 부분이다(Assagioli 1965a, 22).' 이렇게 유연하고 순응적인 특성은 중간 무의식이 자각 밖의 능력, 기술, 행동, 감정, 태도를 활용하여 의식적 삶의 기반 구조를 형성할 수 있음을 설명해준다. 이런 이유 때문에 중간 무의식은 의식을 직접 둘러싸고 있는 '나'의 의지 곧, 개인적 정체성의 본질로서 묘사된다.[3]

하위인격

중간 무의식의 구조들 중에서 핵심적인 것은 아사지올리(1965a)가 하위인격subpersonalities이라 불렀던 것들이다. 이것들은 시간이 흐르면서 인간의 다른 경험으로 발달되었던 경험과 행동 중에서 약간 독립적이고 일관된 패턴들이다.

예를 들어, 피아노를 배우는 사람의 예를 보자. 우리는 그 사람이 시간이 흐르면서 많은 요소들, 즉 기술, 타고난 능력, 이론에 대한 지식, 음악에 대한 사랑, 피아노 치는 것을 즐김 등을 피아니스트라는 정체성, 피아니스트라는 하위인격으로 통합시키고 있음을 보게 될 것이다. 그는 과거의 음악가들이 만든 패턴을 연습하고 이것을 발달시키는 데 적절한 사회적 환경 안에 있음으로써 피아니스트라는 정체성을 성취할 수 있었을 것이다.

이 하위인격은 이러한 학습과 재능이 표현될 수 있는 더 큰 인격 안에서 하나의 구조가 된다. 정체성 체계는 하나의 하위인격을 만들고 그것으로부터 그 사람은 피아니스트로서의 세계를 경험할 것이다. 물론 이것은 그의 하위인격들 중 하나일 뿐이다. 그리고 이 하위인격은 그 사람 자신의 다른 국면들을 표현할 때 발달시켰던 다른 하위인격들과 관계를 맺어야 할 것이다.

하위인격들이 중간 무의식에 국한된 것은 아니지만, 그것들은 종종 가장 충격적인 정신-신체 구조가 되어서 일상의 자각 속으로 들어왔다 나갔다 한다. 하위인격은 심리적으로 건강한 사람들에게서도 흔하게 있는 일이다. 그것들의 갈등은 고통의 원천이 될 수 있지만 그것들을 정신 병리적으로 보아서는 안 된다. 그것들은 단순하게 별개의 감정, 생각, 행동 패턴일 뿐이며 다른 삶의 상황 속에 들어갔을 때에는 자각되기도 한다. 다시 한 번 그것들은 앞에서 보았던 보다 기본적인 인격의 구조화와 같은 과정을 따른다(예를 들어 엄지손가락-입 행동).

하위인격을 자각하게 되는 일반적인 방식은 우리가 다른 삶의 상황 속에서 '다른 사람'이 되는 것 같음을 알아차리는 것이다. 예를 들어 우리는 일할 때는 역동적이고 적극적일 수 있지만, 관계에서는 수동적이고 수줍어할 수도 있음을 보게 된다. 또는 권위자 앞에서 자기 확신은 갑자기 불안 또는 심지어 공포 속으로 빠져들어가게 하기도 한다. 운동할 때 우리의 나태했던 기질이 무섭게 경쟁적인 모습으로 변하는 것을 보고 놀라기도 한다. 이러한 것들은 순간적인 기분이 아니라 중간 무의식으로부터 의식으로 나오는 지속적이고 일관된 패턴인 하위인격들이다.

하위인격은 다양한 다른 기법들을 통하여 보다 일관된 표현을 할 수 있는 전인과 조화를 이루게 될 수 있다. 그러한 일은 보다 큰 전인으로 통합시킬 수도 있고 아닐 수도 있지만, 각각의 하위인격들은 그 사람의 삶에 고유한 기능을 할 수 있게 하는 경향이 있다. 제4장에서 하위인격을 자세하게 설명하고, 지금은 하위인격의 작용을 간단하게 살펴보자.

하위인격의 조직은 매우 흥미로운 사실을 드러낸다. 그리고 때로는 놀랍고도 당황스러우며 심지어 무섭게 나타나기도 한다.

– 아사지올리

로라의 사례

로라_{Laura}는 부모와 다른 권위자들과 관계를 맺을 때 무기력해지는 것 때문에 상담을 받으러 왔다. 그녀는 그런 사람들과 있으면 어린아이같이 되고 수동적으로 된다. 그리고 마침내는 그녀가 무시당한 것 때문에 화가 난다. 이것은 모든 어른과의 관계에서 특히 지금은 그녀의 남자친구와의 관계에서 문제가 되었다.

상담을 하는 동안 로라는 자신이 '작은 아이_{Little One}'라고 불렀던 자신의 더 어린아이 부분이 불안, 수치심, 분노라는 특별한 감정을 가진 하위인격이었음을 깨달았다. 그녀는 이 하위인격을 없애려고 시도하기보다는 그 하위인격과 관계를 맺기 시작했고 그 아이가 다른 사람들과 어떻게 반응했는지, 그리고 그녀의 일상적인 행동에 어떤 영향을 미쳤는지에 대하여 점점 더 익숙하게 되었다. 그 하위인격의 말을 들으면서 로라는 점점 더 수용과 애정, 그리고 안전에 대한 작은 아이의 깊은 욕구를 자각하게 되었다. 그리고 그녀는 의도적으로 이 타당한 욕구를 위하여 그녀의 삶 속에 공간을 만들어주기 시작하였다.

이 일은 로라의 낮은 무의식을 탐색하는 것이었다. 그녀는 부정적인 감정에 대한 어린 시절의 뿌리를 알게 되었고, 그녀의 부모가, 비록 여러 다른 방식으로 양육하긴 했지만, 정서적으로 매우 기초적인 수준에서 유용하지 않았음을 깨달으면서 고통스러웠다. 그녀는 내면에서 작은아이를 거절하는 것은 그녀의 부모가 거절하는 것을 반복하는 것이었음을 알게 되었다.

로라가 하위인격과 지속적이고 공감적인 관계를 형성하자 불안과 수치심, 그리고 분노의 감정들이 줄어들기 시작하였고, 관계 속에서 이 감정들에 점점 덜 압도당하게 되었다. 더 나아가 작은 아이의 긍정적인 특성인 창조성과 놀이, 그리고 자발성이 점점 더 많이 나타나게 되었고 이전에는 없었던 관계를 더 풍부하게 하였다.

　로라는 주로 중간 무의식에 참여하여 자각을 쉽게 하기도 하고 하지 않기도 하는 하위인격과 지속적이고 의식적인 관계를 발달시켜 나아갔다. 그녀는 낮은 무의식을 탐구하여 하위인격에 대한 어린 시절의 조건을 밝혔음에도 불구하고, 그리고 높은 무의식과 접촉하여 하위인격에 대한 긍정적 잠재력을 드러냈음에도 불구하고 중간 무의식을 탐색하는 것에 초점을 맞추었다.

심오함, 깊이, 그리고 창조성

　중간 무의식의 기능은 걷기와 말하는 것을 배우는 것에서부터 새로운 언어를 습득하는 데까지, 거래나 사업을 하거나 전문가가 되는 데까지, 사회적 역할을 발달시키는 데까지 인간 발달의 모든 영역에서 볼 수 있다. 생각과 감정, 그리고 행동을 정교하게 통합하는 것은 결과적으로 무의식적으로 작용하게 될 학습과 능력 위에서 형성된다. 이 구조들의 개인적 요소들은 사라지지 않고 단지 무의식적으로 작용하기 때문에, 그것들은 종종 필요하다면 다시 의식적으로 될 수도 있다는 것을 기억해야 한다.

　중간 무의식의 신비한 심오함은 또한 창조적 과정에서도 볼 수 있다. 우리는 문제를 창조적으로 해결하려고 시도하다가 좌절하고 마침내 의식적으로 그러한 시도를 하지 않게 되면, 갑자기 "아하!" 하면서 해결책이 의식에 완전히 떠오를 때가 있다. 이러한 경험 유형은 일반적으로 인간의 창조성(Vargiu, 1977)과 번뜩이는 직관적 통찰에서, 그리고 잠잘 때 꿈의 지혜에서 일반적으로 나타난다. 그러한 경험은 중간 무의식, 즉 의식 밖에서 적극적이고 조직적으로 활동하는 영역에서 일어난다. 그것은 많은 이질적인 요소들이 의식적 기능에 유용하게 될 수 있으며, 새로운 패턴의 전체로 통합될 수 있는 영역이다.

아사지올리가 말했듯이 중간 무의식에서 "우리의 일반적인 정신 활동과 상상 활동은 그것들이 활성화되기 전에 일종의 심리적으로 잉태되고 그것이 정교하게 발달되어 의식의 빛 속으로 들어오게 된다(Assagioli 1965a, 17)."

중간 무의식의 깊이는 생체자기제어_{biofeedback}* 장치에 의하여 밝혀지지는 않았다. 이전에는 뇌파, 심박동수, 혈압 등 자발적인 통제를 넘어서 있는 자율 과정이 다양한 피드백 장치를 통하여 의식과 의지의 영향을 받게 되었다. 마찬가지로 의학에서 정신과 신체를 연결시키는 연구는 의식적 신념과 태도, 그리고 이미지가 육체적 건강과 질병에 영향을 줄 수 있음을 보여준다. 이 모든 연구는 중간 무의식 안에 있는 가장 깊은 수준의 정신-신체 조직과 의식 사이의 상호작용, 의식적 삶을 지지하면서 무의식적인 기질에 대하여 잘 설명해준다.

> 역설적이게도, 창조 과정에 의식적으로 주의를 기울이거나 정서적으로 그 과정에 사로잡히게 되는 그것이 창조과정을 방해한다.
>
> – 아사지올리

마지막으로 중간 무의식은 우리가 무의식의 억압된 부분으로부터 나온 자료를 통합하는 영역이다. 우리가 간단하게 논의할 것이지만, 인격의 부분들이 무의식적으로 되는 이유는 자기표현을 위해서가 아니라 심리적 상처를 감당해내기 위하여서이다. 억압된 자료를 발견하여 재소유한 후, 그것이 높은 초개인적 경험이든 깊은 어린 시절의 상처이든, 우리는 이것들을 결국 우리의 삶을 파괴하기보다는 지지하는 패턴으로 통합할 수 있다.

무의식은 분명히 선물이다. 인격의 국면들은 의식 외부에 있지만 의식적

---

* 심장 박동처럼 보통 의식적인 제어가 안 되는 체내 활동을 전자 장치로 측정하고 그 결과를 이용하여 의식적인 제어를 훈련하는 방법.

표현에 적극적으로 기여할 수 있게 하는 능력이 바로 그것이다. 여기에 자기를 창조적으로 표현하는 양식을 더욱더 발달시킬 수 있는 잠재력이 있고, 그것이 우리의 삶에 가장 광범위한 잠재력을 부여할 수 있다. 만일 우리가 계속해서 우리의 내적 표현과 외적 표현의 작고도 개인적인 구성요소들을 모두 의식해야 한다면, 잠재력 중 매우 작은 부분만으로 기능할 수 있을 것이다.

로라의 사례에서 보았듯이 중간 무의식 안에 있는 이 구조들 중 어떤 것은 초기의 상처 때문에 의식적 기능을 파괴시킨다. 이러한 사례들에서 구조화 과정은 상처 입은 패턴을 평가하고 치유하는 것을 포함하여, 우리 자신의 국면이 전인으로서의 성격과 조화를 이루게 하는 것이다. 우리는 이 과정을 제4장에서 보다 자세하게 논의할 것이다.

무의식이 분명히 선물이긴 하지만, 이 선물은 외상이 되었던 환경에서 살아남기 위하여, 그리고 훨씬 더 간절한 목적을 위하여 압력을 받으면서도 살아남은 대가이다. 그러한 환경은 경험의 국면들에는 적대적이기 때문에, 이 국면들이 매일매일 기능적으로 되기에는 너무 위험하고 파괴적이다. 따라서 우리는 사실상 의식과 중간 무의식을 넘어서, 단순히 무의식이 아닌 억압된 무의식 영역인 높은 무의식과 낮은 무의식으로 이러한 경험 국면들을 밀어 넣는다. 중간 무의식과는 달리 이 무의식의 영역들은 의식적 기능과 같은 영역에 속해 있는 것이 아니라 우리가 의식으로부터 완전히 격리시키려는 영역이다.

낮은 무의식과 높은 무의식을 검토하기 전에 우선 그것들을 만들어내는 상처, 즉 우리가 **원상처**primal wounding라고 부르는 것을 간단하게 논의하자(Firman and Gila 1997).

원상처

프로이트(1965)가 인식했듯이 무의식에는 의식적 기능에 유용하며 억압되지 않은 무의식뿐 아니라, 의식과 의지를 넘어서 강력하게 유지되고 있는 성격의 한 영역인 억압된 무의식(프로이트의 무의식)도 있다. 억압은 바꾸기 쉽거나 변하기 쉬운 무의식의 특성과 자각으로부터 인격의 영역을 지킬 수 있는 능력을 극단적으로 사용한다. 억압함으로써 우리는 지지적이고 깊은 구조를 통하여 의식을 강화할 수 있는 무의식을 사용하지 않는다. 그 대신 자신의 국면을 의식으로부터 영원히 분리시킴으로써 의식을 방어하려 한다. 이렇게 극단적인 방법으로 우리 자신을 무엇으로부터 방어하려는 것인가? 초기 상처를 방어하려는 것이다.

원상처는 육체적 학대, 성적 희롱, 정서적 구타 등으로 인하여 자기감에 침해를 당한 결과로 생긴다. 상처는 육체적 정서적 유기에서처럼 주변 사람들에 의하여 의도적인 또는 의도적이지 않은 무시를 받는 것으로부터, 그 사람이나 그 사람의 국면들에 공감적으로 반응하지 못한 중요한 타인의 무능력으로부터, 사회적 환경의 일반적인 무반응으로부터 받을 수 있다. 더 나아가 상처는 '가장 가까운 가족들'에 의하여 주어진다. 우리가 아이 양육에서 수용되고 정상적이라고 생각했던 것들 중 어떤 것이 이제는 해로운 것으로 밝혀진다(Miller 1981, 1984a, 1984b).

요약하자면 우리들 중 누구도 삶에서 심신을 약화시키는 어느 정도의 원상처를 피할 수는 없다. 그러한 상처는 모두 우리가 인간 존재임을 알게 하는 공감적 관계를 깨뜨린다. 그것은 우리가 본질적으로 가치 있는 사람이 아니라 비인간 또는 물체라고 생각하게 하는 경험을 하게 한다. 이러한 때 우리는 우리 자신을 부버(1958)의 말로 하자면 '너Thou'가 아닌 '그것It'으로 느낀다. 초기 상처는 우리 자신의 잠정적 비실존이나 비존재와 연관된 다양한 경험, 즉 소외와 버림받음, 해체와 정체성 상실, 모욕, 낮은 자기 가치, 해로운 수치심과 죄책감, 압도되고 함정에 빠진 느낌, 불안과 우울/절망 등을 경험하게 한다.

우리가 원상처를 받을 때 지속적인 기능에 영향을 끼치지 않게 하기 위하여 그 경험을 억압한다. 그 상처가 의식으로 나오지 못하게 함으로써 우리는 그것의 영향으로부터 우리 자신을 보호하려 하며 외상화 환경을 겉으로는 안전하게 보이게 한다.

그러나 우리는 고통과 외상을 억압할 뿐 아니라 상처 안에서 위협받고 있는 우리 자신의 가치 있는 국면들도 억압하게 된다. 사실이다. 우리는 고통을 피하기 때문에 우리의 의식과 의지가 압도당하지 않고 계속 기능할 수 있다. 그러나 또한 무의식 안에 그것들을 깊이 감춤으로써 상처에 취약한 우리 자신의 국면들을 영리하게 보호하고 보존하려 한다.

예를 들어, 만일 우리가 어린아이로서 창조성을 표현하려 할 때, 누군가에 의하여 거절되고 수치를 당한다면 아이는 창조적인 것이 위험하다는 것을 빠르게 배울 것이다. 그 대신에 우리는 규칙을 배우고 그것을 지켜야 한다. 그러한 환경에서 생존하기 위하여 우리는 자신을 보다 제한되고 통제된 인격, 창조성을 느끼거나 표현하지 않는 존재 양식으로 형성시키려고 노력한다.

우리는 그러한 인격을 형성하기 위하여 우리 자신에게서 창조적 충동을 제거해야 할 뿐 아니라 고통스러운 수치심의 경험도 제거해야 한다. 그러한 일은 내면의 창조성의 경험으로부터 수치심 경험을 분리시킴으로써(splitting, Fairbairn 1986; Freud 1981; Klein 1975) 이루어진다. 이런 방식으로 우리는 내면의 수치심으로부터 안전한 창조성을 지킨다. 그런 후 우리는 수치심과 창조성 모두를 억압하여 이 위험한 경험들을 의식하지 못할 수 있다. 이 분리와 억압은 우리로 하여금 창조적 잠재력을 거절하는 환경에서 생존하게 할 수 있다. 왜냐하면 이제는 환경이 안전하게 보이기 때문이다. 즉, 세상에는 수치심도 창조성도 없기 때문에 위험도 없는 것 같기 때문이다. 우리는 상처로부터 살아남는다.

창조성을 억압하는 예를 더 들자면, 어느 날 우리는 삶이 끝없이 음울한 것 같고 뭔가 본질적인 것이 빠진 것같이 느껴지는 것을 상상할 수 있다. 이러한 위기의 뿌리를 탐색할 때, 경직된 삶의 경계를 무너뜨리고 자발적으로 창조성을 표현하고자 하는 강력한 욕구도 드러날 것이다. 동시에 우리의 정체성이 이 새로운 잠재력의 위협을 받는 것처럼 매우 불안해할 것이다. "너는 이것을 완벽하게 하지 않으면 아무것도 아니야." 또는 "조심해, 그렇지 않으면 너는 얼마나 서툴고 가치 없는 사람인가를 보여줄 거야."와 같은 말이 귓가에 맴돌 것이다. 이렇게 비판적이고 수치스러운 메시지는 오래전 생애 초기에 비공감적 환경에서 만들어졌던 창조성-수치심의 다른 면이다. 우리가 창조성을 재발견할 때 초기의 수치심도 직면할 수 있게 된다. 처음에 분리되었던 창조성과 수치심 두 면이 이제 만나서 치유되고 통합되기 위하여 모습을 드러낼 것이다.

> 억압된 것은 무엇이나 나중에, 때로는 위장된 형태로, 자신의 적합성을 주장하면서 그 모습을 드러낸다.
>
> — 아사지올리

살아가는 동안 우리에게는 이러한 유형의 분리와 억압을 필요로 했던 상처가 되는 사건과 환경이 많이 있었다. 우리 모두는 어느 정도는 그런 것을 가지고 산다. 따라서 억압된 무의식 영역은 매우 광범위하고, 두 부분으로 나뉘어져 있다. 한 부분은 상처에 의하여 위협받고 이 풍부한 잠재력을 숨기고 있는 부분으로 아마도 사랑하고, 창조하며 기쁨을 나타내고 자연이나 신과 하나 되는 느낌을 가질 수 있는 능력은 높은 무의식이라 불릴 것이다. 또 다른 부분은 상처의 고통, 즉 공공연하거나 은밀한 방치와 학대를 숨기는 부분은 낮은 무의식이라 불릴 것이다. 낮은 무의식과 높은 무의식은 타원형(그림 2.1)에 나타난 무의식의 두 가지 주요 수준이다. 이제 우리는 이 영역들을 차례로 검토할 것이다.[5]

낮은 무의식

낮은 무의식은 우리가 삶에서 고통받았던 엄청난 상처 경험을 밀쳐낸 영역이다. 억압된 무의식은 의식에 닿을 수 없다. 그것은 추론되어야 한다. 이 추론은 매우 강렬한 자료가 의식 속으로 들어오는 순간 이루어진다. 그것은 회상할 때 줄곧 자각 밖에 있었던 것이다. 억압된 무의식 자료의 경험이 '낮은 무의식 경험', 그리고 '높은 무의식 경험'이다. 낮은 무의식의 자료는 심리치료를 받은 한 남자의 다음과 같은 말에서 볼 수 있을 것이다.

나는 언제나 내가 멋진 어린 시절을 보냈다고 생각했어요. 나의 부모는 언제나 나를 위하여 존재하는 것 같았어요. 그리고 나의 모든 친구들은 그들의 부모보다 나의 부모를 부러워하곤 했어요. 그러나 내가 40대가 되어서 이혼을 한 후, 매우 우울해지기 시작했고 정말로 나 자신에 대하여 나쁜 느낌을 갖기 시작했어요. 모든 사람에게서 심지어는 나의 친구들에게서도 버림받은 느낌이 들었어요. 처음으로 매우 혼란스럽고 무서웠어요.

그러나 내가 이런 느낌을 검토하고 그것들이 나의 어린아이에게서 왔다는 것을 알게 되었어요. 그 아이는 나의 부모에게서 전적으로 버림받았다고 느끼고 있었어요. 뒤를 돌아보자 나는 언제나 어느 정도는 그런 식으로 느꼈다는 것을 알 수 있었어요. 그리고 마침내 나의 부모가 만성적인 알코올 중독자였다는 것을 알게 되었어요. 그들은 결코 낮에 일을 안 하거나 우리의 생일을 잊는 일이 없었어요. 그러나 알코올은 언제나 그들과 우리들 사이의 벽으로 거기에 있었어요.

만일 우리가 이 사람의 삶을 돌아본다면 그는 분명히 마흔이 될 때까지 부모에 의하여 버림받은 이 경험을 자각하지 못한 채 살았을 것이다. 그는 외적으로 중간 무의식을 충분히 사용하여 성공적이고 숙련된 전문가가 되었다. 그러나 그의 삶의 경험에서 근원적인 국면이었던 버림받음, 우울, 낮은 자존감은 결코 의식 속으로 들어올 수 없었다. 이혼 문제에 부딪혀서야 이 버림받음과 우울감이 낮은 무의식에서부터 중간 무의식으로 올라왔고 그가 치료에서 이것을 말해야만 했을 때 그의 자각 속으로 들어오기 시작하였다.

자기 자신에 대한 이 수준이 의식되기 시작하자 처음에는 그것이 '매우 혼란스럽고 겁나는 일'이었다. 왜 그랬을까? 그러한 감정이 있다는 것은 그가 지금까지 살아오면서 '나의 부모님은 훌륭해' 라는 확신에 기초한 정체성에 어긋났기 때문이다. 그러나 순조롭게 기능하고 성공적인 이 정체성은 이혼의 스트레스 속에서 무너지기 시작했고 더 깊은 층의 무의식이 드러나기 시작하였다. 그것은 그의 전 생애를 통하여 자기 자신과 다른 사람들에게 가졌던 생각에 너무나도 충격적인 도전이었다.

분명히 낮은 무의식은 현재 일상의 삶에 영향을 끼친다. 사실 이렇게 우리의 경험을 분리시키는 것은 일반적으로 사회와 다른 사람들에 의하여 우리 자신이 무시당하고 침해당하는 것을 알 수 없게 한다. 우리는 현대인의 삶에 만연되어 있는 엄청난 폭력에 개인적으로 얼마나 많은 영향을 받고 있는가를 거의 자각하지 못한다. 그리고 실제로 우리는 이러한 폭력의 직접적인 피해자이거나 가해자가 될 때조차도 자각하지 못할 것이다. 이러한 외상의 억압은 참존재와 자기감으로부터 멀어지게 할 수 있다. 그것은 순진한 낙관주의, 공상적 영성, 만성적 학대 유형이 될 수 있다.

낮은 무의식은 단순히 과거의 경험으로 억압되어 있는 것이 아니라, 우리가 비극적 차원의 실존을 경험할 수 있지만 잃어버린 능력이다.

> 낮은 무의식은 매우 복잡하고 강한 정서를 담고 있다.
>
> – 아사지올리

놀라운 고통

낮은 무의식에서 나온 기억이 갑자기 의식을 뚫고 나올 때 우리는 로버트와 레이첼처럼 '고통스러워서 놀랄' 것이다. 로버트의 아내 레이첼은 남편이 만성적으로 자신을 비하하는 태도를 불평하면서 만일 남편이 이것을 고치지 않는다면 이혼을 하겠다고 위협했기 때문에 부부가 함께 치료를 받으러 왔다. 처음에 로버트는 그의 행동을 단순하게 '농담으로' 생각해서 레이첼이 '너무 예민하다고' 생각했다. 그러나 점차 그는 자신의 행동 아래 격노가, 그리고 그 격노 아래 어린 시절부터 있었던 수치심과 무가치함이 있었음을 자각하게 되었다. 이 어린 시절의 상처와 접촉했을 때 그는 원가족 안에 학대가 단단히 자리 잡고 있었기 때문에 자신의 행동에 숨겨진 학대에 예민했다는 것을 알게 되었다.

로버트가 비하하는 태도를 바꾸기 시작했을 때, 레이첼은 경멸하는 태도와 종종 로버트의 무가치함과 격노를 자극했던 통제욕구에 대한 작업을 할 필요가 있음을 발견했다. 레이첼은 자신의 초기 상처를 탐색하면서 변화하려고 노력하였다. 그들이 상처와 그것에 대한 반응을 탐색했을 때 로버트와 레이첼은 점차 그들의 성장과 아이들의 성장을 지지해줄 수 있는 안전하고 치유적인 환경을 만들어낼 수 있었다.

로버트와 레이첼은 '고통스럽고 놀라웠다.' 그들은 결혼 생활에 침투한 낮은 무의식의 파괴적인 출현을 경험하였다. 이러한 느낌과 태도는 언제나 있었다. 그들은 그것들을 자각하지 못했으나 이제는 치유되어서 보다 신뢰하고 친밀한 관계를 맺을 수 있게 되었다.

따라서 낮은 무의식의 치유는 단순하게 과거의 치유가 아니라 현재의 치유이다. 그러한 개인적 변화를 통하여 지금 여기에서의 세계와 자기에 대한 인식은 점점 더 분명해지고 정확해진다. 우리는 강박성과 경직성으로부터 자유하게 되고 참된 정체성과 능력을 발견하기 시작하여 삶을 포용하게 된다.

정상적이고 일상적인 자각을 못하게 하는 경험 영역에는 낮은 무의식만 있는 것이 아니다. 우리는 외상이 되는 상처의 차원뿐 아니라 삶의 긍정적인 차원도 분리시킨다. 이러한 분리는 경이, 기쁨, 창조성, 영적 경험을 위한 우리의 능력을 수용할 수 없고 정당하지 않은 환경으로부터 보호하기 위한 방식이다. 정신통합 심리치료사 프랭크 헤로니안Frank Haronian(1974)은 인간의 높은 잠재력을 억압하는 것을 **숭고함을 억압하는 것**repression of the sublime(Desoille)이라고 말하였다. 그것은 낮은 무의식처럼 지금 존재하고 현재 우리에게 영향을 끼치지만 정상적이고 일상적인 자각으로부터 분리된 **높은 무의식**higher unconscious을 형성한다.

높은 무의식

위에서 말한 남자가 40대에 버림받은 우울함을 자각하여 심리치료를 받기 시작했다는 사례를 상기해보자. 그가 우울증을 다루자 새로운 종류의 긍정적인 에너지도 유입되기 시작했다. 그는 수많은 경험을 하였고 그의 깊은 상처의 고통 속에서 자기 자신, 그의 부모, 세계에 대한 새로운 감사를 느꼈다. 어느 순간 그는 중요한 절정 경험을 하게 되었고 모든 인간과 연결되는 느낌을, 그리고 신이라고밖에 할 수 없는 훨씬 더 깊은 현존이 모든 것들을 존재하게 한다는 느낌과 연결되는 느낌을 가졌다. 이제 그는 초기 어린 시절로부터 분리되었던 것을 치유받고 억압되었던 '렌즈'를 되찾게 되었다. 그 렌즈를 통하여 그는 높은 무의식으로부터 유입된 삶의 신비와 깊이에 감사할 수 있었다.

높은 무의식 또는 **초의식**superconscious은 '더 높은 잠재력'을 나타낸다. '우리는 그 잠재력을 실현하려 하지만 종종 그것을 밀어내거나 억압한다(Assagioli 1965a, 22).' 낮은 무의식과 함께 이 영역은 의식되지 않는다. 따라서 높은 무의식은 그 수준으로부터 나온 내용들이 의식에 영향을 미치는 순간으로부터 추론된다.

높은 무의식은 말로 하기는 어렵지만, 우리가 삶 속에서 더 깊은 의미를 찾고, 고요함과 평화, 실존의 특수성 속에 들어 있는 보편성 또는 우리 자신과 우주 사이의 일치감을 느끼는 순간에 경험하는 것들이다. 이 수준의 무의식은 낮은 무의식의 '깊이depths' 위에서 '높이heights'를 담고 있는 인격의 영역을 나타낸다. 아사지올리는 높은 무의식을 다음과 같이 말한다.

이 영역으로부터 우리는 높은 직관과 영감인 예술적, 철학적, 과학적, 윤리적 지침을 받아 인도주의적인 행동과 영웅적 행동을 하게 된다. 그것은 이타적인 사랑과 같은 더 높은 느낌, 천재성, 명상, 깨달음, 황홀한 상태의 원천이다. 더 높은 정신 기능과 영적 에너지가 이 영역에 잠재되어 있다(Assagioli 1965a, 17-18).

그러나 높은 무의식은 세계와 동떨어진 순수한 특성이나 본질의 영역을 나타내는 것이 아니다. 높은 무의식적 경험에서 발견되는 사랑, 기쁨, 일치, 아름다움의 특성들은 하늘의 영역으로부터 세계로 내려온 독립적인 특성이 아니다. 그것들은 우리가 이 세계의 어떤 국면들을 특별한 방식으로 경험하는 감각, 감정, 인지에 대한 경험적 양식을 설명해준다. 높은 무의식의 경험은 또 다른 높은 세계와의 만남이라기보다는 이this 세계의 더 깊고 확장된 또는 더 통합적인 관점이다.

낮은 무의식이 우리의 고통과 다른 사람들의 고통을 인식하지 못하게 하듯이 높은 무의식도 더 숭고하거나 영적인 세계의 국면들을 인식할 수 없게 하는 잃어버린 우리의 능력이다. 분리와 억압은 세계의 심오한 신비와 그 안에 있는 고유한 장소를 보지 못하게 하고, 세계, 다른 사람들, 신성과의 근원적인 관계를 맺지 못하게 한다.

높은 무의식적 체험은 서양 심리학에서 오래 연구되어왔다. 여기에서 우리는 아사지올리가 언급했던 몇몇 사상가들을 살펴볼 것이다. 1901년 캐나다 정신의학자 리차드 버크Richard Bucke(1967)는 높은 무의식적 체험에 대한 연구를 그의 책 『우주적 의식』(*Cosmic Consciousness*)으로 출판하였다. 그것은 그를 최초의 초개인 정신의학자들 중의 하나로 만들었다. 버크의 연구와 같은 때에 심리학자 윌리엄 제임스William James(1961)는 영적 경험에 대한 그의 고전적인 연구 『종교 경험의 다양성』(*The Varieties of Religious Experience*)을 출판하였다.

루돌프 오토Rudolf Otto와 칼 융(1969b)이 사용한 용어를 채택함으로써 *numinosum*과[*] 같은 높은 무의식적 내용들이 확인되었다. 그것은 '의식의 변화alteration of consciousness' 의 원인이 될 수 있고 그러한 경험의 보편성을 지칭하는 것일 수도 있다.

초의식은 일반적으로 무의식의 한 부분이지만, 무의식 외의 특성을 추가로 가지고 있다.

　　　　　　　　　　　　　　　　　　　　　　　　　　　　　　　　　　　- 아사지올리

아사지올리는 또한 빅터 프랭클이 그의 의미요법 체계에서 **순수이성**noetic 혹은 **순수이성론**noological[**] **차원**, 그리고 **상층(높이)심리학**height psychology에 대하여 말할 때 높은 무의식을 언급하였다고 믿었다(Assagioli 1965a, 195, 197). 마지막으로 매슬로우의 절정 경험에 대한 연구는 높은 무의식을 직접 다루었다고 아사지올리는 보았다. 매슬로우는 다음과 같이 말했다.

절정 경험이라는 용어는 인간 존재의 최선의 순간들, 삶의 가장 행복한 순간들, 황홀, 지복, 가장 큰 기쁨의 경험을 일반화한 것이다(Maslow 1971, 105).

이 인용문은 높은 무의식적 경험을 분명하게 묘사한 것이다. 앞에서도 언급했듯이 매슬로우의 획기적인 연구는 인본주의와 초개인 심리학 영역이 탄생하는 데 중요한 역할을 했다. 이름을 열거할 수 없을 정도로 많은 다른 연구

---

[*] numinose: R.오토가 만든 철학용어. 독일어의 heilig(神聖)라는 말은 '표현하기 어려운' 본질을 나타낼 수 없기 때문에, 라틴어의 누멘(numen: 아직 명확한 표상을 갖추지 않은 초자연적 존재)을 사용하여, '무서운 신비', 외경심(畏敬心)을 불러일으키는 전율적(戰慄的)인 무서움, 압도적인 권위, '절대타자(絶對他者)'로서의 신비를 나타낸 것이다(두산백과).

[**] noology: 앎과 지식을 다루는 모든 것의 조직과 그것에 대한 체계적 연구(웍셔너리).

들도 높은 무의식적 체험을 진지한 심리학 연구의 주제로 삼았다.

놀라운 기쁨

분열과 억압은 낮은 무의식뿐 아니라 높은 무의식적 국면들도 거의 자각하지 못하게 하여 숭고함이 억압된다. 인간 경험의 스펙트럼을 강하게 억압하면 결국 활기 없는 삶을 살게 되고 더 깊은 사랑, 경이, 더 큰 의미가 배제된 삶을 살게 된다. 우리는 풍요롭고 다차원적인 우주에서 단지 하나의 작은 차원에서만 살게 되고 사실적이고 물질적이며 아마도 싫증나거나 냉소적인 태도를 선택할 것이다. 무한과 영원의 공감적 만남으로부터 단절된다면, 우리는 그것을 자각하지 못한다. 그리고 우리의 삶이 죽은 것을 삶 자체의 죽음으로 가정하게 된다. 우리 자신 안에 있는 분리는 단지 과거에 일어난 분리일 뿐 아니라 현재에 일어나는 분리이기도 하다. 그것은 우리가 우리 자신, 그리고 일상에 기초한 세계를 어떻게 경험하는가에 영향을 미친다.

그러나 낮은 무의식 사례에서 보았듯이, 우리는 자각 속으로 들어오는 높은 무의식으로 인하여 놀랄 수 있다. 이것은 종종 절정 경험으로 나타난다. 루이스(1955)는 그것을 '놀라운 기쁨'이라고 표현하였다. 그것은 마치 믿어지지 않지만 인간 경험의 새로운 영역이 눈앞에 나타나는 것과 같다. 역사를 통하여 다양한 전통과 문화를 가진 매우 많은 사람들이 그러한 경험을 보고하였고 인간의 삶을 변화시킨 이 순간들의 힘을 증명하였다.

아사지올리(1965a)가 지적했듯이 더 높은 경험은 낮은 무의식적 자료를 표면으로 올라오게 할 수 있다. 우리는 숭고한 현실 앞에서 상처, 두려움, 분노, 우울함을 느낄 수도 있다. 억압의 장벽이 무너지면서, 억압했던 최초의 이유였던 초기의 상처가 모습을 드러낼 수 있다. 그것은 마치 온전해지려는 유기체적 노력이 높은 무의식과 낮은 무의식 사이에 있었던 최초의 분리를 연결시키려는 시도와 같다. 그렇기 때문에 한쪽이 드러나면 매우 자주 다른 쪽의 출현이 뒤따른다.[6]

중간 무의식의 확장

높은 무의식과 낮은 무의식은 실제적으로 중요하다. 그리고 그것은 특히 우리가 이 잠정적 경험 영역을 만나고 그 영역을 우리의 삶 속에 포함시키려는 정신통합 치료에 중요하다. 우리가 앞으로 살펴보겠지만 높은 무의식과 낮은 무의식의 통합은 중간 무의식이 확장되는 것과 마찬가지이다. 우리의 일상적인 경험의 범위, 즉 우리가 잠정적으로 자각하고 반응할 수 있는 현실의 스펙트럼은 인간 실존의 높이와 깊이를 더 많이 포함시키기 위하여 확장된다.

앞으로 이 유형의 작업은 보다 충분하게 논의될 것이다. 경험의 범위가 통합되고 확장되면 우리는 보다 완전한 방식으로 세계에 참여할 수 있을 것이다. 실존의 높이와 깊이는 '놀람'이라기보다는 지속적인 일상의 삶의 한 부분이 된다. 우리는 일몰의 기쁨을 느낄 수 있고 삶의 덧없음에 슬퍼할 수 있다. 어린 시절의 상실을 슬퍼할 수 있고 우리가 받았던 선물을 기뻐할 수 있다. 사랑에 빠질 수 있고 사랑하는 사람의 노력에 감명받을 수 있다. 숲의 풍성함과 아름다움을 즐길 수 있지만, 인간이 자연을 학대한 것에 대하여 갑자기 고통을 느낄 수도 있다. 종종 억압되고 무의식 속에 있었으나, 이렇게 광범위하고 역동적인 경험 영역은 우리가 높은 무의식과 낮은 무의식을 통합할 때, 우리의 일상적인 삶에 더 유용하게 된다.

높은 무의식과 낮은 무의식은 단순하게 우리가 경험했지만 지금은 억압된 경험으로 구성되어 있지 않다는 것을 다시 한 번 주목하라. 오히려 그 경험들은 그 순간에 경험 영역을 분리시켜 놓았기 때문에, 우리의 새로운 경험에 영향을 미친다. 그 경험들은 단순하게 우리가 과거의 경험으로 쌓아둔 영역이 아니라, 깨지고 잃어버린 '렌즈'가 되어 우리가 실존의 높이와 깊이를 보지 못하게 한다. 볼비(1980)에 따르면, '방어적 차단'이 장기 기억 속에 이미 있었던 의식 정보뿐 아니라 감각을 통하여 현재 입력된 정보도 차단시킬 수 있다(인식의 차단).

지금까지 세 가지 수준의 무의식을 논의했다. 이제는 타원형 그림의 마지막 요소, 즉 이 수준들 사이에서 살고 활동하는 '사람(who)', 자각과 의지의 기능을 소유한 인간 영혼 또는 '나'를 살펴보자. '나'는 타원형 그림(그림 2.1)의 중심에 있는 점으로 표현된다. 그것을 개인적 자기personal self라 한다. 개인적 자기에서 self는 대문자로 표기한 높은자기Self와 구별하기 위하여 소문자 's'를 사용하였다.

'나', 의식, 그리고 의지

앞에서 로라의 사례를 통하여 중간 무의식에 대하여 설명했던 것을 상기해 보자. 로라는 어린이 하위인격의 행동이 그녀의 성인 관계를 파괴하였다는 것을 인식하였고, 그 어린이 하위인격을 그녀의 삶 속에 조화롭게 포함시킬 수 있었다.

로라의 변화에 내포되어 있었던 것은 그녀가 단순하게 어린아이가 아니라 내면에 어린 부분part을 갖고 있었음을 깨달은 것이었다. 이 깨달음으로 인하여 로라는 이 어린이 하위인격과 자유롭게 관계 맺을 수 있고, 내면작업에 책임질 수 있으며, 그녀의 부모는 할 수 없었지만 그 아이를 양육하는 방법을 배울 수 있었다. 즉, 그녀는 자신의 더 깊은 정체성이 이 하위인격과 완전히 분리되지는 않았을지라도 구별되는 것을 발견했다. '나는 어린아이다'라는 자세에서 '나는 한 어린이를 갖고 있다'로 생각이 바뀌었다. 인격의 다른 국면들과 **동일시**identify하거나 **탈동일시**disidentify할 수 있는 이 능력은 '나'의 심오한 성격을 나타낸다.

'나'는 그 사람의 본질적인 존재이며, 경험의 모든 내용들로부터 구별되지만 분리된 것은 아니다. 또한 **초월-내재**transcendence-immanence라는 특성을 갖고 있다(Firman 1991; Firman and Gila 1997). 즉, 로라는 그녀가 어린이 하위인격과 구별되고 초월해 있음을 깨달았다. 그리고 이 탈동일시로부터 그녀는 자신의 어린아이와 함께 있을 수 있었고 그녀를 자신 안에 포함시킬 수 있었다. 그녀는 그 아이 안에 내재할 수 있었고 그 아이와 함께 참여할 수 있었다. 초월적 '나'는 어떤 내용과도 동일시될 수 없으나 '나'는 내재되어 있고 의미 있는 '나'는 모든 내용을 포용하고 경험할 수 있다. 이 심오한 초월-내재는 '나'가 내용의 조직이나 구조, 집합체가 아닌 인간 영혼으로 여겨질 수 있는 이유가 된다.

'나'는 의식이나 자각, 그리고 의지나 개인적 의지라는 두 가지 기능을 갖고 있다. 그것들의 작용 분야는 타원형 도식에서 '나'를 중심으로 한 동심원으로 나타난다. '나'는 의식과 의지를 가진 사람이라는 것을 나타내기 위하여 자각과 의지 영역의 중심에 위치해 있다. '나'는 정신-신체 내용들이 자각의 안팎으로 지나다닐 때 그것들을 자각한다. 그 내용들은 나타났다 사라지지만 '나'는 경험할 때 각 경험에 남아 있을 것이다. '나'는 역동적이기도 하고 수용적이기도 하다. '나'에게는 자각의 내용에 영향을 미칠 수 있는 능력이 있다. 그리고 자각에 초점을 맞추고 자각을 확장하거나 축소시키기로 선택함으로써 심지어는 자각 자체에도 영향을 미칠 수 있다. 로라의 상담을 통하여 먼저 의식을 간단하게 검토해보고 그다음 의지를 검토해보도록 하자.

의 식

'나'가 어린이 하위인격으로부터 탈동일시했을 때 로라의 의식이나 자각은 더 이상 불안, 수치심, 분노에 완전히 압도당했다고 느꼈던 어린아이의 의식이나 자각이 아니다. 그 대신 그녀의 자각은 인격에서 보다 많은 성인 국면들에 개방하게 되었다. 그녀는 하위인격과 외부 환경 둘 다와 실제로 관계를 맺을 수 있었다. 하위인격으로부터 탈동일시할 때 그녀의 의식은 어린아이의 감정과 분리되지는 않았으면서, 어린아이의 감정뿐 아니라 성인의 인식을 포함하기까지 확장된다. 이러한 명료화나 자각의 확장은 '나'가 특별히 제한된 동일시로부터 탈동일시할 때 일어난다. 그리고 그렇게 함으로써 '나'는 다른 인식을 포함시킬 수 있다. 그것이 초월-내재의 원리이다.

의 지

탈동일시하고 다른 관점을 자각할 수 있는 이 능력은 의식의 본성뿐 아니라 개인적 의지의 본성을 보여주는 것이다. 로라가 자신의 정체성을 '나는 어린아이다'에서 '나는 어린 부분을 갖고 있다'로 바꿨을 때, 그녀는 어린아이에 의하여 통제받지 않는 선택을 자유롭게 하게 되었다. 그녀는 어린아이와 관계를 맺고 그녀의 감정을 탐색하여 마침내 어린아이를 그녀의 한 부분일 뿐이라는 관점으로 제한시키지 않는 결정과 선택을 할 수 있었다. 로라의 자유는 분명히 아사지올리가 말하는 **의지**will의 예를 잘 보여준다.

'나'의 의지는 일반적으로 '의지력willpower'을 말하는 억압된 힘이 아니다. 의지력은 보통 인격의 한 부분이 다른 부분에 의하여 지배받는 것을 말한다. 로라가 어린아이를 그녀의 삶에서 완전히 없애려고 했다면 그녀도 인격의 한 부분이 다른 부분의 지배를 받았을 것이다. 의지는 내적 자유를 갖고 있어서 우리 자신의 어떤 한 부분의 통제를 전혀 받지 않는 곳에서 행동하게 한다. 의지는 '나'로 하여금 어떤 하나의 관점으로부터 탈동일시하여 인격의 다양한 국면들 **모두**에 개방할 수 있게 한다.

> 정신통합에서 의지는 중심적 위치를 갖고 자기의 본질적인 기능을 한다.
>
> — 아사지올리

의식과 의지의 기능을 통하여 초월-내재적 '나'는 인격의 풍부한 다양성 모두에 참여하게 된다. '나'는 변화하는 인격의 많은 부분들 모두와 동일시할 수 있고 또 탈동일시할 수 있는 '존재who'이기 때문에 '나'는 전인성으로부터 나온 지식과 행동, 그리고 모든 부분들과 교감할 수 있는 잠재력을 갖고 있다.

의식과 의지의 관계

의식과 의지의 영역은 타원형(그림 2.1)에서 하나의 원으로 되어 있다. 그 원은 사실상 의지의 원과 의식의 원이 서로 관통하는 영역이다. 의식의 영역과 의지의 영역은 지속적으로 변화하여 하나 또는 다른 하나가 더 커지기도 하면서, 순간순간 더 잘 작용하게 된다.

예를 들어, 의식이 의지의 그늘에 가려진 때를 살펴보자. 당신의 마음이 자유롭게 움직이도록 허용하면서 일몰이나 음악을 편안하게 즐기고 있다고 상상해보아라. 당신은 특별히 어떤 것에 초점을 맞추려 하지 않고 어쨌든 당신의 자각을 제한시키지 않는 대신 무수히 많은 감정, 생각, 상상 모두를 받아들

일 것이다. 이때 당신의 의식은 전경에 있고 의지는 배경에 남을 것이다. 당신은 이 상태에서는 결정하기가 어렵다는 것을 발견할 것이다. 너무 많은 가능성이 있음을 알기 때문에 어떤 것도 선택하기가 어려울 것이다. 당신은 습관적으로 자각의 극 쪽으로 기울어져 있어서 의식과 의지의 균형이 깨지기 쉬운 사람들을 볼 수 있다. 그들은 광범위하게 의식하고 있지만 선택하고 행동할 수 있는 능력은 제한되어 있다.

이번에는 의지가 의식의 그늘에 가려진 때를 살펴보자. 당신이 복잡한 도시 교통을 뚫고 자전거를 타는 데 집중하고 있다고 상상해보아라. 이 경험에서 당신은 교통, 도로 상황, 자전거의 위치에 자각의 초점을 맞출 것이다. 당신은 모든 내용을 받아들이도록 허용하는 대신 과제와 관련된 내용만을 자각하는 데 초점을 맞출 것이다. 이런 식으로 당신의 자각은 당신으로 하여금 복잡한 교통을 뚫고 안전하게 자전거를 타는 데 필요한 많은 선택을 하도록 엄격하게 작용할 것이다. 이 상황에서 의지는 전경이 되고 의식은 보다 이차적으로 되거나 보조 역할을 할 것이다. 습관적으로 의지가 의식을 압도하는 기능을 하는 사람도 있다. 그들은 매우 효율적일 수 있고 용이하고 능숙하게 빠른 선택을 할 수 있지만, 아마도 그들의 행동이 그들 자신 또는 다른 사람들에게 어떤 영향을 끼치는가는 자각하지 못할 것이다.

'나'의 본성

심리치료에서는 (1) 인격personality 또는 행동의 다양한 국면들을 자각하고 의식할 수 있는 능력, (2) 이것들에 관하여 의지적으로 선택할 수 있는 능력을 촉진시키는 데 초점을 맞출 때, '나'의 본성을 탐색한다. 이것은 사실상 매우 다양한 심리치료들 사이에서는 아주 흔한 일이다. 예를 들어 정신분석은 내면에서 생각, 감정, 상상의 흐름에 초점을 맞추는 자유연상을 격려한다. 인본주의/실존주의 심리학은 직접적인 경험의 실재를 탐색하고 이 경험에 책임을 지도록 격려한다. 그리고 인지 행동 심리학은 특별한 감정의 기초가 되는 사고과정에 관심을 갖고 우리가 이 과정에 개입할 수 있도록 한다. 초개인 심리학은 더 높은 의식의 상태를 자각하도록 촉진하여 우리의 삶에서 이 통찰을 표현하도록 도울 것이다.

'나'의 본성은 위파사나 명상, 동양의 선 명상, 서양의 관상기도와 중심기도와 같은 영성 수련에서도 나타난다. 이러한 유형의 영성 수련은 정신-신체의 내용들이 그 내용에 사로잡히지 않은 채 자각 속에서 움직일 수 있게 한다. 그 원리는 우리가 단순하게 침묵 속에 앉아서 현존하고 그 순간에 마음을 두는 방법을 배워서 감각과 감정, 그리고 생각과 이미지가 자각을 통하여 방해받지 않을 수 있게 하는 것이다. 때때로 우리는 이것이 단순하게 '순수한 의식'의 상태가 아니라 실제로 매우 의도적인 상태라는 것을 간과한다. 우리는 이 수용적인 상태에 있기로 선택하거나 의지한다. 사실 우리는 자주 혼란스러운 감각, 생각, 감정에 사로잡혀 있을 때 의식으로 되돌아가도록 선택할 필요가 있을 것이다.[7]

> 자기와 순수한 자기-자각에 대한 직접적인 경험은 의식 영역의 어떤 '내용'과도 상관이 없다.
>
> — 아사지올리

그러한 모든 훈련들은, 그것이 심리치료이든 명상이든, '나'가, 비록 분리되지는 않았을지라도 경험의 모든 내용들과 구별된다는 것을 말해준다. 즉, '나'

는 경험의 내용 안에 초월-내재되어 있다. 그렇지 않다면, 계속 이어지는 각각의 내용에 항상 존재하는 우리의 관점으로, 지속적으로 변화하는 그러한 내용들을 관찰한다는 것은 불가능할 것이다. 분명히 내용들의 관찰자/경험자로 있으면서 내용들로부터 분리되지는 않지만 구별되는 사람, 그리고 그 내용들에 영향을 끼칠 수 있는 사람이 있을 것이다. '나'는 변화하는 경험의 흐름에 대하여가 아니라 그 안에 있기 때문에 경험은 모든 내용들에 존재할 수 있는 초월-내재적 '존재who'이다.

'나'와 경험 내용 사이의 구별은 이렇게 영성 수련 속에 내포되어 있지만 또한 탈동일시 경험의 특징이기도 하다. 예를 들어 이 구별은 로라가 어린이 하위인격이 아니라는 것과 그녀가 그 인격의 지배를 받을 필요가 없다는 것, 그리고 이 어린 부분에 대한 돌봄을 배울 수 있다는 것을 깨닫는 데 핵심적인 것이다. 명상을 하는 사람은 자각을 하기도 하고 못하기도 하는 경험 내용들을 관찰할 수 있을 것이지만, 로라는 그녀의 어린이 하위인격이 자각 속으로 들어왔다 나가는 것을 관찰할 수 있다. **여기에서 그녀는 자신의 감각, 감정, 생각을 알아차릴 수 있을 뿐 아니라 자신의 감각, 감정, 생각을 조직했던 더 깊은 구조도 의식할 수도 있다.** 그녀는 더 큰 패턴으로부터 구별되어 초월해 있다는 것을 깨달을 수 있기 때문에 그것을 다루기 시작할 수 있고 그 패턴과 관계를 맺으며 내재화시켜 포용할 수 있게 된다.

이와 같은 경험들은 '나'가 경험의 내용이나 대상이 아니라 경험의 주체subject라는 것을 나타낸다. '나'가 비록 강한 감정, 강박적 생각, 습관적인 행동 패턴에 사로잡혀 있을지라도 '나'는 이 모든 것으로부터 분리되지 않고 구별되어 영원히 경험하는 사람이다. 나중에 더 상세하게 탐색하겠지만, '나'는 무아(無我, no-self) 또는 무(無, no-thing)로 언급될 수도 있다. 왜냐하면 '나'는 우리 자신을 정의할 수 있는 구조, 내용, 과정을 넘어서 우리가 이해하고 파악할 수 있는 어떤 것도 넘어서기 때문이다. 제5장에서 '나'의 본성을 상세하게 살펴볼 것이다.

높은자기*

높은자기는 타원형 도식으로 그려진 모든 영역에 걸쳐 있으면서 그 모든 영역으로부터 분리되지는 않았지만 구별된다. 그것을 **높은자기**Higher Self 또는 **초월적 자기**Transpersonal Self라 한다. 높은자기 개념은 지혜와 안내guidance의 더 깊은 원천, 즉 의식적 인격의 통제를 넘어서 조절하는 원천을 지칭한다.[8]

아사지올리와 융, 두 사람은 이 원천을 **높은자기**라 했다. 그들은 이것이 개인의 삶 속에 더 깊은 심층 목표를 제시한다고 믿었다. 우리는 높은자기가 심리적 전인성wholeness을 증진시키고 '자신의 존재 법칙에 충실하거나' 삶의 목적과 의미를 향하여 움직이는 것으로 경험할 것이다(Jung 1954, 173). 두 사람은 모두 많은 심리적 장애가 높은자기에 의하여 알 수 있는 더 깊은 심층 목표와 조화를 이루지 못한 결과라고 믿었다.

융은 높은자기가 말해주는 이 방향의 경험을 소명vocation, 즉 개성화 방식을 수행하기 위한 '내면에 있는 사람의 목소리'로부터 받는 초대라고 생각했다. 아사지올리는 더 깊은 심층 목표를 높은자기의 의지 또는 초개인적 의지 transpersonal will라고 말했다. 그는 초개인적 의지와 개인적 의지 또는 '나'의 의지 사이에서 의미 있는 상호작용을 할 수 있는 잠재력을 보았다. 다음의 예는 아

---

* 정신통합은 self와 Self를 구분하는데, 이 책에서는 self를 자기로, Self와 high Self를 높은자기로 표기했다.

사지올리가 개인적 의지와 초개인적 의지의 관계, 즉 '나'와 높은자기의 관계를 설명한 것이다.

> 종교 경험을 설명하는 것은 종종 신으로부터의 '부름call' 또는 더 높은 힘Higher Power 으로부터 '끌림pull'에 대한 것이다. 이것은 때때로 그 사람과 '더 높은 원천higher Source' 사이의 '대화'로 시작된다(Assagioli 1973a, 114).

물론 융도 아사지올리도 부름의 극적인 경험과 나-높은자기의 관계를 역사 속에서 볼 수 있는 위대한 사람의 삶으로 제한시키지 않았다. 높은자기의 더 깊은 심층적 초대는 언제나 모든 사람에게 잠재되어 있다. 나중에 논의할 것이지만 이 더 깊은 심층 목표는 심지어는 우리가 이것을 인지하지 못할 때조차도 일상의 모든 순간, 삶의 모든 국면에 내포되어 있다고 가정될 수 있다. 우리의 감정과 생각의 개인적인 내면의 삶 속에서든 또는 다른 사람들과 더 넓은 세계와의 관계 속에서든 높은자기의 부름은 식별되고 응답될 수 있을 것이다.

높은자기 이미지로서의 '나'

타원형 도식에 그려진 모든 요소들 중에서 '나'는 높은자기와 가장 직접적이고도 심오한 관계를 맺고 있다. 초기 도식에서는 이 관계가 '나'와 높은자기를 점선으로 연결시켜 설명이 잘 되었었다. 그러나 나중에는 더 높은 무의식의 꼭짓점에 놓았다. 아사지올리는 나-높은자기 연결에 대하여 다음과 같이 말했다.

개인의 의식적 자기 또는 '나'는 단지 인격의 영역에 영적 높은자기를 반영, 또는 그것의 투사로 보아야 한다(Assagioli 1965a, 37).

즉, '나'는 높은자기와 분화된 것도 아니고, 높은자기의 한 국면도 아니며 또한 높은자기의 '실체substance'라고 여겨지는 것의 유출emanation도 아니다. '나'는 높은자기의 직접적인 반영 또는 이미지이다. 여기에 있는 은유는 아마도 거울 속에 비친 촛불의 이미지 또는 물의 표면에 비친 태양의 이미지가 될 것이다. 본질적인 인간 정체성인 '나'는 독립적이고 자기-지지적인self-sustaining 독립체가 아니라, 직접적이고도 즉각적으로 더 깊이 존재하는 높은자기에 의하여 실존하고 있는 것이다.

은유를 다른 각도에서 보면 우리는 거울 이미지가 그것이 보여주는 것과 분리될 수 없는 하나이듯이 '나'가 높은자기와 분리될 수 없는 하나라고 말할 수 있을 것이다. 이렇게 심오한 하나됨의 차원에 대하여 아사지올리는 "실제로 두 개의 자기, 두 개의 독립적이고 분리된 실체는 없다. 높은자기와 '나'는 하나이다(Assagioli 1965a, 20)."라고 말한다. 실제로 종교적인 맥락과 비종교적인 맥락으로 알려진 많은 경험들은 존재의 더 깊은 원천에 의존하기 때문에 일치되는 인간의 이 근원적 의존성을 나타내는 것 같다.

아사지올리는 '나'와 높은자기가 이 본질적으로 하나됨을 주장하지만, 그들 사이를 구별하는 것이 중요하다는 것을 매우 조심스럽게 강조한다. 나높은자기의 하나됨을 주장한다고 해서, '나'가 망상이라는 의미는 아니다. 거울 은유를 적용해보자. 거울 이미지는 상대적이고 부수적인 실존을 갖고 있다. 왜냐하면 그것은 원천에 의존하지만, 그 실존이 비실재라는 의미가 아니기 때문이다.

'나와 높은자기 사이를 구별하지 않는 것은 개인의 삶에 심각한 문제를 야기할 수 있다. 아사지올리는 다른 많은 사람들과 함께 반영된 이미지와 반영하는 원천, '나'와 높은자기를 혼동할 위험에 대하여 다음과 같이 지속적으로 경고 한다.

영적 높은자기와 개인적 '나' 사이의 차이를 자각하지 못할 때, 개인적 '나'는 높은자 기의 특성과 능력이 자신에게 속한 것으로 착각하여 결국 과대망상증을 갖게 될 것이다(Assagioli 1976, 10; 1965a, 44-45; 1973a, 128).

따라서 높은자기의 이미지를 반영한 '나'의 개념은 '나'와 높은자기의 역설 적 일치를 이해하는 데 도움이 될 수 있다. 두 개의 자기는 하나이며 근본적으 로 높은자기의 창조행위에 의하여 하나가 되지만 또한 그것들은 두 가지, 즉 영원히 이미지로 남아 있는 이미지이지 원천은 아닌 것이다.

높은자기의 본성

'나'가 높은자기의 반영이라는 아사지올리의 개념은 높은자기의 본성과 '나' 를 비유로 설명함으로써 이해하는 방법을 제시한다. 그러한 비유에 의하여 '나'의 본성은 개인적 경험 속에 내포되어 있으며 높은자기, 즉 개인적 경험에 결코 유용하지 않은 더 깊은 중심으로 추정될 수 있다. 아사지올리 자신은 (1973a, 124-25) 비유가 높은자기를 이해하기 위한 방법이라고 말한다.

이 유비에 의하여 분명해진 첫 번째 사실은 높은자기가 살아 있고 의식적 이며 의지적인 존재라는 것이다. 즉, 만일 개인적 나-됨I-amness이 높은자기의 반영이라면, 높은자기는 더 깊은 나-됨이어야 한다. 따라서 높은자기는 맹목적 이고 구별되지 않는 통합체로 볼 수 없다. 또한 감지하기 힘들고 드문 에너지 영역으로도 볼 수 없고, 유기체적 전체성으로도, 집단 패턴이나 어떤 종류의 이미지로도, 조직의 더 높은 수준으로도, 비인간적 혹은 무생물의 에너지 원천으로도 볼 수 없다. 오히려 그것은 의식과 의지를 가진 더 깊은 존재로 볼 수 있다.

높은자기는 어떤something, 즉 '그것it'이 아니라 어떤 **존재**someone이다. 우리는 '너Thou'와 의미 있는 관계를 맺을 수 있다. 이 '너-됨Thou-ness'의 의미는 '나'와 높은자기가 하나로 보이는 높은자기와의 일치를 경험하는 강력한 순간 속에 깊이 감추어질 수 있다. 그러나 매우 실제적으로 지속적이고 친밀하며 공감적인 '나'와 높은자기와의 관계는 '나-너I-Thou'의 관계이지 '나-그것I-It'의 관계가 아니다. 높은자기에 대한 이러한 견해는 초기에 인용된 아사지올리의 주장에서 볼 수 있다. 아사지올리는 맹목적이고 비인격적인 우주적 힘이나 보편적 에너지를 다룬다면 그것은 무의미할 수 있는 활동이지만, '더 높은 원천higher Source'과는 의미 있는 '대화'의 가능성이 있다고 주장한다. 그러한 대화는 높은자기와의 의식적 관계를 지지하기 위하여 고안된 실제적이고도 효율적인 정신통합의 많은 기법들에 적용된다(Assagioli, 1965a, 204-7; Miller 1975). 그리고 그것은 또한 초개인 심리학 영역에서도 발견되고 있다(Vaughan 1985).

> 그의 영적 높은자기는 이미 그의 문제, 그의 위기, 그의 당혹스러움을 알고 있다.
> – 아사지올리

'나'를 높은자기에 비유함으로써 우리는 높은자기의 본성에 대하여 두 번째 중요한 통찰을 얻게 된다. 위에서 설명하였듯이 만일 '나'가 자각의 내용과 분리되지는 않았지만 구별되는 초월-내재가 된다면, 높은자기도 그러한 내용들과 분리되지는 않았지만 구별되는 초월-내재로 이해될 수 있다. 우리는 '나'가 지나가는 감각, 감정, 일상의 경험에서 오는 생각에 '관하여서가 아니라 그 안에' 있기 때문에 높은자기는 타원형 도식에 나타난 모든 수준의 내용들 모두에 '관하여서가 아니라 그 안에' 존재하고 있다고 생각해볼 수 있다(제8장에서 더 상세하게 논의할 것이다).

자기와 타원형 도식

높은자기의 이러한 초월-내재적 편재omnipresence는 높은자기가 타원형 도식의 모든 수준에 있을 수 있지만, 어떤 특별한 수준과 혼동되어서는 안 된다는 것을 의미한다. 절정 경험의 지복bliss과 일상의 삶에서 겪는 보다 일상적인 사건을 경험하든, 또는 초기 어린 시절의 심한 외상을 경험하든, 우리는 높은자기가 현재 활동하고 있으며 관계에 영향을 미친다고 가정할 수 있다.

앞에서 언급했듯이 최초의 타원형 도식은 집단 무의식의 경계선인 높은 무의식의 꼭짓점에 높은자기를 그려놓았지만, 그렇게 나타내는 것은 모든 수준의 경험에 있는 높은자기의 즉시성과 이 심오한 편재를 모호하게 하는 경향이 있다. 초기의 도식에서 높은자기의 위치는 높은자기가 높은 무의식을 통하여서만 접근할 수 있다는 인상을 줄 수 있다. 그것은 아사지올리 자신이 때때로 다음과 같은 말을 지지하는 것처럼 보였던 견해이다. 초의식인 '높은 무의식'은 높은자기의 의식에 **선행한다**precedes(Assagioli 1965a, 198). 사실상 초기의 도식은 최소한 처음에는 높은자기실현이 더 높은 의식 상태로 인도하는 것을 나타내는 것 같았다.

그러나 이것은 높은자기실현의 길을 따라가는 삶의 여정이 길의 어떤 지점, 경험의 어떤 수준에도 참여하도록 우리를 인도할 수 있다고 착각하게 만든다. 다음은 그것에 대한 무수히 많은 예들 중의 하나이다.

오늘 아침 나는 기도하면서 낙담과 분노와 혼란스러움 속에 앉아 있다. 나는 보통 하던 대로 높은자기, 자연 등과 의도적으로 연결한다. 나는 높은자기에게 분노와 무기력을 직접 말한다. 나의 상황은 변화되지 않았다. 어떤 일도 나의 삶에서 일어나지 않고 어떤 변화도 일어나지 않는다. 나의 마음은 닫혀 있다. 며칠 전에 개방되고 나에게 새로운 시작처럼 보였던 사건들은 사라졌다. 그 사건들에는 긍정적인 것이 하나도 없는 것 같다. 내가 이런 식으로 말하는 것이 명료해지고 있다. 나는 지금 나의 고통과 혼란과 깊이 연결되어 있다고 느낀다. 내게 오는 깨달음은 내가 바로 지금 나 자신과 매우 가까이 있다고 느낀다는 것이다.

나는 이렇게 조금 더 앉아 있으니까 나의 고통과 절망 속에서 어떤 변화도 어떤 행복감도 없이 단지 붙잡혀서 지지받고 있다는 느낌이 든다. 나의 분노와 좌절을 접촉하려고 시도하자, 이것은 공감적 치료사인 높은자기의 활동이라는 생각이 갑자기 들었다. 나는 이제 나의 감정과 하나가 되어 있다.

나는 내담자들이 힘든 감정과 경험과 씨름할 때 얼마나 자주 그들을 위하여 타당하고도 공감적인 분위기를 제공하는가를 떠올려본다. 종종 우리는 상담을 끝내지만 그들은 여전히 고통스러워한다. 그들의 고통은 해결되지 않았지만 그들은 직면할 수 있는 것 같다고 종종 나에게 그렇게 말한다. 바로 지금 나는 이것을 느낀다. 특별히 그 경험을 좋아하는 것은 아니지만, 더 많이 직면할 수 있다. 그러나 내가 지금 겪고 있는 고통에 분명히 더 많이 참여할 수 있다(Meriam 1996, 21-22).

높은자기와 연합하는 경험은 보다 더 높은 무의식적 경험에 있는 것이 아니라 오히려 현재 고통과 절망의 느낌에 참여하도록 부름받는 것, 즉 '지금 여기에 존재하라는' 초대이다. 만일 우리가 높은자기의 직접적인 '반영'이라면 우리는 경험의 전 영역을 통하여 존재하게 되고 이 영역의 어떤 지점이라도 높이에서부터 깊이까지 참여하도록 부름을 받을 것이다. 가장 깊은 진리의 느낌에 충실하다는 것은, 즉 삶의 부름이나 소명을 따른다는 것은 우리를 최선의 장소로 데려갈 수 있고 우리 자신의 많은 다른 국면들에 다가갈 수 있게 한다. 앞서 인용한 아사지올리의 말을 바꾸어 말하자면, 그것은 적어도 높은자기와의 만남을 선행하는 어떤 것일 수 있다.

이렇게 높은자기가 타원형 도식에 편재해 있기 때문에, 우리와 또 몇몇 사람들은(Brown 1993; Meriam 1996) 높은자기가 높은 무의식의 정점에 있다고 말하지 않는다. 그것은 전혀 높은자기의 이미지가 아니다. 높은자기는 분명히 그 사람의 모든 수준에서 활동하고 현존한다. 높은 무의식이 있는 곳에 높은자기를 나타낸다는 것은 높은자기실현이 필연적으로 높은 무의식으로 올라간다는 인상을 줄 수 있다.⁹ 또 어떤 사람들은 초기에 만들어진 높은자기를 계속 주장하면서도 높은자기가 타원형의 모든 수준에 편재해 있다는 것에는 동의한다(Djukic 1997; Marabini, 그리고 Marabini 1996).

> 인간의 영적 발달은 길고도 몹시 힘든 여정이다. 그것은 놀랍고 어려우며 심지어는 위험으로 가득한 낯선 땅을 모험하는 여정이다.
>
> — 아사지올리

그 사람의 모든 수준에 스며들어 있는 높은자기를 이해할 때, 우리는 높은자기를 그 사람 전체와 동일하게 보는equating 잘못을 저지르지 말아야 한다. 높은자기는 단순하게 타원형 전체가 아니다. 융이 때때로 말했듯이(Jung 1969a, 304; 1969b, 502) 높은자기는 그 사람의 '전체성totality'이 아니다. 그러나 높은자기는 전체성과 구별되지만 분리되어 있지는 않다. 언제나 전체성을 초월해 있으면서 전체성 안에 내재되어 있다. '나'는 한 번에 다른 감정들과 생각들을 동시에 자각할 수 있는 것과 똑같은 방식으로 높은자기도 전체 유기체의 과정 모두, 그리고 그 이상도 동시에 자각할 수 있을 것이다.

요약하자면 높은자기의 본성을 '나'와 비유하는 것은 분명히 여러 가지 유용한 통찰을 하게 하며 하나의 똑같은 결론을 내리게 한다. 더 깊은 나-됨을 개인적 나-됨의 변치 않는 근거로 상상하거나 또는 더 깊은 초월-내재를 개인적 초월-내재의 원천으로 상상한다면, 나-높은자기의 관계는 분명히 모든 삶의 경험을 통하여 삶의 모든 영역과 삶의 모든 단계에 존재할 수 있다. 이렇게 심오하고 친밀한 관계는 높은자기실현Self-realization이라 불리는 여정의 근원적 축이 된다. 이것은 나중에 더 자세하게 논의할 것이다.

지금까지 우리는 아사지올리의 인간에 대한 '해부학적' 모델과 '정적static' 모델을 탐색했다. 그렇다면 인간의 심리학적 '생리학', 치유와 성장의 역동적 변화는 어떻게 설명할 수 있을까? 타원형 도식을 기억하면서, 아사지올리가 개관한 정신통합 이론과 실제의 다른 주요 틀과 정신통합의 단계를 살펴보자.

제3장

정신통합의 단계

제3장

정신통합의 단계

이 근원적인 인간의 병을 어떻게 해결할 수 있는지 검토해보자.
이 노예상태에서 풀려나 어떻게 조화로운 내면의 통합과 참된
높은자기실현을 이루고, 타인과 올바른 관계를 맺을 수 있을지 알아보자.
— 아사지올리

아사지올리(1965a)는 앞 장에서 인간의 모델을 개괄적으로 설명한 후, 바로 정신통합의 단계 모델을 자세하게 설명한다. 첫 번째 두 단계는 의식과 의지의 기능을 나타내기 위하여 다양한 동일시로부터 '나'가 생겨나는 과정의 개요를 서술한다. 두 번째 두 단계는 우리가 삶의 더 깊은 동기와 의미, 즉 높은자기의 원천을 어떻게 의식하고 그것에 어떻게 반응하는가를 설명한다.

이상하게도 다른 단계 모델들은(예를 들어 Brown 1983; Ferrucci 1982) 정신통합 안에서 간간이 제시가 되었지만, 아사지올리가 처음에 말했던 단계는 영어권에서는 더 발달되지 않았다. 여기에서 우리는 아사지올리가 제시한 정신통합의 기본 단계를 정교화하고 갱신하며 확장하려 한다. 단계 자체의 개요를 설명

하기 전에 단계들을 전체적으로 이해하는 데 중요한 두 가지 점을 밝히고 싶다.

첫째, 정신통합의 단계들은 불변하는, 연속적인 과정을 밟지 않는다. 아사지올리는 그 단계들에 대하여 다음과 같이 말한다.

> 그러나 위에서 언급한 다양한 단계들과 방법들 모두는 서로 밀접하게 관련되어 있으며 분명한 기간이나 단계가 엄격하게 연속적이어야 할 필요가 없음을 분명하게 해야 한다. 살아 있는 인간 존재는 기초를 놓은 후 벽을 쌓고 마지막에는 지붕을 얹는 빌딩이 아니다(Assagioli 1965a, 29).

물론 단계들은 초기 단계가 자연스럽게 다음 단계로 이어지는 논리적인 과정을 따른다. 그러나 누구나 어떤 특별한 때에 이 연속선 밖에 있는 단계들을 경험할 수 있다. 우리는 '빌딩'이 아니다. 한 지점에서 단계 4를 의식했지만 다음에는 단계 1을, 다음에는 단계 3을 의식할 수도 있다. 단계들은 초기의 단계가 다음 단계에 포함되는 위계로 연결되어 있지 않다. 그것들은 우리의 고유한 여정이 펼쳐질 때마다 드러나는 정신통합 과정의 단면들이나 국면들이다. 실제로 우리는 정신통합이 전체적으로 모든 단계에서 동시에 나타난다고 생각할 수 있지만, 우리의 자각은 계속해서 정신통합의 한 국면이나 단계에서 다른 국면이나 단계로 변화한다.

매우 실제적으로 이것은 단계들이 정신영성 발달에 우리의 과정을 측정하기 위하여 일종의 척도로 사용될 수 있음을 의미한다. 그 단계들은 우리가 올라가는 사다리가 아니다. 그것들은 하나의 과정에 대한 통합 국면들로, 과정자체가 계속 확장되고 깊어짐에 따라 그 국면도 각각 계속 확장되고 깊어질 것이다. 우리는 결코 어떤 단계도 그냥 넘어가지 않고 우리의 여정이 계속되면서 각각의 단계가 전경이 되었다가 배경이 되는 것을 발견한다.

아사지올리는 전체적으로 그 단계들이 인간 발달에서 **자연스럽게 이어지는** 단계라고 설명하지 않았다. 예를 들어 그것들은 태어나면서부터 나이들 때까지 펼쳐지는 연속적인 발달 사건들을 나타내지 않는다는 것이다. 사실 이론적으로는 정신통합의 모든 단계들이 인간 삶의 어떤 연령에서도 보일 수 있다.[1]

자연스러운 성장 유형보다는 오히려 단계들은 아사지올리가 '인간의 근원적 병'이라고 했던 것에 반응한다. 다르게 말하자면 그것들은 인간 조건 안에 있는 불-편함dis-ease, 나쁜 버릇, 상처에 대한 반응이다. 근원적 병에 대한 그의 강력한 설명은 다음의 글에 잘 나타나 있다.

우리는 일상적인 삶에서 망상과 환영의 먹이, 알 수 없는 콤플렉스의 노예, 외적 영향들에 의하여 여기저기 던져짐, 현혹하는 외모에 의하여 눈멀고 최면에 걸림 등 수많은 방식들에 제한되어 있고 구속되어 있다. 그러한 상태에서 당연히 인간은 종종 불만족스럽고, 불안하고, 기분과 생각과 행동에 변덕을 부릴 수 있다. 직관적으로 그러는 자신이 '하나'라고 느끼지만 '자기 자신이 다수로 나누어진' 것을 발견하면 그는 당황하여 자기 자신이나 다른 사람들을 이해하지 못하게 된다. 자기 자신을 알거나 이해하지 못하는 그는 자기 통제가 안 되어 계속해서 실수하고 연약하게 되며, 너무 많은 삶이 실패이거나 최소한 마음과 육체의 질병에 의하여 슬퍼지고 제한되거나, 의심, 낙담, 절망에 의하여 고통을 받는다. 자유와 만족을 찾아 맹목적인 열정을 가진 인간은 때로는 폭력적으로 저항하고, 때로는 자신을 몹시 흥분시키는 행동, 지속적인 흥분, 격정적인 감정, 무모한 모험 속으로 성급하게 던져 버림으로써 내면의 고통을 진정시키려는 것도 당연하다(Assagioli 1965a, 20-21).

위의 인용문은 **보통의**normal 인간 조건에 대한 정확하고도 공감적인 설명이긴 하지만, 아사지올리가 말하는 **본성적**natural 인간 조건에 대한 설명은 아니다.

그는 여기에서 본성적 조건 속에 있는 근본적인 상처를 설명하기 때문에, 그가 제시하는 네 단계는 '인간의 근원적 병을 치유하기 위한' 과정의 개요를 말한다(21).

정신통합의 단계로 돌아가 보면 그 단계가 설명하는 근원적 병에 대하여 이해하는 것이 중요한 것 같다. 이 병의 원천이 무엇인가, 정확하게 그 효과는 무엇인가? 이 질문에 답을 해야 할 필요성은 질병에 대한 아사지올리의 개념을 처음 네 단계 이전에 있는 단계로 발달시키도록 하였다. 이 단계, 즉 단계 0는 **상처로부터의 생존**survival of wounding 또는 **생존 단계**survival stage로 부를 수 있다. 그것은 정신통합 과정이 시작될 수 있다고 반응하는 상태를 설명한다. 따라서 정신통합의 단계에 대한 탐색은 생존 단계에 대한 논의로 시작될 것이다.

단계 0: 상처로부터의 생존

아사지올리가 위에서 설명한 근원적 질병을 신중하게 살펴보면 다음과 같은 특징을 가진 상태를 볼 수 있을 것이다.

1. 최면trance: '망상과 환영의 희생', '현혹하는 외형에 맹목적이고 최면에 걸림'
2. 분리 또는 분열: '자기 자신에 대한 분리'
3. 자기와 타인에 대한 공감부족: '자기 자신이나 타인들을 이해하지 못함'
4. 강박과 중독: '알 수 없는 콤플렉스의 노예', '자기 자신을 몹시 흥분시키는 행동, 지속적인 흥분, 격정적인 감정과 무모한 모험이 있는 삶으로 성급하게 던져 넣음으로써 내면의 고통을 진정시키려 함'

다른 곳에서 자세하게 설명되었지만(Firman and Gila 1997) 위의 모든 것은 원상처, 즉 우리가 진실하게 존재하지 않는 것처럼 보일 때 야기되는 상처의 특징적 결과들이다.

이러한 침해 속에서 우리는 고유한 인간 존재가 아닌 대상으로 취급된다. 초기 양육자, 친구, 기관, 사회 등 우리의 지지적인 환경은 우리를 진실하게 존재하는 사람으로 보지 않고 대신 목적의 대상이 되도록 우리를 강요한다(1).

앞 장에서 우리는 삶의 공감적 실패가 수치심, 무기력, 분열, 유기, 소외, 불안과 같은 경험을 하게 하기 때문에 우리의 의식으로부터 그것을 분리시켜 낮은 무의식으로 만든다는 것을 알았다. 또한 사랑, 기쁨, 창조성, 유머, 신뢰, 신성과의 연결, 상처에 의하여 위협받았던 국면들, 더 높은 무의식을 형성하는 것과 같은 경험의 긍정적인 국면들도 분리시킨다.

우리는 환경에 의하여 상처를 받고 있다는 사실과, 재능이 환경에 의하여 위협받고 있다는 사실을 숨김으로써, 상처를 관리할 수 있고 공감적이지 않은 환경에 적응할 수 있다. 더 이상 환경에 의하여 거절당한 경험 영역을 자각하지 않기 때문에 원상처가 있음에도 불구하고 생존할 수 있게 하는 존재방식으로 우리의 인격을 자유롭게 형성한다.

달리 말하자면 우리는 자연스럽고 참된 자기감을 표현하는 인격, 즉 **참된 인격**authentic personality(Firman and Gila 1997)을 형성하는 것이 아니라, 원상처에서 살아남기 위하여 만들어진 인격, 즉 **생존인격**survival personality을 형성한다 (Firman and Gila 1997). 생존인격은 우리의 인격이 생존 기제나 비공감적인 환경 안에서 생존하기 위하여 만들어진 소위 방어 기제에 의하여 허용되는 한에

서만 존재한다.[2]

생존인격 그리고 생존통합중심

생존인격은 습관적인 철수와 수동적 인격에서부터 외향적이고 기능을 잘하는 인격까지 개인과 환경에 따라 매우 다양한 형태를 취할 것이다. 사실 대부분의 개인적 표현의 유형은 원상처에 의하여 통제를 받는지 또는 받지 않는지에 따라 참되거나 생존적일 수 있다. 더 나아가 우리 모두는 어느 정도의 원상처를 받았다면, 어느 정도의 생존인격을 가지고 있을 것이다. 참된 인격과 생존인격은 우리 모두의 내면에서 다르게 나타나는 인격의 상태를 설명해 준다고 생각하는 것이 가장 정확할 것이다.

생존인격의 본질적인 국면은 우리가 현실을 경험할 때 실제적으로 변화시켜야 할 부분이다. 이는 마치 우리가 이제는 습관적으로, 그리고 무의식적으로 우리의 참경험의 높이와 깊이를 걸러내는 안경을 쓰고 있는 것과 같다. 생존인격과 동일시한 우리는 최면에 걸려 있는 것이다. 우리는 내면과 외부 세계의 풍부함을 경험하지 못하고 단지 원상처에서 살아남으려는 관점에서 제한된 방식으로만 경험한다. 우리는 자신의 열린 경험의 현실을 사는 대신 초기에 상처를 주었던 환경의 요구에 의하여 강요된 경험으로 산다.

> 일상적 삶 속에서 우리는 속이는 겉모습 때문에 눈이 멀거나 최면에 걸리게 된다.
> ― 아사지올리

이렇게 비공감적인 환경과 나중에 그것을 내면화시킨 유형은 **생존통합중심**survival unifying center으로 기능한다(Firman and Gila 1997). 즉, 자기와 타인에 대한 우리의 경험은 학습과 명령, 그리고 신화를 중심으로 통합된다. 우리는 그것들에 의하여 상처받은 환경 안에서 예를 들어 "느끼지 마라.", "너의 요구를 말하지 마라.", "완벽해라."와 같은 말에서 생존한다. 생존통합중심의 영향을 받는 우리는 대개 우리 자신과 다른 사람들, 그리고 높은자기와 만나지 못한다. 참인격과 생존인격, 그리고 각각의 통합중심은 제6장에서 보다 자세하게 논의될 것이다.

우리는 비공감적 환경을 경험함으로써 점차 생존인격을 중독으로 발달시킨다. 즉, 우리는 이러한 기능 양식에 중독되거나 그것과 동일시한다. 그리고 우리는 다른 존재방식을 완전히 잊어버리는 것 같다. 우리는 생존인격 밑에 있는 상처를 느끼지 않기 위하여 그 인격에 집착한다.

생존인격의 유지는 종종 강박, 애착, 중독에 빠지게 해서 이렇게 제한된 기능 방식을 유지하는 데 도움을 준다. 행동, 사람들, 장소, 물질에 대한 중독은 모두 상처의 고통으로부터 우리의 의식을 보호하는 것과 같은 방식으로 우리의 경험을 변화시키는 방식들이다. 예를 들어 만일 당신이 자신의 강한 강박에 빠지려 할 때와 그렇게 빠지지 않으려 할 때를 상상해본다면, 근원적인 원상처의 위기를 느끼기 시작할 것이다. 당신은 아마도 불편함, 상실, 외로움, 불안, 우울, 무가치를 느낄 수도 있다.[3]

우리는 고통스러운 상처로부터 도피하려 할 때, 음식, 성, 알코올, 마약, 관계, 힘, 돈, 일, 서비스, 의식의 더 높은 상태, 영성 훈련, 실제적으로 근원적인 상처가 올라오지 않게 하는 어떤 것에도 중독될 수 있다. 이러한 생존 전략에 실패한다면, 원상처 '빙산'의 감추어진 끝부분에 접촉되어 불안, 수치심, 유기와 같은 감정들이 느껴지기 시작할 것이다.

생존인격은 근원적으로 우리 자신과의 공감이 깨어진 인격이고 우리 자신,

세계, 신성에 대한 참경험이 끊어진 인격이다. 환경의 공간적 실패에 의하여 야기된 깨어진 자기 공감은 아사지올리의 단계들에서 설명되는 근원적 병의 원천이고 생존 단계의 핵심이다.

생존 단계에 대한 이 개념은 찰스 윗필드Charles Whitfield의 단계 0과 매우 유사하여 부분적으로는 그것에 의하여 영감을 받은 것이다.

> 단계 0은 중독, 강박, 다른 장애와 같은 질병이나 장애에 의하여 나타난다. 이 질병은 급성일 수도 있고 반복되거나 만성적일 수도 있다. 회복되지 않으면 그것은 무한히 계속될 것이다. 단계 0은 회복이 시작되지도 않은 단계이다(Whitfield 1991, 37).

윗필드는 인간 존재가 본래 '근원Source'(정신통합의 '높은자기'와 매우 유사한 '더 높은 힘, 신, 존재 자체All-That-Is')과 일치되어 있다고 본다. 그러나 이 상태는 상처를 주는 환경에 의하여 깨어져 있다. 윗필드에 의하면 이 상처는 참자기를 감추게 하고 그 사람을 단계 0으로 빠뜨려서 다음과 같은 상태에 있게 한다.

- 스트레스
- 중독
- 강박
- 섭식 장애
- 정신 장애
- 차단된 슬픔(우울)

- 두려움(불안, 공황)
- 관계 중독(진보된 상호의존)
- 육체적 질병

어떻게 하면 생존 단계로부터 빠져나올 수 있을까? 무엇이 생존인격을 극복하여 우리의 정상적이고 일상적인 삶의 깊이와 높이를 나타내게 할 수 있을까? 종종 이것은 변화의 위기crisis of transformation라는 것을 통하여 일어난다.

변화의 위기

엘렌은 자기를 내세우지 않고 갈등을 피하면서 남들에게 기쁨을 주어야 하고 생산적인 삶을 살아야 한다는 생각을 가지고 성장했다. 그녀는 자기 자신이나 자신의 욕구를 주장할 수 없는 가정에서 자라났다. 가족들은 다음과 같은 명령을 지켜야했다. "너의 욕구를 갖는 것은 이기적이고 자기중심적이야. 착한 아이는 자기 자신에게 관심을 갖지 않고 다른 사람들에게 관심을 갖지." 그녀가 자신을 표현하고, 자신의 욕구와 열정을 주장하면 죄책감과 수치심을 느껴야 했고, 가족에게 소외되고 버림받는다는 위협을 받았다. 그것은 원상처가 되었다.

엘렌은 성인이 되어서 비교적 행복한 삶을 살았고 오랜 시간 의식적으로 의지를 갖고 일했기 때문에 직장에서도 존경을 받았다. 그녀는 직장에서 매우 잘 기능했고 재능과 기술도 잘 나타냈음에도 불구하고 계속해서 그것은 당연한 것이었고 엄청난 압력과 치명적인 업무량을 견뎌야만 했다. 그녀는 정서적으로 학대하는 연애 상대를 습관적으로 선택하였다.

그녀가 승진에서 제외되었을 때 변화가 시작되었다. 그 후 곧 그녀는 그녀답지 않게 무례해져서 동료들에게 냉소적인 말을 하고, 일할 때에는 에너지도 없고 헌신적으로 일할 수 없는 것 때문에 고통스러웠다.

그러던 어느 날 매니저와 힘든 회의를 마친 후, 사무실 문을 닫고 책상 앞에 앉자 갑자기 눈물이 쏟아졌다. 그녀는 놀랐지만 그냥 울었다. 그녀는 상처받고 무기력해 져 있었다. 그러자 놀랍게도 그녀는 침해당하고 배신당한 느낌이 들어서 마침내 화가 몹시 나기 시작했다. 그녀는 사무실을 부술 것 같았고 그녀의 매니저를 때려주고 싶다는 느낌이 들었다.

처음에 이렇게 밀려오는 느낌은 엘렌에게는 당황스러운 일이었다. 왜냐하면 이것은 그녀의 일반적인 존재방식, 잘 기능하는 생존인격과는 완전히 반대되는 것이었기 때문이다. 그녀는 나중에 "그것은 내가 아니었어요. 나는 미칠 것 같았어요."라고 말했다. 그녀는 심지어 이 사건을 '나의 붕괴'라고 말하기까지 했다. 실제로 그녀는 자기를 내세우지 않고 사람들을 기쁘게 하는 사람으로 자신을 동일시하였으나, 그 생각이 무너지면서 참경험에 보다 더 많이 개방하게 되었다.

이것은 엘렌에게 변화의 위기가 시작되는 것이었고, 그녀 자신과 세계에 대한 신념 모두를 의심하게 되는 불안한 시간의 시작이었다. 그녀는 타인들을 위하여 살았던 것과 그녀의 삶이 거짓이었다는 것에 대하여 슬픔을 느꼈고, 계속해서 그녀의 동기를 의심하며, 습관적인 동일시에 의하여 가려졌던 상실과 버림받음을 느끼는 등 생존인격의 제약을 넘어서는 매우 다양한 경험을 하기 시작했다.

변화의 위기를 설명하는 정신 건강 전문가들은 그러한 것들을 심리 장애, 고착, 마음의 질병이라고 말할 것이다. 그러나 옛 생존인격을 강화함으로써 이 장애를 다루려고 한다면 그것은 변화 과정에서 벗어나는 상담이 될 것이다. 그것은 나비가 애벌레에서 나오고 있을 때 애벌레를 보호하려는 것과 같다. 불안하겠지만 변화의 위기는 정신병리의 의미에서 붕괴도 아니고 퇴행도 아니다. 그것은 단지 만성적이고 제한적인 생존인격을 극복하여 광범위한 인간 경험으로 진입하려는 것이다. 그것은 삶의 진실과 더 깊이 만나는 것이고 언제나 현재의 상황을 흔들어놓을 만한 하나의 만남인 것이다.

변화의 위기는 여러 가지 방식으로 일어날 수 있다. 그것은 우리가 반복되는 삶의 유형에 갇혀 있고, 만성적으로 자기를 파괴하거나 자기와 거리를 두는 행동에 중독되어 있던 어느 날 단순하게 우리에게 올 것이다. 또는 사랑하는 사람, 직업, 결혼의 상실로부터 고통을 겪거나 또는 심각한 병이나 사고를 당하면서 죽음에 직면할 수도 있다. 동기가 무엇이든 이전의 존재방식은 불안해지기 시작하고 우리는 무기력, 상실, 버림받음에 압도당하는 느낌이 들 것이다. 어린 시절 이후 방어해왔던 상처가 표면화될 것이다. 약물 의존 분야의 용어로 하자면 우리는 **바닥을 때린 것이다**we hit bottom.

다른 한편 생존 단계에서는 **정상을 치게**hit top 된 것이다. 즉, 낮은 무의식적 자료를 만날 때 고통으로 놀라워하는 대신 절정 경험, 창조적 영감, 영적 각성을 통하여 우리의 삶 속으로 들어온 높은 무의식적 잠재력으로 기뻐서 놀랄 것이다. 우리는 갑자기 사랑에 대한 심오한 능력을 깨닫게 되거나 자연 세계의 아름다움이나 신성과 연결된 느낌으로 깊은 감동을 받을 것이다. 여기에서 우리는 삶 속에 있을 수 있는 경이로운 방식들을 본다. 바닥을 때리는 것처럼 여기에도 보통 일상의 삶이 전혀 만족스럽지 않다는 것과 우리의 삶의 방식에 변화가 있어야 한다는 것에 대한 깨달음이 있게 된다.

많은 사람들이 자발적 깨달음spontaneous illumination의 경험을 보고하였다.

― 아사지올리

높은 무의식적 경험과 낮은 무의식적 경험에는 상호작용이 있다. 친구의 죽음이나 어린 시절에 받은 학대의 기억 때문에 힘들어질 때 우리는 슬픔을 가눌 수 없는 절망 속으로 빠져들지만 깊은 고통 속에서 신성의 심오한 느낌이 모든 것들을 붙잡고 있음을 발견할 수 있을 것이다. 또는 우주와 일치되는 신비한 경험을 하면서 아름다움, 기쁨, 삶의 신비에 대한 황홀감을 느끼지만, 이 경험이 설명할 수 없는 이유로 사라지게 되어 결국 소외와 무가치한 느낌을 남길 수 있을 것이다.

이러한 유형의 상호작용은 그리 극적이지 않은 방식으로도 일어날 수 있다. 우리는 지루하고 무의미한 느낌을 회피하기보다는 그 느낌에 직면하기로 결정하면, 참으로 원하는 것에 점차 깨어 있게 될 것이다. 상실된 관계에 대한 슬픈 느낌은 현재의 관계에 대한 새로운 감사와 헌신을 유발시킬 수 있다. 마음을 따뜻하게 하는 가족 영화는, 그 영화와는 반대로, 우리 가족의 깨어진 국면들을 자각하게 하면서 우리 안에 절망이라는 주제를 더욱 촉진시킬 것이다.

극적이든 미묘하든 이렇게 긍정적이고 부정적인 경험의 국면들은 우리의 존재 안에 똑같은 원초적 분리primal split의 양면이 된다. 따라서 만일 한 부분이 다른 부분을 촉발시킨다 하더라도 놀랄 필요가 없다. 그것들은 사실상 상처에 의하여 분리된 우리의 경험 영역의 두 극단이다.

우리는 하나의 경험에 대하여 말할 필요가 없고, 삶 속에서 발생하는 하나의 사건만을 말할 필요가 없다는 것을 기억하는 것이 중요하다. 우리는 삶의 다양한 지점에서 너무 제한적이었던 형태보다 더 성장하게 될 때, 극적이고 미묘하며 크고 작은 많은 변화의 위기를 겪게 될 것이다.

포 기

낮은 무의식 때문에 놀라든 높은 무의식 때문에 놀라든 아니면 둘 다에 놀라든, 이 사건들은 우리가 더 큰 현실을 인식하고 수용할 것을 요구하고, 또한 우리는 지금 이 시점까지 삶의 가능성에 비하면 우리의 삶이 너무 제한되었다는 것을 깨달아야 한다. 그 깨달음은 우리들, 다른 사람들, 삶 자체는 우리가 지금까지 상상했던 것보다 훨씬 더 경이롭고 고통스럽다는 것을 밝혀준다. 우리가 변화의 위기를 겪기 시작하면서 만일 이 확장된 견해를 수용하고 그것을 견딜 수 있다면 생존 단계로부터 빠져나올 것이다.

그것을 견디기 위하여 우리는 새롭게 발견된 삶의 높이와 깊이를 통합시키도록 우리를 도울 수 있는 새로운 맥락에 연결될 필요가 있다. 그것이 참된 통합중심authentic unifying center이다(Firman and Gila 1997). 이때 우리는 위협받지 않는 공감적인 타인, 그것을 이해하는 타인, 그 안에서 우리와 함께 걸을 수 있는 타인을 필요로 한다. 그러한 새로운 통합중심(들)에는 자조 집단self-help group, 가족과 친구들, 상담이나 치료, 영적 지도, 종교, 미지의 장소에 지도를 제공하여 그것을 탐색하도록 격려하는 문학도 있을 수 있다. 이 통합중심들이 무엇이든 그것들은 보다 참된 삶, 즉 상처의 한계를 초월하고 생존 단계로부터 나와 정신통합의 다음 단계로 인도하는 문을 열 수 있는 씨앗을 보유하고 양육한다.

그러한 통합중심은 우리의 상처뿐 아니라 우리의 강점도 반영해줄 수 있어야 한다. 변화의 위기에서 우리는 단지 또 다른 상처를 받고 '희생자 역할'을 하게 될까, 그리고 수년에 걸쳐 발달시켜왔던 재능들을 완전히 잃게 될까 걱정할 수 있다. 그러나 참된 통합중심은 전체 인간, 상처와 재능, 약점과 강점을 포용한다. 그러한 공감적 연합은 바로 우리가 하나에 집착하고 다른 것은 부인하는 일 없이 우리의 깨어짐과 전인성 모두를 포용하려 할 때 필요한 것이다.

변화의 여정이 지속되면서 우리는 재능이 사라지지 않았다는 것을 발견한다. 그 재능은 더 이상 원상처에서 살아남기 위하여 기능하도록 강요당하지 않고 그 대신 우리의 본질적 자기를 참되게 표현하게 된다. 예를 들어 우리의 사랑은 사랑하는 사람을 통제하기 위한 생존 욕구로부터 자유롭게 될 것이며 보다 이타적이며 무조건적인 사랑이 될 것이다. 그리고 우리의 창조성이 강박적 성취의 유형으로부터 자유롭게 되면, 우리는 무가치한 느낌을 갖지 않게 되고, 우리의 진실한 느낌과 생각을 자발적으로 표현하게 된다.

더 나아가 우리가 상처받은 우리 자신의 부분들에 도달할 때 거기에는 지금까지 알려져 있지 않았던 재능이 있다. 거기에는 우리의 잠재력의 씨앗이 있다. 그것은 아직도 성공할 수 있고 성장할 수 있음을 기다리고 있으면서, 우리의 내면에서 가장 암울하고 절망적인 장소에 감추어져 있었던 것이다. 우리는 청소년기의 억압된 국면을 되찾을 때, 이전에는 결코 경험하지 못했던 모험과 용기가 생겨나는 것을 발견할 것이다. 우리가 내면에 상처받은 아이의 상처와 의존을 수용할 때, 그 아이가 신성Divine과 특별히 가까운 관계에서 얻은 깊은 지혜를 갖고 있음을 발견할 것이다.

작던 크던 변화의 위기를 통한 여행을 할 때, 우리의 삶에서 공감적 타인들의 수용을 받으면 우리는 생존 단계로부터 이어지는 정신통합의 네 단계들로 난 우리의 길을 찾아가기 시작할 수 있다. 단계 1과 2에서 우리는 회복되어 원상처에 빼앗겼던 개인적 정체성 ㅡ'나'ㅡ을 참으로 표현하게 될 것이다. 그리고 단계 3과 4에서 더 깊은 의미와 목적이 되는 높은자기와의 관계를 발견할 것이다.

단계 1: 인격 탐색

다시 한 번 말하지만, **인격 탐색** 또는 **탐색 단계**로 들어갈 때 핵심 요소는 우리의 옛 존재방식을 깨고 '나'의 출현을 양육할 수 있는 보다 참된 관계로 옮겨가는 것이다. "너의 경험을 신뢰하지 말고 정해진 방식대로 생각하고, 느끼고 행동하라."라고 말하는 맥락과 관계를 맺기보다는 "너의 경험을 신뢰하고 그것을 듣고 주의를 기울여라. 세상에는 지금까지 네가 알았던 것보다 훨씬 더 많은 것이 있다. 이 새로운 영역을 자유롭게 탐색하라."라고 말하는 맥락과 관계를 맺기 시작한다. 그렇게 참된 통합중심은 처음에는 외적으로 나중에는 내적으로 '나'와 통합됨으로써, 우리의 광범위하고 자연스러운 경험 영역에 공감적으로 개방하게 하여 참된 개인적 정체성 '나'의 의식이 출현하도록 촉진한다.

만일 엘렌이 위기를 겪을 때 그녀의 옛 상태에 도달했다면 "불평하지 마! 얌전하게 있어. 넌 착한 아이야. 착한 아이는 불평하지 않아. 너는 그래야 돼. 희생자처럼 굴지 마."와 같은 메시지를 들었을 수도 있다.

그녀는 그 메시지를 내면에서 그녀를 질책했던 가족 체계로부터 나오는 음성으로 들었다. 그러나 현재 그녀의 환경도 그런 메시지를 전할 수 있다. 공통분모는 그녀의 경험에 대하여 비공감적인 반응을 한다는 것이다. 예를 들어 동료가 좋은 의도로 하는 "엘렌, 기운 내, 당신은 해낼 수 있어. 그것이 세상의 끝은 아니야."와 같은 말조차도 '그것을 이겨내도록' 강요하는 것으로 들려서 그녀는 자신의 옛 존재방식으로 돌아가고 다시 한 번 그녀의 깊은 내면을 무시하게 된다. 그러나 엘렌은 정신통합 치료를 시작함으로써 그녀에게 일어났던 것을 탐색하기로 하였다.

탐색하는 엘렌

엘렌은 탐색을 시작하자 내면에서 엄청난 격노를 발견하고는 놀랐다. 그러나 더 깊이 들어가자 그녀는 그 격노 밑에 감추어져 있는 감정들을 발견했다. 그녀는 다른 사람들과의 가벼운 갈등에서도 무기력해지고 공포를 느꼈다. 오랫동안 대부분 의식하지 못했던 감정들이 이제는 보다 자유롭게 그녀의 자각 속으로 드러나기 시작했다.

엘렌은 종일 이 새로운 감정들에 주의를 기울이기로 했다. 그녀가 그 감정들을 더 잘 알게 되자 어린 시절에 아버지가 술을 마시고 화를 내면서 오빠를 구타했을 때, 두려워서 얼어붙었던 순간들이 생각났다. 그것은 분명히 위험했다. 그러한 환경에서 두려워하는 자신을 보이지 않으려고 조용한 사람이 될 수밖에 없었다. 감정적으로 살아남으려면 그녀의 두려움과 분노는 억압되어야만 했다. 이러한 자료가 낮은 무의식의 특징이다. 낮은 무의식 속에 외상이 가장 깊이 묻혀 있고, 그 상처는 겉으로는 기뻐 보이는 명랑한 존재양식의 기초를 놓고 있다.

또한 높은 무의식적 자료도 엘렌의 탐색에서 분명해졌다. 엘렌이 그녀의 참된 경험에 책임을 지기 시작하자 지금까지 억압했던 높은 무의식적 자기 확신과 개인적 힘을 발견하기 시작했다. 그것은 바로 엘렌이 삶에서 필요로 했던 자기 확신의 에너지 유형이었다. 더 나아가 그녀가 자기 자신을 공감적으로 대하기 시작하자 높은 무의식적 특성인 감각, 경이, 창조성을 접촉하기 시작했다. 그것들은 대부분 엘렌의 삶에서 나타나지 않았던 것들이지만 지금은 안전하게 숨어 있던 곳에서 회복되고 있다.

엘렌은 또한 자기 탐색의 주제를 더 크고 공유되는 차원으로 확장시켜갈 수 있었다. 그녀는 직장에서 여성에 대한 은밀한 억압과 이것에 대하여 투쟁하고 있음을 알게 되었다. 그녀는 역사적으로 조부모, 증조부모로부터, 그리고 그녀의 문화적 유산에서 내려온 가족의 신체적 학대가 있었던 것과, 그녀의 가족 안에 세대를 통해 전수되어 오면서 문화적 신화의 지지를 받아온 알코올 중독이 있었던 것을 탐색해가자, 아동 학대의 문제에 매우 민감하게 되었으며, 이것에 대한 사회적 자각을 키워나갔다. 이 모든 통찰 속에서 그녀는 개인 무의식을 넘어서 집단 무의식의 공유된 역사적 패턴을 알게 되었다.[4]

엘렌의 이야기를 통하여 알 수 있듯이, 탐색 단계에서 우리의 의식은 만성적인 옛 존재방식으로부터 탈동일시하는 것, 그리고 개인적 우주에서 분리된 많은 부분들과 공감적으로 연결되는 것으로 확장되고 그것들을 허용한다. 이것은 높은 무의식과 낮은 무의식뿐 아니라 집단 무의식도 포함한다. 아사지올리가 지적했듯이 이 단계에는 개인적 역사, 원가족, 세대 간 역사, 민족, 계급, 국가 배경, 그리고 심지어는 '현재 전체 인간성의 집단정신'까지도 포함될 수 있다(Assagioli 1965a, 72).

특별히 강조해야 할 것은 이 탐색이 단순하게 정신내적인 현상이 아니라 윌리엄 블레이크William Blake가 '지각의 문doors of perception'을 맑게 하는 것이라고 말한 것과 같다는 것이다. 이 경험의 차원들에 대한 탐색은 경험의 폭을 확장하는 것이다. 우리의 인식의 문은 더 깨끗하게 되고 우리는 기쁨과 경이, 고통과 아픔, 인간 실존에 대하여 더 많이 깨닫게 된다.

가장 광범위하게 말해서 이 탐색 단계는 중간 무의식, 높은 무의식, 낮은 무의식에 점점 더 많이 개방하여 우리 자신, 다른 사람들, 세계에 대한 의식을 훨씬 더 명료하게 한다. 이 단계는 우리가 "나는 누구인가?"라는 질문을 할 때 진지한 자기 탐색이 이루어지는 단계이다.

단편적 분석

탐색 단계에서 의식의 확장은 지금 매우 광범위하게 사용되고 있는 많은 방법들 어떤 것에 의해서도 촉진될 수 있다. 현재 우리의 문화는 의식을 변화시키고, 감정과 더 많은 접촉을 하며, 신체를 자각하게 되고, 집단과 원형 자료를 알게 되고, 가족과 문화적 역사를 탐색하며, 고요와 평화를 더 많이 얻으며, 높은 무의식에서 지고한 의식 상태를 나타내고, 과거부터 낮은 무의식에 있었던 상처를 밝히기 위한 기법들로 가득 차 있다. 우리는 이것에 관하여 너무 많은 선택을 할 수 있기 때문에 자주 방법을 찾기보다 그 방법들 중에서 어떤 것을 선택해야 할지가 더 어렵다.

오늘날 너무 많은 방식으로 우리의 의식을 쉽게 확장시킬 수 있다고 주장하지만 우리는 주의해야 한다. 이 확장이 정신통합에서는 첫 번째 단계일 뿐 그 자체로 끝이 아님을 기억해야 한다. 그렇지 않으면 점점 더 많은 통찰을 갈구하고, 의식의 더 높은 상태를 얻으려 하거나, 다양한 성장 방법을 탐색하고, 우리의 높이와 깊이를 발견하는 데 집착하고 거기에 마음을 빼앗길 수 있다. 그러면 우리는 자기 지식의 전체적인 목적을 잊고, 우리의 삶에서 더 깊은 의미와 방향에 잘 반응하는 방법만을 배우게 될 것이다.

> 무의식의 탐색은, 말하자면, '분할installments'에 의해서 수행된다.
>
> —아사지올리

따라서 이어지는 정신통합의 단계를 기억하고 더 큰 맥락 속에서 탐색하는 것이 중요하다. 아사지올리(1965a)는 이 원리를 단편적 분석fractional analysis이라고 말했다. 무의식의 탐색은 단편적 분석에 의하여 단지 필요할 때만, 그것도 단지 분할installments로만 이루어진다. 이때 광범위한 관점을 계속해서 유지하는 동안, 밝혀진 자료를 통합하고 표현하는 데 많은 시간이 걸린다.

우리의 인격을 더 많이 알게 되면, 인간의 모든 다중 차원과 구별되는 경험을 더 많이 하게 하는 자연스러운 발전이 있게 된다. 우리는 이 새로운 자기감, '나'에 대한 새로운 감각을 가지고 책임을 질 수 있고 탐색 단계에서 얻은 지식과 관계를 맺을 수 있다. 이것은 정신통합의 단계 2, **'나'의 출현**the emergence of 'I'으로 이어진다.

단계 2: '나'의 출현

단계 2는 '나'의 출현, 또는 출현의 단계이다. 아사지올리는 이 단계를 '인격의 다양한 요소들을 통제'하는 단계라고 말한다. '통제control'라는 단어는 오해의 소지가 있지만, 여기에서 아사지올리가 말하는 통제는 '나'의 부드럽고 미묘한 두 번째 기능인 의지와 같은 의미이다. 우리가 말했듯이 '나'는 의식의 기능을 소유할 뿐 아니라 방향을 잡아갈 수 있는 능력, 그리고 내적 세계와 외적 세계 모두에서 결과와 원인을 알 수 있는 능력을 가지고 있다. '나'의 이 지시적인 기능이 의지이다.

더 나아가 '나'는 성격의 내용과 구별은 되지만 분리된 것은 아니기 때문에 '나'의 의지도 어떤 내용과 구별은 되지만 분리되지 않는 역할을 할 수 있다. 따라서 의지는 인격의 많은 국면들에 의하여 통제받지 않고 그것들과 상호작용하는 잠정적 자유의 원천이다. 이것에 비추어 볼 때 아사지올리가 '인격의 다양한 요소들을 통제'하는 것이라고 한 말을 이해할 수 있다. 그때 의식과 의지의 기능과 함께 인간의 영혼, 곧 우리의 참된 본질인 '나'가 나타난다.

탐색 단계에서는 우리 자신의 다른 수준들을 의식하게 되지만 출현 단계에서는 우리가 이 모든 수준들과 구별되며 그것들을 책임질 수 있음을 깨닫는다. 우리는 이 다른 국면들의 양육과 성장을 도울 수 있음을 알게 된다. 그리고 마지막으로 우리는 그 국면들이 세계 속에서 우리 자신에 대하여 보다 참된 표현을 하게 할 수 있다. '나'의 완전한 출현은 이제 탐색 단계에서 밝혀진 자료와 적극적인 관계를 맺는다.

> 의지는 인간의 다른 모든 활동과 에너지를 억압하지 않으면서 그것들을 건설적으로 활용하고 그것들과 균형을 이룬다.
>
> — 아사지올리

출현 단계에서의 엘렌

엘렌은 점점 더 그녀의 높이와 깊이에 개방하게 되면서 공감적이고 동정적으로 그녀 자신과 관계를 맺기 시작했다. 만일 그녀가 일에서 너무 스트레스를 받았다면 점심시간을 늘여서 산책을 갔을 것이다. 만일 한 남성이 상처를 받았다면 그녀는 그것을 말하고, 그리고/또는 떠날 것이다. 만일 그녀가 자연 속에 있어야 할 필요를 느꼈다면 해변으로 여행을 갔을 것이다.

그녀는 가족으로부터 "너는 이기적이야. 너는 너에게만 관심이 있어."라는 비난을 내면으로부터 듣기 때문에 자기 공감과 자기 돌봄은 가족 상황과는 매우 다른 것이었다. 그러한 내면의 비판은 직장에서도 미묘한 메시지로 외부에서 메아리친다. "당신은 일에 헌신하지 않고 당신의 역할을 다하지 않아요. 당신이 누구라고 생각해요?" 그러나 엘렌은 자기 자신의 내면으로 들어가 인내심을 갖고 그녀의 삶을 참으로 존재할 수 있는 공간으로 만들었다.

그녀가 계속해서 구체적인 결정을 하고 그녀 자신에게 공감적인 행동을 하게 되자 어린 시절부터 말없이 묻혀 있었던 씨앗이 싹트기 시작했다. 한편 그녀는 자기 자신을 지지하는 개인적 힘, 온전함, 강함을 표현하기 시작했고, 다른 한편 이 자기 돌봄은 더 부드러운 감성, 경이, 창조성의 특성들을 꽃피우게 했다. 그녀의 옛 존재 방식에 구속되어 있었던 것을 깨고, 그녀의 참된 고통에 개방하게 되면서, 공감적으로 그녀 자신의 상처 난 부분과 관계를 맺자 그녀는 거기에 감추어져 있었던 보물을 발견하였다.

직장에서 그녀는 자신에게 고통을 주었던 불공평과 압력에 대하여 그녀의 매니저와 앉아서 말할 수 있게 되었다. 이 상황에서 그녀는 초기 상처에서 나오는 긴장을 자각했음에도 불구하고 실제로 급성장한 힘과 명료함을 느낄 수 있었다. 이것은 그녀의 힘과 취약성 모두를 받아들이는 자기 공감의 힘을 보여주었다.

그러나 이 단계에서 가장 놀랄 만한 결과를 보여주었던 것은 남자들과의 관계였다. 시간이 흐르면서 그녀는 민감하고 약해질 수 있을 뿐 아니라 단정적으로 자기를 표현할 수 있음을 알게 되었다. 존중하고 돌보려는 남자들은 이 매력을 발견했으며, 그녀를 지배하고 학대하려는 남자들은 그녀에게서 멀어진 것 같았다.

우리가 이 단계에서 적극적으로 우리 자신에게 공감적인 반응을 하는 것은, 엘렌의 사례에서 보여주는 것처럼, 초기의 비공감적인 조건과는 맞지 않을 것이다. 그러나 우리가 인내한다면 낮은 무의식에 있는 과거의 상처가 치유되고 높은 무의식에 있는 숨겨진 재능이 꽃피어나는 것을 발견할 것이다. 우리는 인간적 본질의 더 강한 느낌을 획득하여 기쁨, 경이, 창조성, 사랑과 같은 초개인적 또는 우주적 특성들을 접촉하고 표현할 수 있음을 발견한다. 이전에 생존인격에 구속되어 있었던 우리의 본질적 나됨이 출현하기 시작한다.

탐색 단계와 함께 출현 단계는 매우 많은 참된 통합중심들과 맥락과 환경들에 의하여 지지받는다. 이것들은 우리의 참된 높은자기 표현을 반영해준다. 엘렌에게 이 참된 반영은 정신통합 치료에서 제공되었으며 또한 그녀는 몇몇 좋은 친구들과의 관계, 지지 집단, 영적 훈련, 회복에 관련된 책 읽기에서도 공감적 지지를 받았다.

'나'의 출현을 넘어서

출현 단계에서는 진실성이 한없이 커져간다. 그렇다. 이 단계에서는 종종 창조성과 자발성, 광범위한 역동 영역 이상의 자기표현, 점점 더 강화된 세계 내 존재방식이 풍부하다. 그러나 다른 질문이 있다. "나의 삶은 어떠한가?", "나는 여기에 무엇을 위해 존재하는가?"

그러한 질문들은 인격과 '나'의 출현의 탐색 그 이상, 낮은 무의식과 높은 무의식의 통합 그 이상, 개인적 정신통합과 초개인적 정신통합 그 이상에(제8장을 보라) 관한 것이다. 여기에서 문제는 우리의 가장 깊은 가치, 의미, 삶의 방향과 우리의 삶과의 관계, 즉 높은자기실현의 문제이다.

분명히 이전의 단계들은 자연스럽게 높은자기의 부름이나 초대를 들을 수 있는 능력을 갖도록 인도한다. 생존인격에 사로잡혀 있을 때에는 어떤 방법으로도 우리의 상처를 관리해야 하는 것 이상으로 그 어떤 것도 들을 수 없었다. 우리가 보았듯이 더 깊은 것을 들을 수 있도록 마음을 열어놓게 되는 것은 종종 위기를 통하여서 뿐이다.

탐색 단계에서 우리에게 드러나는 거대한 새로운 경험 영역은 매우 커질 것이다. 여기에서 우리의 의식에 새로운 통찰과 경험이 물밀듯이 밀려오지만 높은자기의 목소리를 구별하기는 어려울 것이다.

그러나 '나'의 출현으로 새롭게 발견된 우리 자신의 국면들이 제자리를 발견하기 시작할 때, 보다 안정된 내면의 질서가 형성되기 시작한다. 우리의 삶에서 가장 깊은 곳과의 의식적 교감을 할 수 있게 되는 자기감이 급증한다. 물론 높은자기는 줄곧 거기에 있었으며 심지어는 더 이전의 단계를 통하여서도 우리를 초대한다. 종종 이전 단계들을 경험했던 정도에 따라 우리는 높은자기를 만나고 높은자기에 반응하는 데 보다 의식적이며 의도적일 수 있다.

단계 3: 높은자기와의 만남

우리는 우리 자신의 많은 수준들에 대한 분명함 감각을 점점 더 많이 가지고, 이 수준들을 책임 있게 실현할 때, 자연스럽게 방향에 대한 질문을 하게 될 것이다. 우리 자신을 참되게 표현하는 데 중요한 것은 무엇인가? 우리가 창조할 수단을 갖고 있다면, 창조하는 데 중요한 것은 무엇인가? 나의 삶의 소명, 나의 길, 나의 방향은 무엇일까? 정신통합에서 이것은 높은자기와 보다 친밀하고, 의식적인 관계를 맺을 수 있는 높은자기실현을 요구하고 있다. 아사지올리는 이 단계를 '참자기의 실현Realization of One's True Self'이라고 했고 여기에서 우리는 이것을 **높은자기와의 만남**contact with Self 또는 **만남 단계**contact stage라고 한다.

생존 단계에서 탐색과 출현 단계로의 발전은 존재의 더 깊은 수준과의 만남에 대한 논리적인 서곡이 분명한 것 같다. 그러나 이 논리적인 발전은 그 모든 것처럼 깔끔하고 정돈되어 있는 것이 아니다. 초개인의 의지인 높은자기로부터의 초대는 이전 단계들에서도 식별될 수 있다. 우리가 말했듯이 나-높은자기 관계는 삶의 모든 경험을 통하여, 그리고 삶의 모든 영역과 삶의 모든 단계에 존재한다. '나'와 높은자기는 모든 내용과 과정으로부터 구별은 되지만 분리되어 있지 않기 때문에 나-높은자기 관계는 의식을 하든 못하든 영원히 존재한다.

엘렌의 사례에서 보면 엘렌은 '실패'를 높은자기실현의 순간으로 보았다. 높은자기가 그녀의 매니저와의 긴장된 순간이나 심지어는 고조된 감정을 초래한 것이 아니라, 그 순간 그녀는 습관적으로 그녀의 삶으로부터 차단했던 무의식적 국면들을 감지하고 수용하기 시작했던 것이다. 이 변화의 위기에서 생존으로부터 탐색으로 나아가는 길이 열린 것이다. 또한 그녀는 영혼의 깊이를 의식하고 그 깊이를 파헤쳐 자신이 발견했던 '나'의 출현에 따라 행동하기로 선택한 것과 같은 초대를 받았다는 느낌을 따랐다. 이 모든 것이 높은자기실현이고, 나-높은자기 관계가 실현되는 것이다. 그것은 단순하게 초기 단계에서는 배경에 더 많이 있었지만, 그 후의 두 단계에서는 전경으로 더 많이 나온 것이다. 다시 한 번 강조하지만, 아사지올리가 말했던 것처럼 우리는 '건물 buildings'이 아니다.

만남 단계에서의 엘렌

엘렌은 직장에서 계속 어려운 일을 당할 때 만남의 단계에서 보다 공식적이고 분명한 변화를 보이기 시작했다. 탐색과 출현의 단계에서 그녀는 직장에서 무시할 수 없는 힘을 갖게 되었다. 그녀는 더 이상 쉽게 무시당하지 않고 부당한 것에 대하여 목소리를 내었으며 현재 거기에 있는 억압하는 문화와 갈등하고 있는 자신을 자주 발견했다. 이제 무엇을 해야 하는가?

단순하게 자신이 배신당하는 것 같은 느낌을 침묵으로 묵인하게 되자 그녀는 직장을 그만두려는 생각을 하기 시작했다. 그녀는 잠재력을 알아주고 한 인간으로 그녀를 존중하며 그녀의 창조성을 지지하는 사람들과 일하고 싶었다.

그러나 재정적 안정의 필요성, 새로운 직장을 구하는 것에 대한 두려움과 불확실성, 직장에서 만났던 친구들을 떠나기 어려운 문제와 투쟁하기 시작했다. 아마도 그녀는 어려운 교훈을 배우고, 부당한 체계와 싸우기 위하여 머물러야 했을 것이다. 그리고 그만두는 것은 단지 이것으로부터 도피하는 것이었다.

분명히 이 질문에 대하여 옳은 답이나 그른 답은 없었으나 그녀가 직면했던 각각의, 모든 선택을 위하여 완전히 논리적인 경우를 만들 수 있었다. 그녀는 그것들에 대하여 오래 고뇌하였다. 그 질문들은 그녀가 진실, 개인적 운명, 소명에 대한 의미를 찾기 위하여 더 깊이 들어갈 것을 요구하고 있었다.

보다 초기 단계에서 접촉 단계로의 변화는 진리Truth와의 관계에 대한 필요
성을 지지하고 격려하는 참된 통합중심을 발견하는 것이다. 그때 우리는 스스
로 이것을 이해하게 된다. 정신통합 치료가 그러한 경험적 관계를 지지하자,
엘렌은 이것을 계속하는 것이 유용하다는 것을 발견하였다. 그녀는 교회에서
기도 모임에 가입하여 매일 명상을 했고 영적 서적, 강연, 워크숍을 찾아다녔다.
그리고 그녀의 이야기를 들어주고 지지할 수 있는 친구들과 이야기하였다.

그러던 어느 날 밤 엘렌은 무서운 꿈을 꾸었다. 꿈속에서 그녀는 연기 냄새가 나고
밖에서 외치는 소리가 들렸으며 그녀의 집으로 빠르게 덮쳐오는 큰불을 보기 위하
여 유리창으로 달려갔다. 연기는 바람에 휘말려서 그녀의 집으로 번져나가고 있었
다. 그녀는 가장 중요한 물건들을 건져내기 위하여 집으로 미친 듯이 뛰어 들어갔으
나 즉시 밖으로 나오지 않으면 목숨이 위태롭다는 것을 깨달았다. 고통스럽게 주저
하다가 그녀는 집 밖으로 나와서 그녀의 집이 화염에 휩싸이는 것을 무기력하게
볼 수밖에 없었다. 그녀는 매우 큰 충격을 받고 잠에서 깨어 상실감, 슬픔, 외로움을
느꼈다.

이 꿈은 엘렌으로 하여금 탐색과 출현의 단계로 돌아가게 하였다. 그녀는
이 꿈이 그녀의 영혼을 구하기 위하여 이미 안전하다고 생각했던 것을 떠나라
는 요구라고 생각했다. 그러나 이것은 또한 그러한 선택 밑에 침묵하고 있었
던 그녀의 상실, 슬픔, 외로움에 직면하도록 했다. 이 감정을 탐색하면서 그녀
는 부모에 의하여 거절당하고 버림받았던 그녀의 어린 부분과 만났다. 이것은
처음에는 그녀를 혼란스럽게 했다. 왜냐하면 그녀의 부모는 결코 물리적으로
그녀를 거절하거나 버리지 않았기 때문이다.

그러나 그녀는 어린 시절의 자신과 관계를 맺으면서 점차 그녀의 부모가

그녀의 어린 시절에 자기를 표현하려는 노력을 계속해서 비하했고 그것은 자신을 표현하려고 할 때마다 정서적으로 버림받았음을 의미했다는 것을 깨닫게 되었다. 다르게 말하자면 아이로서 자기 자신에게 진실하려면 부모의 관심에 의한 안정을 넘어서, 가족을 벗어나 비실존, 버림받음, 슬픔, 공포 등 원상처 속에 자신을 놓아야 한다는 것을 의미했다.

엘렌은 자기를 내세우지 않는 인격, 안전한 직업, 직업윤리 중심의 삶이 이 초기 상처로부터 생긴 감정들을 다루는 방식이었음을 알게 되었다. 그녀는 이 수준의 자신과 공감적으로 연결되었을 때 어린 부분과 교감을 하게 되었고 그녀의 직업 문제에 있었던 절망과 불안이 눈에 띄게 줄어들었다. 그녀는 점점 더 이 문제들과 평화롭게 있을 수 있었고 마음으로 대답을 들을 수 있었다.

엘렌은 수개월 이상 그녀에게 말하는 것 같은 다른 사건들을 경험했다. 그녀는 어떤 주일 성경 말씀에 충격을 받았다. "너희는 어찌 의복을 위하여 염려하느냐? 들에 핀 백합화가 어떻게 자라는가 생각해보라. 수고도 아니 하고 길쌈도 아니 하느니라(마태복음 6:28)." 그녀는 몇몇 옛 친구들로부터 삶의 변화를 성공적으로 이루었던 이야기를 들었다. 그녀는 책을 읽으면서 영혼을 풍요롭게 하는 방법으로 집착하지 않는 것과 순종하는 것에 대한 가르침을 알게 되었다.

그녀는 자신과 비슷한 나이에 있는 사람들의 예기치 않은 죽음에 대한 소식을 듣고 충격을 받았다. 이것은 가장 의미 있는 것을 연기하지 말고 **지금**now 하라는 마음을 갖게 하였다.

그녀는 이러한 경험들을 듣고 어떤 일이 있어도 직장을 그만두어야겠다는 확신이 점점 더 강해졌다. 그렇게 한다는 것은 아직도 그녀에게는 두려운 일이지만 그 직장에 머무는 것은 '나의 영혼의 죽음'일 것이라고 느꼈다.

엘렌의 분별 과정은 접촉 단계의 특징이다. 여기에는 우리가 삶의 궁극적인 진리라고 느끼는 것은 무엇이나 그것과 대화하려는 의지가 있고, 존재의 가장 깊은 수준에서 듣기 위한 열린 마음이 있다.

이러한 개방은 많은 형태를 취할 수 있지만 변함없이 궁극적인 질문을 지지하는 사람, 장소, 일과의 관계 속에 있을 것이다. 이것은 다른 체계의 도덕과 윤리와 대화를 하기 시작하는 것, 정기적으로 기도하고 명상하는 것, 꿈의 메시지를 신중하게 듣는 것, 다른 종교와 신학에 대하여 배우는 것, 두렵게 생각했던 장소에 자주 가는 것, 물러서서 홀로움의 시간을 갖는 것, 비전을 추구하거나 순례의 길을 가는 것, 멘토, 친한 친구, 또는 자기와의 관계를 지지하는 공동체를 찾아보는 것 등을 포함할 것이다. 그러한 모든 참된 통합중심은 높은자기와의 관계에 대한 의미를 확장하고 높은자기의 부름을 들을 수 있는 능력을 개선하도록 작용한다.

접촉에 개방하기

엘렌이 접촉 단계에 들어가자 탐색과 출현의 단계를 필요로 하는 많은 문제들이 불거져 나왔다. 그것은 마치 우리가 심리영적 성장이 '더 많은 것을 요구하는' 것과 같다. 우리는 단순하게 신성과 연결되거나 하나가 되는 것이 아닌 특별한 선택을 하고 우리 삶에서 더 큰 방향과 일직선상에 있다고 느끼는 구체적인 행동을 수행하려는 의지를 갖게 된다. 정신통합 용어로 말하자면, 그것은 개인적 의지를 초개인적 의지에 맞추려는 것이다.

높은자기의 의지로 하여금 나의 삶을 안내하고 지시하도록 하라.
– 아사지올리

당신이 궁극적 진리, 신성, 절대, 또는 당신의 삶에서 궁극적 원리라고 생각하는 것은 무엇이나 그것과 대면한다면 어떻게 느낄 것인가를 스스로에게 물어보아라. 이 절대로부터 특별한 용어로 당신의 삶의 방향에 대하여 들을 수 있다면 어떻게 느낄 것인가를 스스로에게 물어보아라. 그러한 연습을 할 때 만남 단계에서 나타날 수 있는 어려움의 본성을 느낄 수 있다. 여기에서 우리는 무엇인가를 빼앗기게 되거나, 우리의 삶을 낭비했음을 알게 되거나, 더 이상 즐거움을 갖지 못하게 되거나, 심지어는 우리의 정체성을 잃는 것에 대한 두려움을 가질 수 있다. 이 모든 반응은 탐색될 수 있는 어린 시절의 선행 사건일 것이다.

또한 일반적으로 우리는 궁극의 개념과 혼합된 우리 자신의 일부와 만난다. 어떤 사람은 하나님을 두려워한다. 왜냐하면 그에게 하나님은 벌주고 복수하는 분이기 때문이다. 그러나 내면의 이미지를 작업할 때 그는 사실상 어린 시절 종교적 학대에 의하여 조건 지어진 자신의 일부, 하나님으로 가장한 자기 자신의 비판적인 부분을 발견하게 된다.

종종 하위인격들로 나타나는 불편한 반응 중 많은 유형은 궁극Ultimate에 직면하는 잠재력에 의해 촉발될 수 있다. 이 단계의 요점은 이 부분들을 듣는 것, 공감적으로 그 부분들과 연결되는 것, 그들이 담고 있는 희망과 두려움을 경청하는 것, 그것들을 돌보는 것, 그리고 그것들을 인격의 보다 넓은 공동체로 초대하는 것이다. 이렇게 될 때 우리는 높은자기의 부름을 더 잘 들을 수 있다.

단계 4: 높은자기에 대한 반응

아사지올리는 정신통합의 마지막 단계를 우리가 높은자기의 초대에 구체적으로 반응하고 이 맥락 속에서 우리의 심리영적 발달을 작업하고 있는 기간으로 나타낸다. 우리는 이 단계를 **높은자기에 대한 반응**response to Self 또는 간단하게 **반응 단계**response stage라고 부른다.

이 단계를 설명하려면 많은 이야기를 할 수 있다. 아마도 우리는 즉시 역사를 통하여 강력한 소명에 따라 위대한 과업을 이루었던 유명한 사람들을 생각할 것이다. 그렇게 유명한 사람들은 높은자기에 대한 반응의 생생한 예들이지만, 그보다 훨씬 더 좋은 예들이 덜 유명한 사람들에게서도 있다.

여러 가지 반응들에 따라 사제나 주술사와 같이 신성한 신분이 되거나, 결혼하여 부모가 되거나, 사회적 행동주의의 다른 형태가 되거나, 또는 단순하게 우리 자신과 다른 사람들과 건강한 방식으로 살아가게 된다. 우리가 앞(제2장)에서 본 로라의 성장은 아동의 하위인격과 작업을 함으로써 이루어졌고 그녀의 성장은 그 한 부분을 넘어서 자기감을 확장하도록 초대하였다. 엘렌은 개인적 변화, 새로운 관계, 새로운 직업을 향한 여정을 가도록 부름을 받았고, 반응 단계가 이전의 단계로 돌아가기도 한다는 것을 배웠다.

엘렌이 마침내 직장을 떠나기로 결심했을 때, 그녀는 사업하는 친구들에게 이력서를 보내서 이야기하고 직업 알선 전문가나 '인재 스카우트 전문가'와 만나기 시작했다. 그녀는 이제 그녀의 방향에 대하여 옳다는 느낌을 깊이 자각했고 그것이 가져다준 자기 확신과 마음의 평화를 느꼈다.

그러나 그녀는 새로운 사장과 통화하기로 약속한 후, 갑자기 두려워지기 시작했다.

그녀는 의심, 두려움, 나쁜 사람이 될 것 같은 강한 느낌이 들었다. 탐색 단계로 돌아가서 그녀는 이 감정을 따라갔고 직장을 구하는 것이 회사를 배신하는 것이라고 느꼈던 그녀의 부분, 즉 "어떻게 네가 떠날 수 있어, 그들이 널 위해서 일했는데. 너는 배은망덕해."라고 말하는 것을 발견했다.

공감적으로 내면의 이 수준과 만난 엘렌은 자신의 어린 부분을 발견했다. 그녀는 직장을 떠나는 것이 가족에 대한 배신, 즉 가족이 그녀를 한 인간으로서 수치스러워하고 거절하는 배신처럼 느껴졌다. 이러한 위협적인 느낌은 그녀를 가족 안에 제한된 역할만을 하게 했다. 그녀가 한계를 넘어선다는 것은 가족을 배신하는 것이고 수치심과 거절을 직면해야 한다는 것을 의미했다.

잠시 후 엘렌은 그녀의 반응이 가족에 의하여 버림받았다고 느꼈던 것 그리고 위에서 말한 불에 대한 꿈에서 나타났던 그녀의 또 다른 반응 수준이었음을 발견했다. 이 상처받은 느낌은 현 상태와 그 안에서 그녀의 역할에 필사적으로 집착하여 다시는 버림받음으로 고통받지 않으려는 집착을 갖게 하였다. 회사를 떠날 수 있다는 구체적인 가능성은 더 깊은 수준의 상처를 직면할 수 있는 힘을 주었다.

이전처럼 엘렌은 자신의 취약한 부분과 지속적으로 관계를 맺었고 그렇게 함으로써 실제로 그 부분에 새로운 가정을 만들어주었다. 엘렌의 의심, 불안, 수치심은 쉽게 사라지지 않았지만 이제는 공감할 수 있게 되었다. 그녀는 새로운 직업을 찾아 직장을 그만둘 수 있게 되었으며 새로운 삶을 살 수 있게 되었다.

여기에서 우리는 엘렌이 높은자기실현의 여정을 걸어가고 있음을 볼 수 있다. 그녀는 높은자기에 의하여 드러난 것에는 무엇에나 자신을 적극적으로 개방했고, 부름의 의미에 응답하였으며 그 응답이 촉발시켰던 반응에 참여하였다. 높은자기실현은 분명히 한순간이나 하나의 경험에 제한되지 않고 진실에 대한 가장 깊은 의미와 지속적이고도 활기찬 관계를 맺는 것이다.

따라서 정신통합은 높은자기를 단순하게 수동적 현존이 아닌 초개인적 의지를 통하여 지속적으로 활동하는 것으로 이해한다. 우리는 자신의 자유로운 개인적 의지를 갖고 그 의지에 반응할 것이다. 높은자기의 초대에 대한 접촉과 반응은 전반적인 삶의 방향을 발견할 때 전면적인 변화를 일으킬 것이다. 점증된 진실성, 더 깊은 연민, 더 위대한 전체성, 올바른 관계에서는 작은 변화를 일으킬 것이다. '나'와 높은자기 사이의 지속적인 상호작용을 높은자기실현이라 한다. 나중에 그것에 대하여 한 장 전체를 할애하여 더 자세히 설명할 것이다.

대화로서의 반응

높은자기와의 관계는 존경, 공감, 대화, 상호 반응에 의하여 특징지어지는 진실한 관계임을 강조하는 것이 중요하다. 아사지올리는 인간과 그의 '더 높은 원천' 사이의 '대화'로서 '나'와 높은자기 사이의 역동적 상호작용에 대하여 말하였다. 거기에서 각 사람은 서로를 환기시킨다(Assagioli 1973a, 114). 높은자기와의 공감적 관계는 엘렌의 정신통합 치료 회기들 중 한 회기에서 볼 수 있다. 그녀는 꿈을 꾼 후 나타났던 버림받은 아이와 작업을 하여 곧 내면에 존재하는 지혜라는 인물과 관계를 맺어가게 되었다.

치료사: 작은 소녀와 어떻게 있을 수 있나요?
엘 렌: 괜찮아요. 실제로. 그 아이는 내게 안겼어요. 더 이상 홀로라고 느끼지 않아요. 나는 그 아이에게 엄마 같은 느낌이 들어요. 그러나 걱정돼요.
치료사: 무엇에 대해서요?
엘 렌: 그러니까 내가 좋은 엄마가 될 수 있는지. 그 아이와 함께 있는 걸 잊을까봐 두려워요. 나는 다른 것처럼 이 일을 엉망으로 만들 것 같아요.

치료사: 한 번 해보세요. 엘렌. 당신이 지금 매우 현명한 사람, 당신을 알고 있고
　　　　사랑하는 사람이라고 상상해보세요. (쉼) 누가 보이나요?

엘　렌: 현명하고 나이든 여자 ⋯ 노파 같아요. ⋯ 아니면 여신. 그녀는 분명하게
　　　　보이지 않아요. 그녀 주변에 빛이 있어요. 그냥 있어요.

치료사: 그녀에 대하여 어떻게 느껴지나요?

엘　렌: 그녀를 사랑해요. 그녀도 나를 사랑해요. 나는 그녀와 함께 매우 평화로운
　　　　느낌이 들어요.

치료사: 잠깐 머무르세요. 어떤가요? (쉼)

엘　렌: 아주 평화로워요. 두려울 것이 하나도 없어요.

치료사: 당신이 원한다면 좋은 엄마가 되는 것에 대한 걱정을 그 현명한 여인에게
　　　　말하세요.

엘　렌: 그녀는 그냥 웃어요. 상냥하게. 그녀는 걱정하지 말라고, 나를 돕기 위해
　　　　있다고 말해요. 사실 그녀는 언제나 여기에 있었어요.

치료사: 그것에 대하여 어떤 느낌이 드나요?

엘　렌: 울고 싶어요. 나는 그녀가 진실을 말하고 있다는 걸 알아요. 나는 결코
　　　　혼자가 아니었어요.

엘렌과 현명한 여인과의 이 대화는 나-높은자기 관계가 출현하는 한 예이다. 여기에는 서로 사랑하고 존경하는 마음이 있고 들어주고 응답하면서 감정을 나누며 유머가 있다. 또한 종종 이 관계가 의식적으로 될 때도 있다. 엘렌은 이것이 인식되지는 못했어도 전 생애를 통하여 있어왔던 친밀한 관계라는 것을 깨달았다. 우리는 최악의 외상이 있었더라도 더 깊은 영혼에 의하여 유지되고 보호받았다는 것을 이해할 수 있다.

따라서 높은자기실현은 단순히 소명을 듣고 그것에 복종하여 수행하는 문제가 아니다. 나-높은자기 관계의 본질은 공감적 공명, 즉 개별성과 자유 의지

인 '나'가 존중받고 지지받는 친밀한 교감이다. 실제로 개별성과 자유 의지는 이 관계에서 **발생한다**arise.

요 약

요약하자면 정신통합의 단계들은 다양한 여정의 국면들을 개관한다. 그 여정에서 처음에는 본질적인 나-됨이 출현하고 그다음 '나'와 더 깊은 원천인 높은자기 사이의 관계에 대한 의미가 뒤따른다. 우리는 이 여정을 다음과 같이 추적하였다. (0) 생존 단계: 높은 무의식과 낮은 무의식의 역동에 대한 중독적 억압에 의하여 통제받는 단계, (1) 탐색 단계: 이 수준을 발견하고 공감적 연결을 하는 단계, (2) 출현 단계: 개인적 본질 또는 '나'의 보다 참된 느낌을 표현하는 단계, (3) 접촉 단계: 보다 더 심오한 의미와 목적의 느낌과 만나는 단계, (4) 반응 단계: 더 깊은 의미와 목적의 느낌으로부터 특별한 소명에 반응하는데 필요한 것을 하는 단계.

이 과정은 단계를 밟아가지만, 사실 이 단계들이 순서대로 경험되는 것은 아님을 기억하라. 각 단계는 직선으로 이어지는 것이 아니라, 때에 따라 어떤 한 단계가 전경으로 나타날 것이다. 더 나아가 우리는 결코 이 단계를 벗어나지 않는다. 우리는 높은자기실현의 길을 가는 데 아무리 오래 걸리더라도, 그 단계들 중 어떤 단계라도 언제나 삶 속에 있을 수 있다. 사실 바로 이 순간 우리 각자는 이 다섯 단계들 각각에서 겪었던 경험 수준에 있다고 말하는 것이 안전할 것이다. 정신통합의 단계 모델은 단계마다 오르는 사다리가 아니며, 또한 한 번만 올라야 할 사다리도 아니다. 그 단계들은 하나의 과정에 있는 창문, 즉 우리가 이 과정에서 다른 방식으로 참여하는 창문들이다.

정신통합의 단계에 대한 개요와 인간의 모델에 대하 이전의 논의로 보아, 우리의 내면에 많은 다른 국면들, 수준들, 차원들이 있다는 것은 분명하다. 우리 자신에 대한 정상적인 경험은 우리가 하나의 전체 개인이라고 할 수 있지만, 피상적인 자기 탐색조차도 사실 우리의 내면에서는 복잡하고 다양하며 다중적이라는 것을 보여줄 것이다. 우리 모두는 '많은 부분을 가진 인간'이라고 하는 르네상스식 인간에 대한 정의에 들어맞는 것 같다. 우리가 보아왔듯이 인간 성장의 과정은 일반적으로 내면의 다양성과의 만남, 그리고 우리 자신의 다양한 국면들을 알고, 이해하며 지도할 수 있는 능력을 수반한다. 이것이 정신통합의 여정에 있는 주요 주제이다.

이 성장을 촉진시키는 데 매우 효과적인 방식은 사실상 하위인격들, 즉 '우리 내면의 사람들'로 행동하는 내면의 반-독립적인 정체성들과 작업하는 것이다(Rowan 1990). 로라처럼 그녀의 어린이 하위인격과 작업하는 것 또는 어린 시절 수준의 경험을 가진 엘렌처럼, 우리는 내면의 풍부한 다양성을 인식하고 그것을 작업하는 것을 배울 수 있다. 다음 장은 이러한 작업을 높은자기실현에서 중요한 도구로 설명할 것이다.

제4장

인격 내면의 다양성

제4장

인격 내면의 다양성

당신은 사무실에서, 집에서, 사회적 친목단체에서 혼자, 교회에서, 정치
파티의 구성원으로서 다르게 행동하는 것을 알아차린 적이 있는가?
— 아사지올리

나의 일부는 그와 함께 있기를 원하지만 또 다른 부분은 "절대 안 돼."라고 말한다.
너무 혼란스럽다.

나는 언제나 나를 두들겨 팬다. 내가 작은 실수를 하면, 나에게 바보라고 소리치는
내면의 비판 소리를 들을 수 있다. 마치 나의 아버지가 그랬던 것처럼.

나는 행복과 근심걱정 없는 항해를 할 수 있는 순간 갑자기 아무 이유도 없이
슬프고 두려운 느낌이 든다. 나의 여자친구는 나의 기분이 너무 심하게 변한다고
말한다.

나는 내 머릿속에서 위원회가 회의를 하고 있기 때문에 잠을 잘 수가 없었다. 이

모든 논쟁들. 그것은 나를 너무 당황스럽게 해서 마침내 나는 잠자리에서 일어났다.

우리가 정신통합의 1단계에서 계속되는 내면의 경험을 탐색하기 시작할 때, 우리의 내면에는 분명히 많은 부분들이 작용하고 있음이 드러난다. 이 부분들은 우리가 매일 부딪히는 다른 삶의 상황들에 반응할 때 나타난다고 볼 수 있다. 직장에서 우리는 지적이고 과제 지향적이라고 인식할 것이다. 사랑하는 사람과는 따뜻하고 친밀하게, 권위자에게는 마음을 졸이며 수동적이 되거나 또는 분노하면서 반항한다. 좋아하는 스포츠를 할 때는 아마도 격렬하게 경쟁할 것이다.

우리는 우리 자신의 이러한 국면들을 일상의 대화에서도 드러낸다. "그것은 나의 가슴이 말하는 것이지 나의 머리가 말하는 것이 아니다.", "나의 감정이 상했어.", "나의 예술적인 면은 드러날 필요가 있어." 다른 사람들도 우리의 변화하는 부분들을 감지할 것이다. "이전에는 결코 너의 이런 면을 보지 못했어.", "오늘 너는 네가 아닌 것 같아.", "나는 네가 장난기를 보일 때가 좋아."

이렇게 다른 부분들 각각은 다양한 인격 요소들로 구성되어 있다. 특별한 기술, 재능, 가치, 태도, 세계관인 이것들은 전체 또는 통합에 작용하도록 형성된다. 우리는 다른 환경에서 전체로 통합되어 기능한다. 제2장에서 언급했듯이 인격 안에서 어느 정도 자율적인semi-autonomous 하위체계들은 아사지올리(1965a)가 하위인격이라고 했던 것들이다.

하위인격은 정상적이다

하위인격을 보다 면밀하게 검토하기 전에, 인격 안에 있는 다양성은 매우 정상적이라는 것을 염두에 두자. 하위인격은 중간 무의식이 지닌 재능의 한 국면으로(제2장), 가장 기본적으로 타고난 반사작용으로 시작하는 구조화 과정의 한 예이다. 하위인격 형성에서 이 구조화는 단순하게 전체 정체성이 만들어지기까지 진행된다. 타고난 여러 가지 능력과 학습된 기술부터 환경과의 상호작용까지, 자기는 세련된 표현을 하게 된다. 더 나아가 다양한 하위인격들이 협력적이고 통합적으로 관계를 맺기 시작할 때, 똑같은 구조화 과정은 하위인격들 간의 관계로부터 훨씬 더 세련된 표현 유형을 만들어낼 수 있다 (나중에 논의할 것임.)

보통 **다중 인격 장애**multiple personality disorder라는 일반적이지 않은 인격 조직, 나중에 **해리성 정체성 장애**dissociative identity disorder(1994년 처음 발표)로 불리는 장애가 있는 것도 사실이다. 인격 구조에서 하위인격들이나 **또 다른 자아들** alters은 너무 극적으로 해리되어 있어서 그것들 사이에 의식의 지속성이 없다. 예를 들어 다른 어떤 것보다도 해리성 정체성 장애를 가진 사람들은 '시간을 잃어버리는' 경험을 한다. 그들은 또 다른 하위인격이 책임지고 했던 일을 기억하지 못한다. 이 인격 조직은 우리 모두가 공유하는 해리의 연속체상의 어딘가에 존재한다고 볼 수 있다.

우리 중 누구라도 다중성을 경험하는 문제인 내면의 갈등, 양가감정, 불안, 우울 등은 인격의 부분들 사이에서 **협력이 결여된 것이지**lack of cooperation 다중성 자체의 문제는 아니다. 여기에서는 다중성을 제거하여 심각한 문제를 '치유 cure'하려는 것이 아니라 다중적인 부분들 사이에서 더 좋은 관계를 찾으려는 것이다. 미국이 다양한 인종과 문화 집단들이 하나의 구별되지 않는 동종의 덩어리로 녹아져 있는 용광로가 아닌 것처럼 인격도 하위인격들이 하나의 아주 매끄러운 전체로 융합되는 용광로가 아니다. 내면과 외적 사회 모두를 위한 도전은 다양성들 사이에서 바른 관계를 추구하는 것이다.

과거와 현재 모두 많은 심리 체계와 문화 전통은 인격 내에 다중적 요소가 존재하는 것이 정상이라고 인식했다. 서양에서는 역사적으로 이러한 다양성을 영혼 안에서 선이나 악을 판단할 수 있게 하는 관습, 여러 가지 다중적 능력으로 이해했다. 동양에서는 빠사나vasanas, 그리고 삼사크라samskaras가 있는데, 이 용어는 인간 내면의 조화나 갈등에서 있을 수 있는 경향, 욕망, 습관을 뜻한다. 전통적 아프리카 세계관에서는 정상적인 인격을 많은 자기를 포함하는 공동체 자체로 본다(Ogbonnaya 1994, 75).

서양 심리학에서 내면의 다양성은 광범위하게 인식되었을 뿐 아니라 모든 심리치료 접근법들의 근거가 되었다. 프로이트의 자아, 초자아, 본능, 융의 콤플렉스, 윌리엄 제임스의 다양한 유형의 자기, 멜라니 클라인의 내적 대상, 폴 페던Paul Federn의 자아 상태, 펄스의 승자와 패자, 사티어Virginia Satir의 인간의 부분들, 폴스터Erv Polser의 자기의 사람들population of selves, 아사지올리의 하위인격들에서부터 교류분석 체계(Berne 1961), 게슈탈트 치료(Perls 1969; Polser 1995), 자아치료(Shapiro 1976), 목소리 대화(Stone and Winkelman 1985), 내면 가족 체계 치료(Schwartz 1995), 그리고 자아상태 치료(Watkins and Watkins 1997)까지.

하위인격 이론은 아마도 정신통합 이론에서 가장 일반적인 주제일 것이라고 말해도 무방할 것이다(예를 들어 Brown 1983; Brown 1993; Carter-Haar 1975; Ferrucci 1982; Firman and Gila 1997; Firman and Russell 1993; Hardy 1987; Kramer 1995; Meriam 1994; Rueffler 1995a; Sliker 1992; Vargiu 1974b; Whitmore 1991). 하위인격들에 대한 다양한 접근법을 검토하려면 John Rowan의 『하위인격들』(*Subpersonalities* 1990)을 보아라.

심리적 다중성은 우리 모두의 내면에 존재한다.

－ 아사지올리

과거에도 현재에도 다양한 문화와 이론으로 인간 존재를 관찰한 많은 사람들은 다중성이 우리를 구성한다고 보았다. 아마도 자신의 생생한 경험을 신중하게 기꺼이 검토하는 누구라도 쉽게 이것을 설명할 것이다.

하위인격 형성과 조화를 논의하기 전에 아사지올리 자신은 하위인격들에 대하여 그것들의 존재를 인정하고 그것들을 그때나 지금이나 그것들을 심리학 연구 이상으로 사용하지 않았음을 주목해야 할 것이다(Assagioli 1965a, 74-77을 보라). 많은 정신통합 이론과 실제처럼 아사지올리가 처음에 발표한 개념을 정교화하고 확장하는 것은 그 분야에서 계속 나오는 이론가들에 달려 있다. 다음에 나오는 것은 우리가 하위인격들의 기원을 이해한 것이다. 이어서 스티븐 컬Steven Kull, 베찌 카터-하르Betsie Carter-Haar, 그리고 팔로 알토Palo Alto 정신통합 연구소의 제임스 바귀James Vargiu(Vargiu 1974b)의 연구, 아사지올리와 직접 대화하여 그 기원을 만들었던 이론으로부터 수정된 단계가 나온다.[1]

하위인격의 탄생

조지George는 전반적으로 작가로서의 직업에 만족했지만 삶에서 그 이상의 것을 찾고 있었다. 어느 주말 그는 친구와 오토바이 경주에 우연히 참여하게 되었다. 그리고 매우 흥미로운 것을 보았다. 그는 빛나는 오토바이의 아름다움, 경주자들의 동지애, 경주할 때 자유와 모험의 분위기에 매료되었다. 아마도 그런 것들에 '끌렸다called'고까지 말할 수 있을 것이다.

오토바이 경주라는 일반적인 문화가 조지에게 깊은 반응을 불러일으키기 시작했던 의미의 중심, 통합중심unifying center으로 나타났음을 주목하라. 그와 이 통합중심과의 관계는 그에게 아름다움, 동지애, 자유, 모험과 같은 특성들을 제공하였다. 정신통합에서는 이러한 특성들을 초개인적 특성이라고 하며, 그것은 나중에 살펴볼 것이다. 그는 이 환경이 그를 주시하였고, 붙잡았고, 불러내었다고 느꼈다. 그리고 그의 영혼은 식물이 흙과 태양에 의하여 자라나듯이 자양분을 공급받았다고 느꼈다. 그는 자기 자신의 새로운 부분을 열어가기 시작했다.

오토바이 세계와의 이 관계는 조지가 점차 오토바이 경주자 하위인격을 형성할 수 있는 과정의 출발점이 되었다. 오토바이 통합중심은 거울처럼 작용하여 지금까지 그의 내면에 존재하고 있었던 무의식적 잠재력을 보여주었다. 그가 만일 그것을 선택했다면 그는 그것을 실현시킬 수 있었을 것이다. 아사지올리는 이것에 대하여 다음과 같이 말한다. "통합중심이 발견되고 창조되면, 우리는 그것을 중심으로 새로운 인격, 즉 일관되고 조직적이며 통합된 새로운 인격을 형성할 수 있게 된다(Assagioli 1965a, 26)."

조지는 그때까지 이미 그의 내면에 모험적인 국면이 있었고, 오토바이 통합중심이 그를 부르고 있다는 느낌을 깨닫지 못하고 있었다. 소년 시절 그는 아버지와 함께 지나가는 차를 세워hitchhiking 타곤 하였다. 그러면서 그는 아버지가 길거리에서 지나가는 화물열차를 세워 타면서 모험했던 아버지의 청소년 시절의 이야기를 들으며 자랐다. 젊었을 때는 조지도 국내와 해외를 다니면서 지나가는 차를 세워 타곤 했고, 언제나 여행에 대한 열정을 갖고 있었다. 심지어는 이 열정을 쏟아부을 수 있는 다양한 직업에서 일하기도 했다. 그러나 오토바이 경주라고 하는 전문직업이 등장하면서, 오토바이 경주에서 이 모험정신이 깨어나기까지 그것은 잠자고 있었던 것이다.

혼돈에서 질서로

조지는 얼마간 생각하고 계획을 세운 후 마침내 오토바이를 구입해서 경주 코스에 등록했다. 그것은 그의 교사, 동료 학생들, 그 코스의 철학을 담고 있으면서, 새롭게 발견한 통합중심의 또 다른 중요한 국면이었다. 그는 오토바이 타는 방법을 배운다는 것이 기어장치, 브레이크, 클러치, 연료조절판, 도로와 다른 자동차에 신경 쓰는 것 등을 익히는 것이 포함되어 있다는 것을 알게 되었다.

처음에 회전하는 방법을 배울 때 그는 개별적 기술에 집중적으로 초점을 맞추어야 했고 그것들을 모두 완벽하게 배우고자 했다. 그러나 그가 기어에 주의를 기울이면 도로나 브레이크에 신경을 쓸 수가 없고, 도로와 브레이크에 주의를 기울이면 클러치나 기어장치에 신경을 쓸 수가 없었다. 그는 모든 과제마다 단순하게 부드럽고 안정되며 협력적인 패턴으로 기능하도록 주의를 기울일 수 없었다.

처음에 이 과정은 극도로 대응하기 힘들고 두려웠지만, 그는 이제 그의 삶에 작동하는 오토바이 통합중심의 다양한 요소들과 연결되어 있다고 느꼈다. 이 중심에 대한 그의 존중감, 그 중심에 연결되고자 하는 그의 욕망, 오토바이를 타기로 한 그의 결심이 그로 하여금 노력하고 인내할 수 있도록 하였다. 다시 한 번 그는 엄청난 불안, 자기 회의, 그 부름에 응답할 때의 고통을 극복할 필요가 있었음에도 불구하고 그 부름에 응답해야 한다고 느꼈다.

그러나 시간이 흐르면서 조지는 점차 오토바이를 작동하는 기계적인 방법에 너무 많이 집중할 필요가 없었다는 것과 새로운 수준의 조직, 새로운 통합이 나타나고 있음을 발견했다. 심지어는 이 과정을 통하여 G는 아기가 입속에 엄지손가락을 넣고 빠는 방법을 배우듯이 하였다. "이 발달의 결과는 엄지에서 입 도식으로 자연스럽게 기능하는 것이 일단 형성되면, 즉 무의식적으로 되면 알아차리지 못할 것이다. 그러나 그 형성 과정 자체는 매우 본질적이고 고도의 관심을 집중해야 한다(Stern 1985, 60)."

엄지손가락을 빠는 방법을 배우는 아기처럼 새로운 역할을 통합하는 아동, 또는 아사지올리가 말했던 기술을 배우는 것에서 예술적으로 연주하는 피아니스트처럼(제2장을 보라) 중간 무의식의 구조화는 조지 자신의 새로운 국면들에서 의식적 표현을 지지하기 시작하였다.

초개인적 특성과 원형

이 과정을 통하여 조지도 그의 오토바이 경주 통합중심과 관계를 맺을 때 나타나는 새로운 초개인적 특성을 발견하였다. 이 통합중심은 교사, 동료 학생들, 오토바이 타기의 철학, 전체 오토바이 경주의 세계와 같은 것들을 포함한다. 그를 매료시켰던 최초의 특성들 외에 그는 새로운 기쁨, 자유, 용기를 느끼기 시작하였다. 그것은 마치 오토바이 경주 통합중심과의 관계가 하나의 축이 되는 것과 같아서 그것을 중심으로 오토바이 경주자가 되기 위한 능력을 구성하는 타고난 소질, 본능적 주행, 노련한 기술, 초개인적 특성들을 결합하였다.

그는 더 나아가 이 발달 유형이 집단 무의식의 고대 유형, 즉 전사Warrior라 불리는 유형을 상기시켰음을 인식하였다. 그는 오토바이를 탈 때 이 원형과 연결되는 느낌, 즉 탁 트인 길의 위험과 모험을 감행하는 용감한 전사처럼 느꼈다. 이 원형archetype은 여전히 또 다른 통합중심, 즉 그가 역사 속에 있는 영웅과 탐험가처럼 느낄 수 있게 하는 것으로 기능하였다.

하위인격은 존재로 부름받는다

조지가 다른 오토바이 경주자들과 오토바이 문화 경험을 점점 더 많이 나누게 됨에 따라 이 통합은 결국 별개의 오토바이 경주자의 정체성 체계로 발달하였다. 이 새로운 정체성은 그가 오토바이를 타면서 발달시켰던 특성들, 기술, 재능, 주행, 오토바이 경주자와 관련된 특별한 신념과 가치를 통합시켰다. 오토바이 경주자 통합중심(들)은 사실상 그를 오토바이 경주자로 보았고 그가 자기 자신을 오토바이 경주자로 볼 수 있게 하였다. 그렇게 함으로써 그것은 다른 요소들을 자기 자신에 대한 고유한 표현으로 통합하고 발달시키도록 그를 지지해주었다. 하위인격은 관계의 각 부분이 자신의 역할을 함으로써 이 관계로부터 생겨났다. 이 과정은 그림 4.1에서 잘 설명되고 있다.

그는 내면에서 이 새로운 통합으로부터 자기 자신을 오토바이 경주자로 동일시하였다. 그는 오토바이 경주자로 세계를 느끼고, 생각하고, 보았다. 그는 지나가는 어떤 오토바이라도 그 모습과 소리를 들으면 살맛이 났다. 그는 오토바이에 대한 긍정적인 논평과 부정적인 설명을 개인적인 방식으로 보았다. 그는 오토바이 경주자였다.

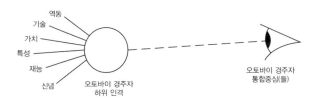

그림 4.1

이 새로운 정체성은 전체적으로 그에게 적절한 것으로 자각되었다가 안 되었다가 하면서 중간 무의식으로 들어오기도 하고 나가기도 한다. 오토바이 경주자가 아닌 동료들과 친구들에게 조지의 새로운 정체성은 전혀 의식되지 않았지만 오토바이가 있는 환경에서는 그것이 의식되어서 완전히 표현되었다.

오토바이 경주자 통합중심은 어느 정도는 내면화되어 내적 통합중심internal unifying center(Firman and Gila 1997)이 된다는 것 또한 주목하라. 하위인격의 실존은 더 이상 외적 통합중심에만 의존하지 않고(Assagioli 1965a) 외적으로 오토바이 경주의 환경이 있든 없든 그것을 지지하는 내적 구조를 갖는다. 우리는 앞으로 내적 외적 통합중심을 더 탐색할 것이다.

조지의 간단한 이야기는 하위인격의 탄생을 보여준다. 그는 통합중심(들)과의 관계를 통하여 어느 정도 독립적이며 구별된 정체성과 보다 기본적인 요소들의 일관된 통합을 발달시킬 수 있다고 느꼈다. 그것들은 필요할 때 표현될 수도 있고 표현되지 않을 수도 있다. 조지의 사례에서 이 하위인격은 모험가Adventurer였던 아버지와의 관계에서 출현한 초기의 하위인격으로부터 생겨났다(그림 4.1에서 모험가는 오토바이 경주자 하위인격 안에 있다).

그러나 하위인격이 삶의 초기에 발달하든 아니면 후기에 발달하든 우리는 오토바이 경주자가 했던 것과 똑같은 방법으로 하위인격의 다른 많은 유형들이 발달하는 것을 상상할 수 있다. 다른 하위인격들은 많은 통합중심들인 부모, 형제자매, 학교, 직업, 철학 체계, 종교적 환경, 그리고 자연 세계와의 관계에서 생길 것이다. 이 발달 과정은 제6장에서 더 자세하게 검토할 것이다.

하위인격들은 우리의 경험을 위한 통합중심으로서 기능하는 중요한 내적 외적 환경과의 관계 안에서 만들어진다. 우리는 이러한 의미 있는 환경과 상호작용할 때 통합되고 안정된 다른 표현 양식을 만들어내기 위하여, 학습되었거나 물려받은 고유하고 풍성한 잠재력을 적극적으로 활용한다. 그것은 마치 우리가 예술가와 같아서 우리의 잠재력은 팔레트이고 하위인격은 특별한 환경(통합중심들) 안에서 우리의 창조성이 표현된 것과 같다. 이 창조적 표현은 인격의 더 큰 체계를 형성하도록, 즉 전반적으로 우리의 삶 전체에 우리 자신을 표현하도록 돕는다.[2]

> 우리들 각자는 다른 사람들, 환경, 집단 등과 맺는 관계에 따라 다른 자기를 가진다.
> — 아사지올리

분명히 하위인격 형성은 자연스럽고 건강한 인격의 구조화 과정이고, 중간 무의식의 선물이며, 더 큰 인격 체계를 전체적으로 구성하는 하위 체계인 것 같다. 그러면 우리는 왜 그것들과 함께하기를 배우지 않고 그것들을 자각해야 하나? 그 답은 하위인격들이 거의 원상처를 피하지 못하기 때문에 너무 자주 우리의 내면세계와 외적 세계를 진실되게 표현하기 어렵다는 것이다. 실제로 우리는 먼저 자주 하위인격들을 자각하게 된다. 왜냐하면 그것들이 어떤 면에서는 우리의 삶을 방해하기 때문이다.

따라서 다음과 같은 **인격 조화**personality harmonization의 국면들은 — 정신통합의 더 큰 과정에서 생존 단계처럼 — 생존국면survival phase으로 시작된다. 거기에서 하위인격은 우리의 참자기를 자유롭게 표현하기보다는 방어구조로 작용한다. 인격 조화의 국면들은, **(0) 생존, (1) 인식, (2) 수용, (3) 포함, (4) 통합**(Vargiu 1974b를 수정한 것임)이다.

생존하는 하위인격

초기 환경 ― 초기 통합중심 ― 안에서 우리에게 공감적인 반응이 있었던 정도에 따라, 하위인격들과 통합중심과의 관계는 참되고 더 큰 인격인 참된 인격을 함께 형성해가는 참된 존재의 표현이 된다. 그러나 초기 환경에 공감적 반응이 없는 정도에 따라 하위인격들과 그들의 관계는 이 환경에서 유지되고 있는 원상처에서 살아남기 위한 전략들을 구체화할 것이다. 그리고 이 생존에 헌신했던 인격인 생존인격을 형성해간다.

예를 들어 조지의 오토바이 경주자 하위인격은 아버지로부터 수치를 당하고 거절당했던 원상처로부터 발달되었을 것이다. 여기에서 오토바이 경주자 하위인격은 초기에 분노한 십대Angry Teen 하위인격에 기초하여 결국 무법자 오토바이 경주자Outlaw Biker의 정체성으로 발달되었을 것이다. 이렇게 무법자 오토바이 경주자는 내면의 낮은 자기가치감에 반응하여 격노와 반항에 더욱 불을 지폈을 것이다. 하위인격은 조지의 재능과 기술을 자유롭고 자연스럽게 표현한 것이 아니라 원상처를 관리해나갔던 것이다. 이 하위인격의 유형은 다양한 방법으로 행동화되어 그 상처를 접촉하고 치유하는 데 어려움을 줄 것이다.

원상처는 우리의 하위인격 어떤 것으로라도 생존 양식을 갖게 할 수 있다. 상처는 자연스럽게 양육하는 우리의 능력을 표현하는 부모 하위인격이 아니라 무의미와 상실의 공허함을 채우기 위한 대상으로서 아이들을 대하는 부모 하위인격을 만들어낼 것이다. 또한 선물을 주고받으면서 표현하는 사랑의 하위인격 대신, 외로움과 소외를 피하기 위하여 관계를 중독적으로 사용하는 사랑의 하위인격을 발견할 것이다. 아니면 가장 높은 가치를 표현하는 사업가 하위인격의 자리에 두려움, 탐심, 자기-중심성이 지배하는 하위인격이 있을 것이다.

생존 양식에서 작용하는 하위인격은 가장 진실하고 본질적인 높은자기 또는 '나'를 자연스럽게 표현하는 것이 아니라, 긴급하게 원상처를 관리해야 할 필요성에 의하여 지배당한다. 여기에서 우리의 인격은 경직성, 강박, 하위인격의 갈등으로 가득 차 있고, 우리의 의식과 의지는 이들의 강한 역동 속에서 사라진다. 달리 말하자면 우리는 하위인격과 만성적으로 동일시되어 그 안에 몰입되기 때문에 우리가 누구인지 의식하지 못하게 된다. 하위인격과 동일시가 일어나는 정도에 따라 많은 어려운 일들이 생겨난다. 우리들 모두에게도 어느 정도는 그런 일이 일어나는 것 같다.

생존 국면에 있는 하위인격은 우리로 하여금 환경의 지배를 받게 한다. 왜냐하면 다른 상황들이 자동적으로 우리에게 도움이 되지 않는 방식으로 하위인격을 부추기기 때문이다. 권위적인 인물을 만날 때 우리는 본의 아니게 강한 적대감을 갖거나 지나치게 수동적으로 되는 자신을 발견할 것이다. 그 하위인격은 아마도 어린 시절 권위적인 부모의 학대에 반응하게 될 것이다. 중요한 연설을 하기 시작할 때 불안에 떨면서 말하는 것조차 어려울 것이다. 어린 하위인격은 여전히 어린 시절 피아노 연주회 때 겪는 당황과 두려움을 느낄 것이다. 또는 상대방의 분노 앞에서 얼어붙어 이 정서적 학대에 직면할 수 없을 것이다. 우리의 무기력한 부분은 생존하기 위하여 작용한다. 사랑하는 사람과 육체적으로 친밀하게 되려 할 때 설명할 수 없는 공황상태에 빠지거나 화가 나는 자신을, 즉 어린 시절의 성적 상처에 반응하는 하위인격을 발견할 것이다.

하위인격의 상처들은 그러한 모든 상황에서 나쁜 영향을 받기 때문에, 지금은 우리의 삶에 어울리지 않으며 역효과를 내는데도 학습된 생존 반응을 자동적으로 촉발시킨다. 이러한 반응은 다르게 행동하려는 의지와 더 잘 반응하려는 의식이 있음에도 불구하고 발생한다. 하위인격은 원상처의 영향을 받는다. 그리고 이렇게 강한 역동 때문에 하위인격은 '나'라는 감각을 쉽게 지배하고 모호하게 한다.

하위인격이 원상처의 영향을 받을 때 일어나는 또 다른 일은 그들 사이의 관계에 갈등을 증폭시킨다. 예를 들면

베스Beth는 유머가 있다는 평가를 듣고 싶어 했던 새 친구와 가까워지고 싶었다. 그러나 그녀는 거절을 두려워했기 때문에 평가하는 것을 거절하지 못하여 어쩔 수 없이 평가를 했으나 자연스럽지 못했다. 친구에 대한 평가는 냉소적이면서 신랄했으며 그것이 친구를 놀라게 했고 불쾌하게 했다. 나중에 베스는 기분이 안 좋은 상태에서 극도로 수치스럽고 바보 같은 느낌이 들었다. 그녀는 화가 나서 자신을 질책했다. "너는 어쩌면 그렇게 어리석을 수 있어? 바보 천치야! 다음에는 입을 열지도 마라." 그녀는 무기력하게 느꼈고 그녀의 어두운 기분은 그다음 몇 주가 지나고 나서야 점차 나아졌다.

베스의 사례에서 그녀는 새 친구와 가까워지기를 원했던 하위인격이 있었다. 그러나 거절에 대한 초기 경험이 있었기 때문에 상황은 친구와 가까워지기보다는 충돌을 야기했던 불안의 짙은 먹구름이 드리워졌다. 비판적인 하위인격이 드러나자, 그것은 친해지기를 원하는 하위인격이 그들을 유머에 취약하게 만들었던 것에 대하여 화가 났다. 탐색을 계속하자 비판적인 하위인격 또한 관계에서 취약하게 되면 어린 시절 관계에서 받았던 상처를 자극할 뿐이라는 두려움이 있었음이 밝혀졌다. 간단하게 말하자면 두 하위인격의 상처는 베스의 내면에 심한 갈등을 야기했다. 결국 그녀는 친구와 멀어지고 그녀의

기분은 우울해졌다.

　대부분 우리의 불안, 우울, 격노, 낮은 자존감은 종종 우리의 일상적인 기분과 양가감정은 물론이고 하위인격들 사이의 갈등도 추적할 수 있게 한다. 예를 들어 위험을 감수하는 하위인격은 안정을 추구하는 하위인격과 갈등을 빚을 수 있고, 관계지향적인 것은 헌신을 두려워하는 것과 다툴 수 있다. 마음에 들기를 원하는 하위인격은 진실을 말하기를 원하는 하위인격과 충돌할 것이고, 학생으로서의 하위인격은 공부하고 싶어 하는 친구와 해변에 가고 싶은 또 다른 하위인격과 충돌할 것이다. 영적 하위인격은 실용주의 하위인격의 실제적인 일상적 관심을 비판할 것이다.

　만일 상처가 없다면 하위인격들 사이의 갈등도 거의 없을 것이다. 위에서 나열했던 갈등들이 조금이라도 생긴다면, 다양한 기본 욕구들이 우리의 삶에 수용될 때 갈등은 쉽게 해결될 것이다. 그러나 상처 때문에 그러한 갈등들은 고통스럽고 심지어는 심신을 약화시키기도 한다. 하위인격들이 절망적이고 경직된 위치에서 작용하면, 상호 공존과 협력은 매우 어렵다. 상처는 일관되게 자기의 부분들을 안내하고 표현할 수 있는 어떤 자기감도 갖기 어렵게 만드는 분위기를 내면에 가득 채워놓는다.

　이상하게도 상처를 가진 하위인격들의 또 다른 문제는 그 인격들이 우리의 삶에 장애의 원인이 되는 것이 아니라, 오히려 생존인격을 형성하기 위하여 부드럽게 작용한다는 것이다. 이때 우리는 몇 날, 몇 달, 몇 년이 지나도 하위인격들 사이에서 아주 매끄럽게 활동하면서 자동적으로 다양한 상황에서 생각과 행동이 다른 패턴과 심지어는 조화롭지 않은 패턴을 선택하고 있음을 전혀 알아차리지 못한다. 하위인격이 표현될 때와 표현되지 않을 때를 자각하는 의식에 일관성이 없고 '나'라는 감각이 없다. 따라서 하위인격들은 우리를 위하여 우리의 삶을 살고, 우리는 최면 상태에서 자동화된 조종사처럼 살게 된다.

그러한 생존인격은 극도로 잘 기능할 수 있으며 모든 사회 기준에서 보면 성공적일 수 있다. 그러나 성취와 소유는 궁극적으로 채워지지 않을 것이다. 관계는 잘 숨겨져 있고, 표면적으로는 강박, 집착, 중독이 드러날 것이다. 공허함이 우리를 괴롭힐 것이고 인간 실존의 높이와 깊이는 이해할 수 없게 될 것이다.

상처 입은 하위인격들은 서로 싸우면서 사건들에 극단적인 반응을 하든지 잘 기능하는 생존인격을 형성하든지 상처를 관리해야 할 필요가 우리의 삶을 지배할 수 있다. 우리의 본질적 나-됨은 묻혀 있고, 우리는 하위인격들의 소란으로 최면상태에 몰입되어 그것들과 동일시된다. 또한 그것들은 가장 높은 가치, 궁극적 관심, 보다 심오한 삶의 방향, 더 깊은 높은자기와 관계를 맺을 때 발견될 수 있는 보물들을 발견하여 표현하지 못하게 한다. 하위인격들과 이러한 유형의 만성적 동일시는 정신통합에서 생존 단계의 특징이다. 앞으로 간단하게 살펴볼 것이지만, 인격 조화의 국면을 경험하는 것은 생존 단계를 넘어서 탐색과 출현 단계로 나아가는 데 효율적인 방법일 수 있다.

앞에서 논의되었듯이 우리의 현 상황을 깨뜨리는 변화의 위기가 정신통합의 생존 단계로부터 변화할 수 있는 특징을 가장 잘 보여준다. 이것은 생존 국면에 있는 하위인격들의 반응, 즉 아마도 우리의 일을 위험하게 하는 권위에 대한 반응, 삶을 파괴하는 불안이나 격노, 긍정적이든 부정적이든 세계를 뒤흔들 만한 강력한 사건을 의미할 수 있다.

그러나 이 무의식적 기능이 파괴될 때 우리는 하위인격들과 공감적으로 만나게 될 것이며 그것들로 하여금 우리가 진실로 누구인가를 참되게 표현할 수 있게 한다. 그때 우리는 생존 단계로부터 하위인격들과의 관계를 발달시키는 다음 단계인 인식의 단계로 갈 준비를 한다.

인 식

우리의 생존 양식이 어느 정도 파괴된 후, 우리는 내면의 경험을 향한 신중한 마음을 지속적으로 발달시킬 수 있다. 이러한 내성적 초점은 우리의 기분과 열정, 그리고 감정과 생각들이 단순하게 임의적이며 설명할 수 없는 사건들이 아니라, 더 깊은 조직 구조인 하위인격의 표현이라는 것을 알 수 있게한다. 예를 들어 우리는 하루 동안에도 비판하는 느낌이 들다가, 나중에는 사랑하는 느낌이 들다가, 그다음 어느 정도 시간이 흐른 뒤에는 슬픔을 느끼고있음을 발견할 것이다. 그러나 이러한 것들은 단순하게 빠르게 지나가서 유형화된 경험이 된다.

비판적인 느낌의 경험을 살펴보면 우리는 그 경험에서 판단하는 하위인격, 특별한 가치 체계, 특별한 감정 톤, 고유한 삶의 역사, 심지어는 특징적인 자세와 본능적 감각과 같은 부분을 발견할 것이다.

사랑이라는 느낌을 탐색해보면 우리는 사랑하는 사람의 하위인격, 즉 오랫동안 특별한 방식으로 사랑하는 것, 특별히 좋아하는 사람과 싫어하는 사람을구별하는 것, 특별히 육체적으로 느끼고 행동하는 것을 배웠던 하위인격을 인식할 것이다.

슬픔을 탐색해보면 우리는 나와 다른 사람들의 고통을 느끼는 어리고 민감한 부분을 발견할 것이다. 세계는 황량하고, 상실을 기억하며, 정서는 우울하고, 육체적으로 어깨는 축 처지고 고개를 떨구고 있음을 발견할 것이다.

우리의 내면에 있는 하위인격들 각각은 물리적인 것, 정서, 생각, 행동에서 지신만의 고유하고 지속적인 패턴을 갖고 있다. 그들은 중간 무의식으로부터 자각되기도 하고 안 되기도 한다(제2장을 보라). 그리고 그들은 우리가 그들을 의식하든 안 하든 우리의 삶에서 작동한다.

> 출발점은 상황의 모순을 자각하면서, 각 하위인격에 완전히 몰입하는 것이고, 목표는 다양한 역할을 의식적으로 할 수 있는 자유로운 자기, 나-의식을 발견하는 것이다.
> — 아사지올리

이렇게 하위인격들을 이렇게 탐색하면 '나'의 의식 국면이 출현하게 될 것이다. 이것은 제3장에서 다루었다. 여기에서는 일시적으로 지나가는 경험을 관찰할 수 있을 뿐 아니라, 이 경험을 조직하는 유형도 볼 수 있다. 역동적으로 하위인격들을 인식하는 과정은 일시적으로 지나가는 의식의 내용에 연루되지 않고 그것을 단순하게 관찰하는 명상이나 묵상을 할 때, 취하는 자세와 매우 같다. 이때 차이점은 의식의 내용만을 관찰하는 것이 아니라, 의식의 조직적인 구조나 맥락을 관찰하는 것이다.

몇 날, 몇 달, 몇 년을 계속해서 더 깊은 마음을 성찰함으로써 우리는 내면 세계의 구조를 인식하고 그것에 영향을 미치는 방법을 배울 수 있다. 그렇게 함으로써 의식의 내용과 구조 모두와 구별은 되지만 분리되지 않은 '나'의 표현이 출현하기 시작한다. 이러한 출현은 우리 자신의 많은 국면들에 더 깊이 참여하고 그것들을 완전히 표현할 수 있음을 예고한다.

인식에 이르는 방법

우리가 주의를 기울여서 우리의 경험을 기꺼이 관찰한다면, 하위인격을 인식하는 방법에는 여러 가지가 있을 것이다. 꿈속에서 위협하는 인물은 실제로 무의식으로부터 출현하는 하위인격이며, 그것이 우리의 삶에 새롭고 가치 있는 특성들을 더해줄 수 있다는 것을 깨달을 것이다. 또는 그 하위인격이 우리와 얼마나 다른가를 깨달으면서 점차 그것이 단순하게 우리 자신의 다중적인 부분이라는 것을 발견할 때, 나의 거짓된 면이나 부정직한 면을 느끼기 시작할 것이다. 이때 다른 사람들이 우리의 행동에 대하여 놀라운 피드백을 줄 수도 있다. 결백해 보이는 말이 가슴을 찌르며 상처를 주는 날카로움을 갖고 있거나, 우리 자신의 훌륭하고 창조적이며 부드러운 면을 숨기고 있거나, 또는 정서적으로 부담스러운 문제가 생길 때마다 가볍게 유머가 있는 것처럼 보일 수도 있다.

우리가 이렇게 의식적으로 될 때 하위인격을 인식하는 것은 매우 쉬울 것이다. 인식 국면에서 단편적인 분석의 원리를 기억하는 것이 중요하다. 이것은 제3장에서 다루듯이, 즉 우리가 많은 하위인격을 한꺼번에 밝힐 수 없다는 것이다. 왜냐하면 이것은 단지 우리에게 혼란을 주고 우리를 압도할 수 있기 때문이다.

> 대부분의 하위인격들을 인식하는 것은 그리 문제가 되지 않는다. 사실 우리가 이미 인식했던 하위인격들을 효과적으로 다루기보다 새로운 하위인격들을 발견하는 것은 그리 힘든 일이 아니다. 사람들이 먼저 하위인격들을 다룬다는 개념에 익숙해지면, 종종 수천만의 많은 인물들을 밝혀내는 데 매료되어서 중심인물을 이해하고 통합하는 데 더 효율적인 작업을 무시하기 쉽다(Vargiu 1974b, 77).

인식 국면에서의 목표는 단순하게 모든 하위인격들을 발견하는 것이 아니라, 그것이 가능하다 하더라도, 우리의 삶에 자연스럽게 출현하는 것으로 보이는 둘 내지 여섯 정도의 하위인격들에 초점을 맞추는 것이다. 이것은 그 탐색을 의미 있게 할 것이며 또한 그들 각각의 공감적 관계를 발달시키기 위한 시간을 많이 단축시킬 수 있을 것이다.

하위인격들은 종종 상담과 심리치료에서 인식된다. 여기에서 우리 삶의 기초에 있는 더 깊은 유형을 신중하게 살펴보면 우리는 하위인격들의 감추어진 세계를 발견할 것이다. 마크Mark의 예를 살펴보자. 그는 두 개의 중요한 하위인격을 인식하기 시작하였다.

마크의 인식

27세인 마크는 그래픽 디자이너이며 직업과 관계 사이의 갈등 때문에 정신통합 치료를 받으러 와서 다음과 같이 말했다.

나는 관계를 증오해요. 글쎄, 다는 아니지만요. 처음에는 좋았다가 곧 너무 감정적인 것 같은 느낌이 들기 시작해요. 그러면 관계에서 좀 멀어지려고 하죠. 그것에 대해서 뭔가를 하려 하지는 않아요. 결국 관계가 끝나고 나면 나는 일로 돌아오게 되죠. 때때로 일은 고통스럽지만 나는 최소한 일은 잘하죠. 그러면 또 다시 외로움을 느끼기 시작하면서 누군가를 원하죠.

위의 예에서 우리는 서로 심한 갈등 속에 있는 일 지향적 하위인격과 관계 지향적 하위인격을 볼 수 있다. 이 갈등이 고통스러운 만큼 마크는 최소한 내면에서 두 가지의 부조화한 태도를 자각하게 된다. 앞에서 그는 무의식적 생존인격에 사로잡혀서 주기적으로 일에, 그다음에는 관계에, 그리고 또 일에 지배받았다. 이때 그의 파트너들은 혼합된 메시지를 듣게 된다. 때로는 그의 행동은 "나는 너와 가까워지고 싶어."라고 말하다가 다른 때는 "저리 가 나 혼자 있게 둬."라고 말한다. 따라서 그는 내면의 갈등을 알아차리지도 못하거나 그것이 그의 삶에 미치는 영향을 알아차리지 못하는데도, 다른 사람들에게 상처와 혼란을 주었다.

몇 년 동안 마크는 내면에 갈등하는 동기가 있음을 의식하지 못한 채, 자신의 이 두 부분 사이에서 왔다 갔다했다. 이때는 어느 정도는 그의 내면에서 매우 조화로운 시간이었다. 그는 일과 관계 사이에서 두 부분 모두를 포용하고 있다는 자각도 없이 무의식적으로 왔다 갔다 했다. 이 두 가지 의식의 내면 구조들을 포함할 수 있는 '나'에 대한 감각이 없었다. 그는 하나의 양식 안에 있게 되면, 다른 양식은 몰랐기 때문에 내면의 부조화에 대한 감각도 없었다. 그가 내면에 이중성을 갖고 있을 것이라는 생각은 그에게 매우 낯설어 보였을 것이다. 만일 그의 모순된 행동들을 지적했다면, 그는 단순하게 그때그때마다 다르게 행동했다고 매우 정직하게 주장했을 것이다. 이 두 하위인격들은 그의 생존인격에서는 중요한 요소들이었고, 그의 의식적 경험 밑에는 불편한 역동이 숨겨져 있었다. 그 하위인격들은 생존인격의 분자를 구성하는 원자와 같았다.

그러나 시간이 흐르자 관계에서 실패하는 고통이 반복되었고 외로움은 더 커졌으며, 일은 고통스럽기 시작했다. 결국 생존인격의 무의식적 조화는 깨지고 그는 바닥을 치게 했던 변화의 위기인 외로움, 불안, 우울이라는 설명할 수 없는 느낌을 갖기 시작했던 혼란의 시기로 접어들었다. 그의 심한 고통과 혼란은 이 만성적이고 고통스러운 상태의 원인이었으며, 어떤 일인가가 그의 내면에서 일어날 것 같은 가능성을 성찰하게 했다. 처음으로 그는 문제가 '관계'나 '세계'가 아니라 자신의 내면에 있는 어떤 것, 그가 전혀 알지 못했던 어떤 것이라고 생각하기 시작했다.

위에서 마크가 말했던 내용을 보면 우리는 그가 혼란 속에 있는 하위인격들을 인식하기 시작하는 그를 따라갈 수 있다. 그가 앞에서 간단하게 말을 한후 치료 회기에서 다음과 같은 일이 일어났다.

치료사: 그러니까 당신이 외로울 때 어떤 느낌이 드나요?

마　크: 모르겠어요. 언제나 혼자가 아니고 누군가가 있으면 좋을 것 같아요.

치료사: 이것을 탐색하고 싶나요?

마　크: 네. 그것을 없앤다면 어떤 것이라도.

치료사: 알았어요. 그러면 먼저 이 외로움을 당신의 몸으로 느끼나요?

마　크: 그런 것 같아요. 맞아요. 그것은 나의 가슴 속에 있는 통증 같아요.

치료사: 당신이 그것을 원하는 것처럼 스스로 경험해보세요.

마　크: 실제로 약간 아파요. 나의 가슴과 목이 조여와요.

치료사: 당신이 경험하기를 원한다면 그것에 더 주의를 기울여 계속 느껴보세요.

마　크: (쉼) 나는 여기가 너무 조여와요. (그의 가슴 부분을 가리킨다.) 조여지는
　　　　느낌이 들어요. 목과 어깨도 긴장돼요. 뜨겁게 느껴져요.

치료사: 그것을 자각하면서 머무르세요. 눈을 감아도 괜찮아요.

마　크: (눈을 감는다.) 그것은 단단하게, 예, 단단하게 조여와요. 마치 하나의 공
　　　　같아요. 조금 두려워요. 음, 이제는 슬퍼져요. 참 신기하군요. 슬픔, 정말
　　　　슬퍼요. 완전히 혼자 있는 느낌이에요. 아무도 없어요. (눈물이 마크의 볼을
　　　　타고 내려온다.)

치료사: 할 말이 있나요?

마　크: 그냥 정말 홀로 있음을 느끼고 있어요.

치료사: 홀로 있는 그 사람의 이미지를 떠올린다면 무엇인가요?

마　크: 그냥 아무도 없는 어둠 속에서 혼자 있는 남자를 보고 있어요. 그는 손으로

머리를 감싸고 있어요.

치료사: 그게에 어떤 느낌이 드나요?

마　크: 그는 나를 거부해요. 자기 연민에 빠져 있는 것 같아요. 그는 내 안에 있는 겁쟁이에요.

마크는 분명히 슬픔과 외로움을 느끼고 있는 자신의 일부분을 인식했다. 그는 그것을 겁쟁이라고 했다. 이 인식 단계를 검토해보면, 먼저 일과 관계 사이의 갈등으로 시작하여 외로움으로, 그다음 외로움과 결합된 육체적 감각으로, 마지막으로 외로움을 느꼈던 하위인격 순서로 진행되었다. 마크는 안내를 받으면서 그의 의식 경험의 표면층 밑에 있는 깊은 곳─대부분 자각하게 된 중간 무의식적 자료의 출현을 의도적으로 탐색하기 시작했다. 치료 회기의 이 시점에서 나온 마크의 내면 경험은 그림 4.2에 잘 설명되어 있다.

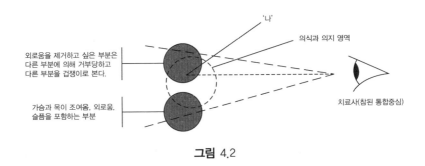

그림 4.2

여기에서 우리는 개인의 본질인 '나'가 외로움과 슬픔을 싫어하는 부분 내에 들어가 있는 것을 본다. 즉, 그의 의식과 의지는 이 부분에서부터 기원하는 것처럼 보일 것이다. 그것은 그가 외로운 부분을 어떻게 보고 그것에 반응하는가에 영향을 미친다(의식과 의지 영역은 외로움 부분의 외부 층까지 연장될 것을 주목하라).

치료사는 참된 통합중심으로 활동하여, 마크를 두 부분과 동일시하지 않고 부분들과 구별은 되지만 분리되지 않은 부분으로 본다. 우리가 앞으로 볼 것이지만 이 공감적 연결은 마크가 부분들 사이에서 활동하고 그것들과 함께 작업할 수 있는 잠재력을 활성화시킬 수 있게 할 것이다.

마크는 이제 하위인격과의 관계를 발달시키는 다음 단계 **수용**에 직면한다.

수 용

수용 국면은 하위인격을 위한 공감적 관심을 갖기 시작한다. 말하자면 '한 인간으로' 하위인격을 존중하기 시작한다. 수용의 근원으로부터 시작하여, 하위인격과의 지속적인 관계는 성장하고, 결국 전체 인격의 더 넓은 공동체 안에 자신의 자리를 발견하는 하위인격으로 인도될 것이다..

그러나 **하위인격을 수용한다는 것은 반드시 행동을 용납하거나 허용한다는 것을 의미하지 않음**을 주목하라. 종종 하위인격을 수용하는 것은 경험이 많은 학교 선생님이 문제 학생을 수용하는 것과 같다. 선생님은 신뢰와 존경이라는 공감적 유대관계를 갖지만, 학생들이 파괴적인 행동을 하지 않으면서 성장하고 변화할 수 있도록 안전한 관계를 허용한다. 예를 들어 분노와 불안으로 인하여 파괴적으로 행동할 수밖에 없는 하위인격들은 그들의 행동을 다룰 때 도움을 필요로 할 것이다.

우리 자신의 다양한 부분들을 공감적으로 수용하는 이 유형이 없으면, 우리는 영원히 그 부분들과 전쟁을 치룰 것이다. 마크의 경우, 그는 수용 국면에서 도전받고 있음이 분명해진다.

마크의 수용

위에서 본 마크의 치료 회기에서, 그는 외로움과 슬픔을 느꼈던 부분에 의하여 거부당한다. 수용은 경멸적인 단어 '겁쟁이'로 잘 설명해주었듯이 분명히 아직 나타나지 않았다. 이러한 유형의 긴장이 한 하위인격과의 관계에서 발견될 때 수용은 내면의 갈등이 개선될 수 있다면 나타날 필요가 있을 것이다. 마크가 거부당한 느낌이 들었던 곳을 보면 다음과 같다.

마　크: 그는 나를 거부해요. 그는 자기 연민에 빠져 있는 것 같아요. 그는 내 안에 있는 겁쟁이에요.

치료사: 그는 그렇게 말하는 당신에게 어떻게 반응하나요?

마　크: 그냥 머리를 숙이고 돌아서요.

치료사: 그것이 어떻게 느껴지나요?

마　크: 괜찮아요. 누가 그를 필요로 할까요? 그는 언제나 사람들과 함께 있기를 원하지만 우리에게 문제를 일으키죠. 나는 차라리 일에 집중하고 싶어요. 그것이 중요해요.

치료사: 더 노력해보세요. 마크. 당신이 그가 될 수 있는 순간을 상상해보세요. 실제로 그에게 들어가서 그 사람이 되어보고 그가 느끼는 것을 느껴보세요.

마　크: (쉼) 그래요. 나는 겁쟁이에요.

치료사: 당신은 어떻게 느끼나요?

마　크: 슬프고 외로워요. 그리고 그런 것들을 말하는 일중독자에게 짜증이 나요. 지옥에나 가라, 그래요. 일하다가 혼자 죽으라고 해요. 그래도 신경 안 쓸 거예요.

치료사: 그에게 그렇게 말해요.

마　크: 했어요. 그는 깜짝 놀라더군요. 그는 내가 그렇게 했다는 걸 몰랐어요. (빙그레 웃는다.)

치료사가 두 부분들로부터 구별되지만 분리되지 않은 마크를 붙들고 있기 때문에 마크는 이 하위인격을 더 잘 알기 위하여 자신의 첫 번째 동일시에서 외로운 부분의 경험으로 자유롭게 이동할 수 있다.

이러한 정체성의 이동은 그림 4.3에서 잘 보여주는데, 여기에서 '나'는 지금 외로운 부분 안에 있는 것으로 보인다. 그는 이제 내면에서 외로운 부분을 의식할 수 있다. 이러한 새로운 관점에서 그는 이제는 '일중독자'라고 이름 붙였던 부분인 이전의 동일시를 실제로 바라보고 있다. 이러한 변화를 통하여 마크는 외로운 부분에 대한 내면 경험을 더 발견하여 분노뿐 아니라 외로움과 슬픔까지도 밝히게 되었다.

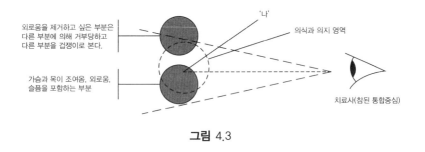

그림 4.3

이제는 치료 회기로 돌아가자. 치료사는 부분들 사이에 있는 마크의 관점을 옮김으로써 탐색을 계속하도록 마크를 초대한다. 치료사가 두 부분들로부터 구별은 되지만 분리되지 않는 사람, 즉 '나'인 마크에게 초점을 맞추고 있기 때문에 그러한 초대는 확장될 수 있음을 주목하라.

치료사: 자, 이제는 다시 일중독자가 되어보세요. 이제 외로운 사람에 대한 느낌은 어떤가요?

마　크: 글쎄요. 그렇게 많은 일을 했다니 놀라워요. 그는 결코 겁쟁이가 아닌 것 같아요. 나는 그를 존경해요.

치료사: 그의 이름이 무엇인지 물어보세요.

마　크: 그는 사랑하는 사람이라고 말해요.

치료사: 그 말이 어떻게 들려요?

마　크: 좋아요. 그건 '겁쟁이' 하고는 확실히 달라요. 그는 재미있어 보여요.

치료사: 여기서 조금 더 해볼까요?

마　크: 좋아요.

치료사: 그럼, 일하는 사람과 사랑하는 사람에게서 한 발 물러나 보세요. 그러면 그들 두 사람을 다 볼 수 있어요. 뭐가 보이나요?

마　크: (쉼) 서로를 마주보고 있는 두 남자가 보여요. (빙그레 웃는다.) 일하는 사람은 진짜 열정적으로 땀에 젖어서 소매를 걷어붙이고 있어요. 그들은 교착상태에 빠져 있어요. (쉼) 그곳이 내가 바로 지금 오랫동안 있었던 곳인 것 같아요. 휴.

치료사: 그들에게 어떤 느낌이 드나요?

마　크: 좋아요. 아버지 같은 느낌이요. 공감이 돼요.

마크가 일하는 사람이라는 하위인격과 동일시했음을 알게 되었을 때, 그의 '나' 감각은 일하는 사람의 관점과 융합되었다. 일하는 사람과 동일시된 그는 나중에 사랑하는 사람으로 밝혀진 문제의 하위인격과 자기 자신 사이의 갈등이 문제라고 말했다. 이 첫 번째 동일시로 보면 문제는 바로 사랑하는 사람이었지 그의 두 부분들 사이의 갈등이 되는 사건이 아니었다.

그러나 일하는 사람으로부터 **탈동일시**하여 사랑하는 사람으로 바뀌자(그림 4.3) 그는 사랑하는 사람의 세계와 직접 접촉하여 슬픔과 외로움, 그리고 마지막에는 일하는 사람에 대한 분노를 충분히 경험할 수 있었다. 그가 일하는 사람과 사랑하는 사람으로부터 탈동일시하자(그림 4.4), 일하는 사람과 사랑하는 사람 둘 다를 수용하고 포함시킬 수 있는 내면의 자세를 발견하였다.

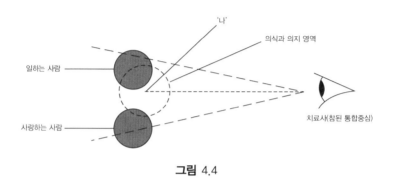

그림 4.4

　탈동일시를 통하여 마크는 각 부분과 보다 깊이 공감적으로 연결하여 그들의 관계를 촉진시키고 결과적으로 그들의 갈등을 해결하는 쪽으로 움직일 수 있는 자리를 발견하였다. 그의 정체성은 더 이상 두 부분에 사로잡히지 않고 자유롭게 필요한 부분으로 의식과 의지를 확장시킬 수 있게 되었다. 역설적이게도 이것은 두 부분들과의 동일시에 의하여 감추어져 있었을 수도 있는 부분들의 높이와 깊이를 밝힐 수 있게 하였다. 또 다시 치료사는 단순하게 두 부분이나 그들의 갈등이 아니라 **마크라는 존재**를 봄으로써 이것을 촉진시킨다.

　… 관찰하는 사람은 그가 관찰하는 그 사람이 아니다.

－ 아사지올리

하위인격에 이름 붙이기

　하위인격을 위한 이름은 마크 자신이 그것을 자세하게 설명하는 것을 듣고 회기가 진행되면서 나타났다. 이름 붙이기는 우리의 삶에서 새로운 누군가의 이름을 기억할 때처럼 하위인격들과의 지속적인 관계를 발달시킬 때 중요한 단계일 수 있다. 하위인격에 대한 이름은 무한히 많은 것 같다. 예를 들어 학생, 재판관, 초인적 어머니, 신비주의자, 스릴을 찾는 사람, 구세주, 실용주의자, 노파, 촌놈, 꿈꾸는 사람, 후견인, 또는 생각하는 사람 등이 있다.

하위인격에 이름을 붙일 때, 그 목적은 우리 자신이 이 부분들과 공감적인 관계를 발달시키기 위한 것임을 기억하는 것이 중요하다. 예를 들어 정확하지 않거나 비하하는 명칭은 점점 더 깊이 인식되고 수용되면서 변화될 필요가 있다. 또한 표준화된 이름이나 분류를 사용하여 하위인격들을 객관화하는 것은 도움이 되지 않는다. 각 부분의 고유성을 존중하는 것이 핵심이다.

하위인격 기법들

마크가 육체적 감각, 상상, 감정, 대화를 통하여 자신의 하위인격들에 접근하는 방법은 그러한 작업이 수행될 수 있는 유일한 방법임을 주목하라. 예를 들어 누군가는 사이코드라마의 형태로 두 부분과 그들의 관계를 연기할 수 있다. 게슈탈트 치료는 하위인격들 사이의 관계를 나타낼 때 몸을 움직이면서 베게나 의자를 이용할 수 있다. 정신통합에서는 탈동일시되는 지점을 나타내는 세 번째 의자를 추가할 수 있다. 또는 말하지 않고 몸만 움직여 하위인격들의 경험을 탐색하거나, 모래놀이 치료는 색칠하기, 찰흙, 그림 그리기, 글쓰기, 작은 인형을 활용하여 하위인격들의 관계를 발달시킬 수 있다.

하위인격 작업은 사실상 심리학의 모든 학파에서 도입한 매우 다양한 기법들을 사용하여 이루어질 수 있다. 실제로 하위인격들의 전반적인 과정을 이해하는 개인 상담사들은 자주 특별한 내담자의 특별한 욕구를 채워주기 위하여 즉석에서 자신만의 기법을 창조한다.

　기법의 다양성과 유용성 면에서 기법을 발견하는 것은 보통 문제가 되지 않는다. 그러나 우리가 만일 기법 때문에 산만해지고 그 기법이 사용되는 목적, 즉 우리 자신의 다양한 국면들과의 공감적 관계를 발달시키려는 목적을 잊는다면, 문제가 생길 수 있다. 이제 인격 조화의 세 번째 국면, **포함**inclusion을 살펴보자.

포 함

　일단 하위인격을 인식하고 수용했다면, 우리는 그 부분을 우리의 인격 전체로 받아들이고, 그것을 우리 존재의 가치 있는 국면으로 환영하며, 또한 그것을 삶의 한 부분이 되게 할 수 있다. 이것이 공감적 관계에서 훨씬 더 깊은 수준, 즉 우리가 **포함**inclusion이라고 했던 국면이다.

　포함 국면의 핵심은 피상적으로만 있었던 하위인격과 점점 더 친밀해져서 하위인격이 더 깊은 욕구를 가질수 있도록 동기를 부여하는 것이다. 우리는 마크의 개인 치료 회기가 계속됨에 따라 공감이 더 깊어지고 있음을 볼 수 있다.

　치료사: 당신은 그것들에 대하여 어떤 느낌이 드나요?
　마　크: 좋아요. 아버지 같은 느낌이요. 연민이죠.
　치료사: 그가 원하는 것을 일하는 사람에게 요청하세요.
　마　크: 그는 일, 일, 일하고 앞으로 나아가서 뭔가를 이루고 싶어 해요. 그는 매우
　　　　강해요.
　치료사: 그것에 대하여 어떻게 느껴지나요?

마   크: 그는 추진력은 좋지만 시야가 좁아요.

치료사: 그것을 말해보세요. 그는 어떻게 반응하나요?

마   크: 그는 사랑받고 싶어 해요.

치료사: 그가 가장 본질적으로 당신에게서 필요로 하는 것이 무엇인지 물어보세요.

마   크: 그는 자신을 잊지 말고 그로 하여금 창조하고 표현하게 해달라고 말해요. 그리고 삶에서 성공하지 못하는 것에 대하여 두려워하고 있는 것 같아요.

치료사: 그렇군요. 이제는 사랑하는 사람에게로 가서 그가 원하는 것을 물어보세요.

마   크: 그는 일하는 사람이 가버렸으면 좋겠다고 말해요. 영원히.

치료사: 그 말은 당신에게 어떤 느낌을 주나요?

마   크: 일종의 슬픔이요. 일하는 사람은 괜찮은 남자로 보여요.

치료사: 사랑하는 사람은 어떻게 반응하나요?

마   크: 그는 그것만 알아요. 그것 외에 무엇을 해야 할지 몰라요.

치료사: 그가 당신에게서 무엇을 필요로 하는지 물어보세요.

마   크: 그는 자신과 함께 있고 판단하지 말아달라고 말해요.

치료사: 그들의 이 깊은 욕구를 채워줄 의지가 있나요?

마   크: 그럼요. 특별히 그들이 싸우지만 않는다면요.

치료사: 이제 그들은 어떻게 하고 있나요?

마   크: 그들은 둘 다 그냥 거기에 서 있어요. 그들은 좀 더 편안하게 서로를 참아주고 있어요. 그들은 내가 여기 있다는 것을 기뻐해요.

여기에서 우리는 보다 피상적인 행동과 소원을 갖는 수준으로부터 보다 본질적인 욕구를 갖는 수준으로 변화한 것을 볼 수 있다. 이 깊은 수준을 접촉한다는 것은 마크가 '일, 일, 일'만을 하려는 일하는 사람의 요구와 그가 '영원히 사라지기를' 바라는 사랑하는 사람의 요구를 다루는 것이 불가능한 과제가 아니라는 것을 의미한다. 그 대신 마크는 일하는 사람의 '창조하고 표현하려는',

그리고 사랑하는 사람의 '나와 함께 있으려 하는' 더 유연한 욕구를 다룰 수 있게 된다. 그의 공감적 연합은 여기에서 피상적인 것을 넘어서 하위인격들의 깊이로, 올바른 관계가 형성될 수 있는 수준과 만난다.

공감적인 방식으로 각 하위인격과 관계를 맺는 마크의 이 자세는 포함 국면의 기초가 된다. 그는 하위인격들 사이의 관계를 다루기보다는 보다 객관적이고 공감적인 관점으로 각 하위인격과 직접 연합한다. 하위인격들은 이 지점에서는 서로 신뢰하지 않아도 된다. 그들은 단지 마크를 신뢰할 뿐이다. 이 직접적이고도 공감적인 연합을 통하여 각 하위인격은 치유되고 성장하여, 인격 안에 포함될 수 있게 된다. 그리고 마침내 정신통합의 다음 단계에서 서로 새롭고 창조적인 관계를 맺을 수 있게 된다.

하위인격과 함께하는 삶

마크는 이번 회기에서 멋진 작업을 했다. 그러나 하위인격들과의 변화 경험이 실제로 그의 삶에서 실현되려면, 그들과의 실제적인 만남은 그의 일상적인 삶 속으로 계속 들어와야 할 것이다. 하위인격들은 회기가 끝나도 사라지지 않을 것이다. 사실 우리가 가능성을 단지 살짝 보기만 했던 회기에서 가능한 변화와 실현할 수 있는 잠재력을 위한 본보기나 유형을 창조하려면 이 유형은 행동으로 나타나야 한다.

그러한 적극적인 실현을 기반 다지기grounding라 한다(Vargiu 1974b). 왜냐하면 치료 회기에서 나온 통찰과 경험은 일상의 지속적인 삶의 기반이 되기 때문이다. 심리치료가 기반 다지기에 주의를 기울이지 않으면 일반적으로 사람들의 비판을 받아, 즉시 심리치료는 어떤 의미 있는 삶의 변화도 없이 통찰만을 일으킨다는 말을 듣는다. 그러나 기반다지기는 통찰과 행동, 새로운 경험과 지속적인 경험, 치료 회기와 일상적인 삶의 다리를 놓아준다.

단호한 행동과 노력을 통하여 가장 쉽고 가장 간단하게 우리의 의지를 발견할 수 있다.

- 아사지올리

마크의 사례에서 그는 줄곧 일하는 사람과 사랑하는 사람의 마음을 알아차리려는 자세를 유지하였다. 이것은 두 하위인격들 사이에서 어느 정도의 **시간 함께 보내기**time-sharing를 포함하고 있었는데(Vargiu 1974b), 이때 그는 각 하위인격들이 그의 삶에서 얼마간의 시간을 공유했다는 확신이 들었다. 일하는 사람에게 양질의 시간을 헌신한 후, 그는 일에서 보다 창조적이고 표현적일 수 있었고, 또한 사랑하는 사람과의 만남을 유지하면서 우정을 즐기는 시간을 점점 더 많이 가질 수 있었으며 다시 한 번 데이트를 시작할 수 있었다.

이 시간 함께 보내기는 쉽지 않았다. 왜냐하면 그가 일을 강박적으로 하고 관계를 무시하면서 일하는 사람에게 한 번 더 빠졌던 적이 있었기 때문이다. 이것은 다시 그를 갈등 속에 빠지게 했지만, 그는 최소한 어디에 있었는지, 그리고 거기에 어떻게 갔는지, 그리고 어떻게 계속 갔는지를 알았다. 이것은 언제나 사랑하는 사람과 재연합하게 했고 그는 사랑하는 사람에게, 그리고 자기 자신에게도 미안하다고 말하면서 보다 양질의 시간을 관계에 줌으로써 관계를 개선해갔다.

사람들이 그들의 삶 속에 하위인격을 포함시키는 방법은 하위인격들 수만큼 많다. 자연을 사랑하는 방법에서부터 바다나 산을 사랑하는 것, 예술적 부분을 위한 예술 재료 사는 것, 공부하고 스포츠를 하거나 공예를 배우는 것,

취약한 하위인격에게 상처를 주는 친구에게 도전하는 것, 특별한 영화를 보거나 특별한 책을 읽는 것, 자신의 감정을 자각하고 표현하는 것, 하위인격들이 원할 때 단순하게 함께 있어주는 것, 공감적 관심을 받은 이 모든 구체적인 행동들은 우리의 삶 속에 있는 우리 자신의 많은 부분들을 포함하는 방법들이다. 그러한 행동들은 구체적인 방식으로 우리의 삶을 변화시키기 위하여 헌신하는 것이기 때문에 우리의 모든 존재가 살아가며 표현하는 공간, ─급격히 성장·발전하는 참된 인격을 발견할 수 있다.

높은 무의식과 낮은 무의식

마크에게 이러한 유형의 지속적이고 공감적인 관계와 훨씬 더 깊은 수준의 친밀함을 통하여 높은 무의식과 낮은 무의식의 뿌리를 밝히는 그의 하위인격들을 알게 되었다.[3]

일하는 사람으로서의 하위인격과 관계를 맺으면서, 그는 아버지의 혹평과 요구 때문에 고통받고 학대받고 있음을 알게 되었다. 마크는 결코 아버지의 인정을 충분히 얻을 수가 없었다. 일하는 사람의 강박성은 더욱더 열심히 일함으로써 이 원상처의 고통인 낮은 무의식 자료를 관리하려는 것이었다. 그러나 이제 마크는 **일하는 사람** 속에서 개인적 진실성, 자기 존중, 힘의 재능을 발견할 수 있었고, 창조적이고 보다 편안하게 그의 마감시간을 맞출 수 있게 하는 높은 무의식과 만날 수 있었다. 어느 날 그는 그의 일이 더 이상 '삶과 죽음의 문제'처럼 느껴지지 않는다고 말했다.

사랑하는 사람과 관계를 맺으면서, 마크는 고등학교 때부터 있었던 많은 기억들을 발견했다. 수치심, 소외, 슬픔과 같은 감정을 경험했고, 그러한 경험은 결국 그를 어린 시절의 정서적 학대와 신체적 학대를 기억나게 하여 **사랑**

하는 사람 아래에 있는 낮은 무의식적 역동을 탐색하게 했다. **사랑하는 사람**과의 공감적 관계가 계속해서 깊어지자, **사랑하는 사람**은 오래전에 높은 무의식 속에 숨겨져 있었던 예민함, 유머, 놀이와 같은 특성들을 훨씬 더 잘 표현할 수 있게 되었다. 그의 관계는 비교적 마음속 깊이 있는 외로움으로부터 강요당하지 않게 되었고, 이 초개인적 특성들이 표현되었을 때 그의 마음은 훨씬 더 가벼워졌고 만족스러웠다.

그림 4.5는 아사지올리의 타원형 도식을 이용해서 하위인격들의 높은 무의식 영역과 낮은 무의식 영역을 잘 볼 수 있게 한다. 이 도식은 **일하는 사람**과 **사랑하는 사람** 둘 다 높은 무의식과 낮은 무의식 속의 국면들을 포함하고 있음을 잘 설명해준다. 마크가 하위인격으로부터 탈동일시했을 때 중간 무의식 속에 있는 하위인격들을 공감적으로 만났을 뿐 아니라 그것들의 높이와 깊이에도 이를 수 있었다. 그의 의식과 의지는 각각의 하위인격과 자유롭게 관계를 맺고 지도할 수 있었다.

마크는 자신의 이 두 부분들 사이에서 무의식적으로 왔다 갔다 하거나 심

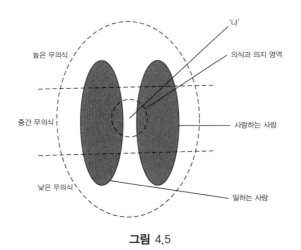

그림 4.5

한 갈등을 겪는 대신 이제는 그의 삶을 풍부하게 하며 가치 있는 자기표현 양식으로 그것들을 경험하기 시작했다. 이전에는 초개인적 특성들이 갈등 때문에 분리되고 억압되어 차단되었었으나, 이제는 마크의 '나' 감각이 적극적이고 양육하는 역할을 함으로써 이 두 하위인격들이 활짝 피어나기 시작했다.

통 합

인식, 수용, 포함의 국면들은 하나의 하위인격과 직접적으로 일대일의 신뢰 관계를 맺으려 하고 또한 그러한 관계를 인격 안에 의식적으로 포함시키려 한다. 이것은 마크가 그랬던 것처럼, 한 번에 하나 이상의 하위인격과 작업할 때에도 적용된다. 이 세 국면들은 하위인격들 사이의 갈등을 개선하기도 하지만, 그것보다는 우선 각 하위인격에게 안전하고 갈등이 없는 공간을 제공하여 치유와 성장을 이루게 한다. 이것은 중요한 원리이다. 왜냐하면 종종 하위인격들은 다른 하위인격들과의 관계를 탐색하기 전에 자신들만의 고유한 정체성을 발달시킬 필요가 있기 때문이다.

종종 포함과 통합 사이에는 분명한 경계선이 없기는 하지만, 하위인격이 공감적 관심과 안전한 포용 안에서 성장해가는 정도에 따라 다른 하위인격들과 보다 더 창조적인 관계를 탐색하는 통합 국면을 준비할 수 있다. 이 국면은 하위인격들이 서로 어떻게 상호작용하는지, 그리고 더 조화로운 전체 인격의 내적인 표현과 외적인 표현을 위하여 어떻게 통합할 수 있는가와 관련이 있다. 하위인격이 '나'와 더 깊이 연합되고, 그리고 인격들 안에 있는 하위인격의 위치에서 안전하다고 느낄 때 명백히 통합 국면으로 들어갈 수 있다.

지속되는 통합

하위인격들과의 작업은 내면의 갈등에 의해 생긴 불안, 분노, 우울과 같은 감정을 감소시킬 뿐만 아니라, 그 부분들을 치유하여 그 안에 감추어져 있었던 보물을 드러내고, 점차 부분들 사이에서 새로운 통합이 출현할 수 있게 한다. 각각의 학습과 재능이 하나의 하위인격을 형성하기 위하여 통합되듯이 하위인격들 스스로도 더 많은 표현을 하기 위하여 통합된다. 즉, 훨씬 더 발달된 유형이 부분들 사이의 친밀한 교제에서 생겨날 것을 기대할 수 있다.

예를 들어 **사랑하는 사람**과 **일하는 사람**이 그들의 갈등을 해결하고 서로 신뢰하기 시작할 때, 그들은 특정 상황에서 함께 나타나기 시작할 것이다. 마크는 직장에서 **사랑하는 사람**이 동료들이나 내담자들과의 관계에 농담과 대인 관계적 민감성을 발휘하여 훨씬 더 즐겁고 생산적으로 일한다는 것을 발견할 것이다. 그는 사회생활에서 **일하는 사람**의 진실성과 자기 확신의 특성이 매우 유용하며 훨씬 더 기쁘고 만족스런 경험을 만들어낸다는 것을 발견할 것이다.

두 부분들 사이의 연합은 궁극적으로 '예술가'로 불릴 수도 있는 새로운 하위인격을 탄생시킨다. 이 새로운 하위인격은 **사랑하는 사람**과 **일하는 사람** 둘 다의 특성을 하나의 표현 안에 실현시킬 수 있을 것이다. 예를 들어 예술가는 하나의 과제에 고도로 집중하면서 동시에 주변 사람들에게도 민감하게 반응한다. 또 예술가는 주도성과 계획하기와 사랑을 통합하면서, 마크가 창조적으로 그의 관심과 배려를 표현할 수 있게 하여, 그가 **사랑하는 사람**들과 진심으로 만나게 한다. 여기에서 두 하위인격들은 더 큰 의식적 표현을 창조하기 위하여 통합하고 혼자서는 표현할 수 없는 잠재력을 실현한다. 둘 사이의 상승작용 효과는 부분들의 합보다 더 큰 전체를 창조한다.

이 통합 과정은 삶의 가장 초기 몇 개월 동안 보았던 것과 같은 것임을 주목하라. 마크가 **사랑하는 사람**과 **일하는 사람**을 일관되게 통합하는 것은 역동적으로 매끄럽게 엄지에서 입으로 가는 행동으로 통합하는 유아의 다양한 도식이나 다른 경험들을 자기와 타인에 대한 일관된 감각으로 통합하는 것, 또는 아사지올리가 말했던 기술에서 예술적 표현으로 발달시키는 피아노 연주자와 같은 것이다. 이 통합 과정에서 이전의 구조들은 우리의 존재에 대한 광범위한 표현을 형성하면서 더 큰 전체 안에 있는 요소들이 될 수 있다.[4]

보존되는 하위인격들

통합 국면에서 우리가 하위인격들의 연합을 표현하기 시작할 때, 초기 국면에 있었을 때만큼 개인적 하위인격들을 직접 의식하지는 않을 것임을 기억하는 것이 중요하다. 그 이유는 매우 간단하다. 중간 무의식 때문이다. 통합 국면에서는 하위인격들이 중간 무의식에서 지지하는 표현 수준으로 우리의 자각이 옮겨간다. 하위인격들은 분해되거나 사라지지 않았다. 스포츠 팀이 선수들의 소멸을 요구하지 않고 또 오케스트라가 음악가들의 소멸을 요구하지 않는 것처럼, 예술가는 **사랑하는 사람**과 **일하는 사람**의 소멸을 요구하지 않는다. 사실 통합이나 팀은 개인들이 자신들의 개인적 온전함을 유지할 때만 실현될 수 있다. **통합은 모든 수준에서 개별성이 보존된다는 것을 내포하고 있다.**[5]

공동체로서 통합이라는 이 개념은 팀이 사랑하는 사람과 일하는 사람 사이에서 보이는 특별히 밀접한 상호작용에 기초하고 있지 않을 때도 유지된다. 종종 새로운 통합은 단순히 개인적 일관성의 일반화된 패턴일 수 있다. 그 안에서 하위인격들은 하나의 삶을 사는 것에 협력한다. 예를 들어 이것은 다중

인격을 가진 사람들에게 진실일 수 있다. 이것은 마크가 필요할 때 **일하는 사람**과 **사랑하는 사람** 사이에서, 그리고 이와 유사하게 다른 모든 하위인격들 사이에서 옮겨 다닐 수 있다면 가능할 것이다.

다양한 부분들 사이에서 적절하게 옮겨 다니는 것은 부분들 사이에서 모두 고도의 질서를 조직하는 원리와 통합과 단결을 의미한다. 여기에는 심신을 약화시키는 내면의 갈등은 거의 없고 전반적인 삶의 방향성을 가진 팀이나 공동체가 생겼음을 나타내는 유연성과 민감성이 있다. 간단하게 말하자면 통합과 정신 건강은 모든 부분들의 매끄러운 융합을 요구하기보다는, 부분들이 협력하는 공동체를 형성한다. 그 안에서 각 부분들의 재능은 의미 있는 삶의 방향 안에 포함되고, 인식되며 그리고 가치있게 된다.

하위인격들의 보존에 덧붙여 말해야 할 것은 하위인격이 죽음의 특징을 보이는 때가 있다는 것이다. 이런 일은 하위인격의 구조가 탈통합되어 새로운 구조가 생겨날 때 일어난다. 종종 이것은 하위인격이 매우 잘 구조화되어 특별한 역할이나 기능에 초점을 맞추었으나, 이제는 더 이상 그런 역할이나 기능을 성취할 필요가 없을 때 일어나는 것 같다. 이때는 그 부분에 대한 감사와 그것이 사라지는 것에 대한 슬픔을 가슴 아프게 느낄 수 있다. 물론 오래된 재능과 기술은 새로운 구조의 성장에 유용할 것이다. 이것이 사실상 죽음이고 재탄생이다. 그럼에도 불구하고 고통과 슬픔은 매우 실제적이어서 이러한 변화가 일어날 때 그것에 대한 관심을 가져야 한다. 하위인격들은 변화의 위기를 겪을 수도 있다.

여기에서 생물학적 비유가 이해를 도울 것이다. 몸의 기관이나 조직에는 물질적 융합이 없다. 그것들은 자동적으로, 그리고 생리학적으로 구별되어 있으면서, 그들의 융합은 하나의 기능적 연합이다.

- 아사지올리

마지막으로 통합의 국면은 우리의 삶에서 가장 깊은 의미, 즉 참인격의 표현과 일치하는 인격의 전체적인 표현을 내포하고 있다. 하위인격이 전체 인격 안에서 작용하는 고유한 부분을 발견하는 것처럼, 우리는 삶에서 작용하는 고유한 부분을 발견할 것을 기대할 수 있다. 비유하자면, 그것은 마치 우리들 각자가 친구, 부부, 집단 또는 크게는 세계라는 더 큰 인격 안에 있는 하위인격과 같고, 더 큰 전체 안에 고유한 장소가 있는 것처럼, 이 넓은 영역 안에 우리의 재능을 나타내기 위한 소명이나 부름이 있는 것과 같다. 물론 이 부름에 대하여 말하는 것은 높은자기실현에 대하여 말하는 것이고, 우리 삶의 모든 국면들 안에 높은자기와의 관계를 발달시키는 것이다. 우리는 앞장에서 정신통합의 단계에 대한 논의를 하면서 높은자기실현의 개요를 말했고 제8장에서는 이 주제를 다시 한 번 다룰 것이다.

이제는 하위인격 작업에서 출현하는 누군가에게, 즉 모든 하위인격들에게 나타나고 반응하는 누군가에게, 즉 우리의 본질적인 정체성 '나'에게 주의를 기울여보자.

개인적 정체성의 본성

제5장

개인적 정체성의 본성

> 하위인격들을 평가하는 동안 그리고 그 후에
> 우리는 관찰하는 자기가 그 하위인격들 중 어느 누가 아니라,
> 그들과 다른 어떤 것이나 어떤 사람이라는 것을 깨닫는다.
> — 아사지올리

제2장에서 우리는 로라가 그녀의 **작은 아이** 하위인격과 어떻게 관계를 맺고, 그녀의 이 부분에 대하여 어떻게 책임을 지며, 마침내 이 부분이 어떻게 치유되고 양육될 수 있었는가를 보았다. 그리고 제3장에서는 엘렌이 고통스러운 해체를 경험했고, 그녀 자신에 대하여 완전히 새로운 감정을 느끼게 되었다. 마지막으로 제4장에서 마크는 상담 회기를 시작할 때 자신은 **일하는 사람**이었으며 문제를 일으키는 다른 하위인격과 갈등하고 있었다. 그러나 그는 **일하는 사람** 하위인격을 갖고₍had₎ 있으면서, **사랑하는 사람** 하위인격과 갈등하고 있었음을 알게 되었다.

이 모든 사례는 다양한 인격 유형들 사이에서 이동할 수 있는 능력을 갖고

있으면서 어느 정도는 그 유형들로부터 구별은 되지만 분리되어 있는 누군가 있음을 말해준다. 거기에는 **작은 아이**와 관계를 맺을 수 있는 누군가 있으며, 엘렌의 정체성이 완전히 해체된 것 같아 보이는 것으로부터 출현하는 누군가 있고, **일하는 사람**과 **사랑하는 사람** 하위인격들로부터 탈동일시하여 그들과 함께 일할 수 있는 누군가 있다는 것이다.

이 '누군가who'는 내면의 마음의 흐름을 관찰하고 설명하기를 요구하는 정신분석에서부터, 우리의 감정과 생각을 알아차리고 다루도록 우리를 격려하는 인지 행동주의, 참경험에 참여하고 표현하도록 우리를 초대하는 인간주의나 초개인 치료까지 다양한 심리학적 접근법들에 의하여 가정된다. 서양 심리학은 프로이트(1978)의 **자아 분리**ego splitting, 안나 프로이트(1946)의 **심리내적 지각**endopsychic perception, 리차드 스터바Richard Sterba(1934)의 **치료적 분리**therapeutic dissociation, 아사지올리(1965a)의 **탈동일시**disidentification, 그리고 보다 최근에는 아서 데이크만Arthur Deikman(1982)의 **관찰하는 자기**observing self와 같은 용어로 이 '누구who'를 암묵적으로 인식하였다.

더 나아가 동양과 서양의 많은 영성 수련은 본질적 인간과 의식의 내용과 상태 사이에 그런 구분이 있음을 가정한다. 그러한 수련은 조용히 앉아서 경험의 흐름에 사로잡히지 않은 채 단순하게 이 흐름을 관찰한다. 예를 들어 내면을 관찰하는 자세를 가정할 수 있는 이 능력은 서양의 관상 기도의 기초이며 또한 위파사나 명상과 참선과 같은 동양의 접근법들의 기초이기도 하다.

세속적인 것과 영적인 것, 동양과 서양에서 그렇게 달라 보이는 체계들 모두는 우리가 의식의 특별한 내용이나 상태와 같지 않다는 것과 그리고 우리는 어떤 면에서는 이것들과 구별된다는 것을 가정한다. 이 다양한 접근법들 모두는 우리가 경험의 내용과는 구별되지만 분리되지 않는다고 본다. 그것들은 어느 정도는 심리내적 과정 사이에 존재하는 사람, 그리고 이 과정과 관련해서 관찰하고 선택할 수 있는 사람을 반영해준다. 그러한 통합중심을 '응시gaze'함으로써 우리는 내면의 사건들을 설명하고, 이것들에 영향을 미치거나 단순하게, 명상에서처럼, 그것들 안에 무관심하게 존재하기 위하여 자각할 수 있음을 발견하게 된다.

> 순수한 자기 자각의 내적 경험, 이것은 인격이라는 의미에서 보면 자아의 어떤 내용이나 기능과도 별개다.
>
> — 아사지올리

탈동일시 연습

다음의 실험을 통해 당신 자신을 위한 이 '누구who'를 탐색하는 시간을 가져보아라.

1. 눈을 감고 당신의 신체적 감각, 당신이 듣는 소리, 호흡, 뜨겁고 차가운 감각, 긴장과 이완을 의식하라. 이 감각들은 당신의 자각 속으로 오고 감을 주목하라. 그리고 당신 자신에게 물어라. "누가 자각하는가? 이 변화 사이에 있는 나는 누구인가? 이 변화로부터 구별은 되지만 분리되지 않는 나는 누구인가? 변화하는 감각이 생길 때 각각의 변화하는 감각에 있을 수 있는 나는 누구인가?" 여기에 있는 개념은 지적인 방식으로 답을 찾는 것이 아니라 단지 질문을 하고 그것을 내버려두는 것이다. 그리고 당신 자신의 직접적인 경험이 반응하게 허용한다.

2. 이번에는 당신의 감정을 의식하라. 지금 어떻게 느끼는가? 차분함? 흥분? 초조함? 슬픔? 행복? 그 감정들이 당신의 자각 속에서 오고 가며 계속해서 질적으로 양적으로 변화할 수 있음을 주목하라. 다시 한 번 당신 자신에게 물어라. "누가 자각하는가? 이 변화 사이에 있는 나는 누구인가? 이 변화로부터 구별은 되지만 분리되지 않은 나는 누구인가? 감정이 생길 때 각각의 감정에 있을 수 있는 나는 누구인가?"

3. 다음으로 당신의 생각을 의식하라. 생각과 이미지가 자각 속에서 지속적으로 오고 감을 주목하라. 당신의 마음은 이것을 생각할 수 있고 그다음 그것을 기억하여 떠올랐던, 그리고 떠오를 수 있는 이미지를 상기할 수 있다. 이제 다시 한 번 질문하라. "이 지속적인 흐름을 자각하는 사람은 누구인가? 이 변화 사이에 있는 나는 누구인가? 이 변화와 어느 정도는 구별되지만 분리되지 않는 나는 누구인가? 각각의 떠오르는 생각과 이미지에 있을 수 있는 나는 누구인가?"

4. 마지막으로 당신의 오른발에 대하여 당신이 할 수 있는 만큼 의식적이 되도록 선택하라. 당신의 자각을 오른발에 집중하여, 당신이 할 수 있는 만큼 발의 위치, 양말이나 신발의 감각, 그것이 마루를 어떻게 딛고 있는지, 발가락을 어떻게 구부리는지, 발등의 느낌, 그리고 차가운 느낌과 따뜻한 느낌을 신중하게 주목하라.

그다음 당신의 의식을 옮겨서 당신의 왼쪽 무릎을 자각하라. 옷을 입고 있는지, 다양한 지점에서 어떻게 압력을 느끼는지, 어떤 각도에서 구부리는지, 편한지 또는 불편하지를 주목하라. 당신의 무릎을 완전히 자각할 수 있는 시간을 가져보라.

그다음 당신의 자각이 다시 한 번 오른손을 의식하도록 하라. 오른손이 지금 어떻게 느껴지는지, 편안하게 있는지 아니면 꽉 쥐고 있는지, 뜨거운지 아니면 차가운지, 만지고 있는지 아니면 만져지고 있는지, 손가락은 어떻게 하고 있는지에 당신의 관심을 집중하라.

이제 당신 자신에게 물어보라. "나는 지금 나의 자각을 오른발로부터 왼쪽 무릎으로 오른손으로 어떻게 옮겼는가? 내가 원하는 곳을 자각할 수 있는 이 능력은 무엇인가?" 다시 한 번 당신의 경험으로 하여금 반응하게 하라. 당신은 당신의 자각을 마음대로 옮겨놓음으로써 이것을 더 탐색할 수 있을 것이다. 내면에서 당신의 호흡과 육체적 감각과 같은 것들에 초점을 맞추어라. 외적으로 당신의 환경에 있는 다른 물체들에 초점을 맞추어라. 당신의 의식을 당신이 선택하는 곳 어디로든지 옮기는 것을 연습하라. 당신은 그것을 어떻게 하는가?

당신의 의식을 지시할 수 있고 당신이 원하는 곳에 의식을 놓을 수 있는 이 능력이 아사지올리가 말하는 **의지**will이다.

정신통합에서 자각할 수 있고 선택할 수 있는 이 본질적인 '당신you'은 '나' 또는 개인적 자기personal self이며 의식과 의지라는 두 기능을 소유하고 있다. 의식할 수 있고 인격의 다양한 내용들과 역동적으로 상호작용할 수 있는 이 신비한 '나' 의 본성을 보다 면밀하게 살펴보자.

공감적 '나'

친한 친구, 당신이 잘 알고 있는 사람, 당신을 수용하는 사람, 당신이 편안하게 느끼는 사람과 보낸 시간을 생각해보아라. 이 친구가 있을 때 당신은 대부분 당신의 자연적인 내면 경험을 느끼고 나눌 수 있다. 당신은 비교적 방어하지 않고 경계하지 않을 수 있으며 행복하거나 슬프거나 화나거나 상처받고 심각하거나 즐거운 느낌을 안전하게 느낄 수 있다. 두 사람은 자연적으로, 그리고 진실하게 관계를 맺을 수 있으며 마음속에 있는 어떤 주제라도 실제로 말할 수 있으며 아마도 당신의 인간성이 갖고 있는 약점에도 부드럽게 웃을 수 있을 것이다.

그렇게 친밀하고 공감적으로 연결되는 순간에 타인이 당신을 깊이 있게 보고, 듣고, 만날 것이다. 당신의 친구는 제한되거나 편파적으로 당신을 보지 않는다. 당신이 어떤 역할을 하거나 특별한 신념 체계를 유지하거나 특별한 정서를 표현하도록 요구하지 않는다. 참된 통합중심으로 행동하는 당신의 친구는 당신의 모든 다른 부분들과 함께 당신을 보고 수용한다.

이 공감적 관계는 당신이 자기 자신과 공감적일 수 있도록 허용한다. 당신은 자신의 모든 부분들이 자유롭게 오고 갈 수 있게 한다. 그리고 그것들이 생길 때 그들 모두를 자각하며 그것들 사이에서 편안하게 움직이고 그것들을 마음대로 표현할 수 있다. 정신통합 치료사 크리스 미리암Chris Meriam(1996)은 그것을 "공감이 공감을 낳는다."라고 말한다.

탈동일시

당신의 친구와의 이 공감적 경험은 **탈동일시**disidentification의 경험이라고 불릴 수 있다. 즉, 당신은 감정, 생각, 행동의 어떤 특별한 유형에도 갇히거나 동일시되지 않고 그들 사이에서 옮겨 다닐 수 있다. 당신은 분명히 당신의 내면세계의 다양한 내용들과 구별은 되지만 분리되지 않는다. 즉, 그것들 모두와 탈동일시된다. 당신은 당신의 내면세계의 내용들과 구별되기 때문에 잠정적으로 이 내용들 어떤 것과도 공감적으로 상호작용할 수 있다.

달리 말하자면 여기에는 의식과 의지의 기능을 가진 본질적이고 공감적인 당신—'나'—의 출현이 있다. 당신의 친구와의 이러한 만남은 그림 5.1처럼 나타낼 수 있을 것이다.

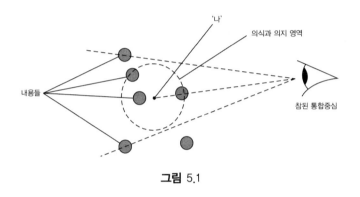

그림 5.1

그림 5.1의 오른쪽에서 보는 눈은 당신을 보고 있는 공감적 응시와 당신의 친구를 나타낸다. 당신이 보이고 있음을 주목하라. 수평의 점선은 경험의 특별한 내용인 생각, 감정, 감각, 하위인격들 등이 아니라 '나'에게 직접 초점을 맞추고 있다. 당신은 이것 또는 저것으로 보이는 것이 아니라, 이 다양한 내용들을 경험하는 사람으로 보이고 있다.

> 감각, 생각, 감정 등 우리의 의식에서 변화하는 내용이 하나라면, '나' 자기, 의식의 중심을 또 다른 하나이다.
>
> – 아사지올리

더 나아가 자각 속으로 들어온 모든 내용인 어두운 원들은 다른 것에 의하여 보이고 수용된다. 수용은 눈에서부터 시작되는 두 점선에 의해 표시된다. 이 공감은 내용들로 하여금 의식과 의지 영역으로 자유롭게 흘러들어오고 나가게 하여 그것들을 검열하거나 통제할 필요가 없다. 당신은―'나'는―어떤 특별한 내용과도 탈동일시되어 자유롭게 그것들 모두와 관계를 맺는다. 이 그림은 당신의 지속적이고 자발적인 경험이 생겨나는 순간 그것에 개방하여 **그 것에 완전히 참여하는 것**을 나타낸다.

공감적 관계에서 이 공감적 응시는 종종 상호적이며, 각 사람은 타인에 대하여 참된 통합중심으로 기능한다. 여기에서는 단순하게 관계의 한쪽 면만을 설명하였다.

당신은 '나'를 단순하게 자각하는 또 다른 내용으로 경험하지 않음을 주목하라. '나'는 당신이 자각할 수 있는 또 다른 어두운 원이 아니다. 사실 당신은 '나'를 전혀 경험하지 못한다. 당신이 생각, 이미지, 직관, 감정, 육체적 감각을 자각할 수는 있지만 '나'를 그와 똑같은 방식으로 자각할 수는 없다. 당신은 '나'를 당신의 자각의 대상으로 경험할 수 없듯이 당신의 망막 뒤를 볼 수 없다. '나'는 영원히 자각하는 사람이고, 경험이 아니라 경험하는 사람이다.

다르게 말하자면 당신은 '나'를 가지지 못한다. 당신은 '나'다. 당신은, 즉 '나'는 경험의 변화하는 내용들 모두를 경험하는 사람이고, 그들 사이에서 움직이는 사람이고, 그들에게 영향을 미치는 사람이다. 이러한 관점에서 '나'는 '자기'가 아니다. '하나의 나'도 결코 아니다. 단지 무아(無我, no-self), 무(無, no-thing)일 뿐이다.[1]

동일시

위에서 말한 좋은 친구와의 경험은 당신을 알지 못하고 수용하지 못하는 사람, 그리고 단지 당신의 존재에 대하여 제한된 영역에만 개방하는 사람과 관계를 맺는 그런 경험과는 매우 다르다.

제3장에 나온 엘렌의 사례에서 그녀는 대부분 자신의 고유한 삶을 사는 존재가 아닌, 단순하게 그녀의 가족 안에서 했던 역할로 간주되었다. 비공감적인 가족 환경 안에서 그녀는 자신의 욕구를 무시하고 다른 사람들을 돕는 생존인격을 발달시켰다.

몇 년 동안 엘렌은 이 생존인격과 동일시하면서, 이것이 실제로 그녀 자신이었다고 믿었다. 그녀는 자신의 개인적 욕구, 열정, 고통, 분노를 자각하지 못했다. 이 모든 것들은 생존인격과 자신을 동일시함으로써 그녀의 자각 밖에 있었다. 이러한 유형의 비공감적 관계는 그림 5.2에서 잘 설명된다.

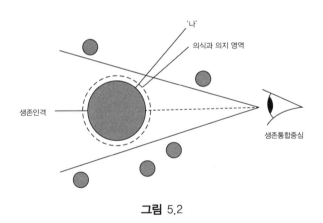

그림 5.2

그림 5.2의 오른편에 그려진 눈은 엘렌의 가족 체계인 생존통합중심의 비공감적 반영을 나타낸다. 이것은 '나' 엘렌을 보지 않고 자기를 내세우지 않는 생존인격만을 본다. 눈으로부터 시작되는 수평의 점선은 '나'가 아닌 생존인격

으로만 간다.[2] 여기에서 '나'는 생존인격 안에서 동일시되고 거기에 포함된다. 엘렌은 조용하고, 의존적이며 돕는 사람 역할의 세계 안에서 나오는 의식과 의지만을 사용할 수 있다.

'나'는 자연스러운 경험 영역을 자연스럽고 자유롭게 경험하지 못함을 주목하라. 생존인격과 일관되지 않는 경험 내용인 작은 원들은 엘렌의 의식으로 들어오지 못한다. 눈에서 시작되는 실선은 한계선을 나타낸다. 그녀가 자기를 없애는 동일시 밖의 내용들을 자각하는 것, 예를 들어 그녀의 욕구와 열정 또는 이것들에 대한 죄책감과 수치심을 자각하는 것은 너무 위험하다. 왜냐하면 그것은 사실상 그녀가 자신의 역할과 가족 밖에 있는 것이기 때문이다. 그녀는 자신의 역할을 깨고 이 금지된 내용들을 경험하는 만큼, 어린아이로서는 감당하기 힘든 심리적 소외와 가족으로부터 버림받음을 경험할 것이다.

> 자기의식은 일반적으로 많은 동일시 때문에 모호하다.
>
> — 아사지올리

물론 이 상황은 우리가 원상처라고 부르는 것, 즉 우리를 실제로 있는 그대로 보지 않아서 생긴 상처다. 엘렌은 자신을 있는 그대로 보지 않기 때문에, 그녀는 자신의 어떤 부분들을 분리시켜야 한다. 나중에 그녀의 삶에서 생존인격의 경계선이 무너질 때, 그녀는 전인성과 진실성을 향한 여정에서 이 상처에 직면할 것이다.

생존인격은 어린 시절 이후에도 그 자리에 있을 것이다. 왜냐하면 생존통합중심은 내면화되기 때문이다. 이 생존 지향성은 더 강화된다. 왜냐하면 그것은 직업, 친구들, 사랑하는 연인들, 배우자들을 선택하는 지침이 되기 때문이다. 생존인격은 삶의 양식을 형성하여 미묘하게 어떤 때는 그렇게 미묘하지 않은 방식으로 초기의 환경을 반영하는 삶을 창조한다.

탈동일시의 혼란

엘렌의 탈동일시 경험으로부터 얻을 수 있는 더 중요한 통찰 하나가 있다. 탈동일시는 마크의 예에서처럼 자유, 평화, 고요함의 경험과 연합될 수 있지만, 엘렌의 경험은 쉽게 혼란, 내면 갈등, 불안이 포함될 수 있음을 보여준다. 엘렌은 표면에서는 아주 고요하지만 여전히 자신의 생존인격과 동일시되어 있다. 그녀는 비교적 만족하는 삶을 살면서 내면의 갈등을 경험하지 않았고, 그녀의 내면세계는 심하게 위축되어 있음에도 불구하고 최소한 안정되고 차분했다.

> 최후의, 그리고 아마도 가장 집요한 동일시는 우리가 내면의 사람이라고 생각하는 것과 이루어진다.
>
> — 아사지올리

그러나 그녀가 승진에서 탈락되었을 때, 동일시의 외부로부터 들어온 내용들이 너무 활기를 띠게 되자, 그것들이 매우 황당하게 그녀의 의식 속으로 치고 들어왔다. 그녀는 변화의 위기를 겪기 시작했다. 그녀는 더 이상 돕는 사람으로 열심을 낼 필요가 없게 되자, 고통과 격노를 느꼈고, 그리고 폭력을 사용하고 싶은 충동을 느꼈다. 이것은 생존인격의 경계선이 무너지고 그녀의 숨겨진 높이와 깊이를 포함시킬 수 있을 만큼 개인적 경험 영역이 확장되면서 그녀가 성장하게 하는 것이었다.

따라서 엘렌에게 탈동일시는 차분하며, 조용하고, 집중적인 경험이 아니었다. 이와는 매우 대조적으로 그녀의 차분하고, 말이 없는 생존인격으로부터 탈동일시되자, 그녀는 너무 오랫동안 그녀의 만성적인 동일시에 의하여 숨겨져 있었던 강렬하고 격동적인 경험 속으로 빠져들어가는 자신을 발견했다. 그녀는 그동안 정체성에 대한 그녀의 감각에 영향을 미쳤던 무의식적 내면 구조들과 투쟁을 벌이기 시작하였다. 탈동일시는 단순하게 더 깊은 실존 경험을 하게 한다. 그리고 그것은 고요하거나 심지어는 즐거울 수도 있지만, 그렇지 않을 수도 있다.

탈동일시의 이상화

다른 한편 엘렌과는 달리 우리는 탈동일시의 특별한 경험을 통하여 해방되는 느낌, 고요한 느낌, 확장되는 느낌을 가질 수 있다. 그러한 경험들은 특별히 우리가 억압하고, 혼란스럽거나 위축된 패턴으로부터 탈동일시할 때 생겨날 것이다. 그러나 이 **특별한 경험들을 탈동일시와 동등하게 보는 실수를 하지 않는 것이 중요하다.**

즉, 우리는 탈동일시가 해방, 고요함, 확장의 경험이라고 가정해서는 안 된다. 엘렌이 발견했듯이 탈동일시는 힘든 경험도 하게 한다는 것을 의미할 수 있다.

만일 우리가 탈동일시를 어떤 특별한 유형의 경험과 혼동한다면, '나'를 특별한 유형의 경험과 혼동하는 위험에 빠지게 될 것이다. "내가 탈동일시할 때 나는 _____라고 느낀다. 그렇기 때문에 '나의 참 나'는 _____이다." 여기에서 문제는 '나'가 대상화되고 있다는 것이다. '나'를 우리의 존재로서가 아닌 심리적 장소, 성취, 특정 유형의 경험으로 이해하고 있다. 달리 말하자면 '나'를 의식의 **모든 양식을 경험하는 사람**으로서가 아니라 의식의 잠정적 **양식**mode으로 오해하고 있다는 것이다.

이 대상화 때문에 혼란스러워진 우리는 "내가 나와 동일시될 때 나는 자유를 느끼죠.", "나는 나의 나 안에 있을 때 고요함을 느껴요.", "나는 나-공간 안에 있을 때 확장되고 확대되는 걸 느껴요."와 같은 말을 할 것이다. 그러나 '나의 나와 동일시하는' 또는 '나의 나 안에 있는' 또는 '나-공간 안에 있는'이라고 말할 때, '나'는 누구인가? 갑자기 여기에는 두 명의 '나'가 움직이고 있다. 탈동일시와 '나'의 본성을 이렇게 오해하는 것 때문에 혼란스러워진 우리는 이 감정이나 고요한 경험을 찾아서 즐겁지 않은 것들을 무시하기 시작할 것이다. 그리고 이러한 즐거운 경험들이 우리의 본질적인 존재를 구성한다고 생각할 것이다. 그래서 우리는 이 경험들을 획득하고 유지하는 데 기초하여 생존인격을 형성하기 시작한다.

역설적이게도 당신은 결코 '나'로 되어갈 수 없으며 '나'와 동일시하거나 '나'를 향하여 갈 수 없다. 왜냐하면 당신은 언제나 '나'이며 '나' 아닌 다른 것일 수 없기 때문이다. 자유를 느끼든 억압을 느끼든, 고요하든 갈등하든, 확장되었든 위축되었든, 통합 경험의 높이에서든, 절망의 깊이에서든, 신성의 기반과 융합되든 공허함을 느끼든, 당신은 '나'다. '나'가 이르러야 할 장소이거나 목표라고 생각하는 것은 '나'의 본성을 완전히 잘못 본 것이다. 다시 한 번 말하지만 '나'는 특별한 경험이 아니라 경험하는 사람이다. 당신은 이미 바로 이 즉각적이고 영원한, '나'이다.

초개인적 동일시

탈동일시에는 다양한 수준이 있을 수 있다. 우리는 어떤 수준에서는 탈동일시할 수 있지만 또 어떤 수준에서는 동일시할 수 있음을 이해하는 것이 중요하다. 이것은 초개인적 동일시의 경우에는 매우 분명하게 보이는데, 그 이유는 높은 무의식 국면들과는 동일시하지만 대부분 심리, 신체적 차원으로부터는 분리되어 있기 때문이다. 그러한 동일시는 강렬한 절정 경험을 한 후, 종교적 영적 연구에 몰입했을 때, 그리고/혹은 기도와 명상과 같은 훈련에 능숙해질 때 발달될 수 있다.[3]

초개인적 동일시에서, 명상할 때, 우리는 모든 생각, 감정, 감각들에 사로잡히지 않고 그것들이 우리의 자각을 통과할 수 있게 한다. 우리는 이렇게 흘러가는 경험으로부터 탈동일시된다. 그러나 우리는 탈동일시할 수 있는 능력이 잘 발달되었어도 내면의 무의식적 구조에 의하여 통제받을 수 있음을 알게 된다. 예를 들어 우리는 파괴적인 중독, 의존, 우리 자신과 주변 사람들에게 문제를 야기하는 대인관계 스타일에 사로잡힐 수 있다.

이 경우에 우리가 내면 경험의 흐름을 관찰하고 있다는 것도 진실이고, 이 내용들로부터 탈동일시하고 있다는 것도 진실이다. 동시에 우리는 다른 수준에 직접적인 중재자 없이는 참여를 하지 못하게 하는 초개인적 동일시의 렌즈를 끼고 내면 경험의 흐름을 보게 된다. 알코올 중독자를 치유하기 위한 12단계 프로그램에 가담했던 불교 승려 제이콥 배링톤Jacob Barrington은 다음과 같이 말한다.

나는 알코올 중독 자조집단에 가입한 후 2년 동안, 가입 이전 17년 동안의 선Zen 훈련보다 더 많은 치유와 개인적 변화를 경험했다.

몇 년간의 좌선을 하면서 나는 자기를 잊고 놓아버리는 데 꽤 정통했다. 즐겁고 고통스러운 기억들, 두려움, 향수, 분노, 억울함, 기쁨, 걱정, 질투, 바람, 슬픔 등이 앉아 있는 동안 나의 마음에 모두 떠올랐지만, 나는 어렵지 않게 그것들을 놓아버렸다. 그것들이 문제가 되지 않았다고 나는 생각했다. 그것들은 망상일 뿐이었다. 그러나 역설적이게도 그것은 우연이 아니었다. 이것은 바로 내가 성장하면서 부모로부터 들었던 메시지였다. 내가 느끼고 생각하며 원했던 것은 실제로 중요하지 않았다. 내가 명상할 때 전혀 사라지지 않는 것이 있었다. 그것은 어릴 때 배웠던 거절을 반복하는 것이었다. 나의 참자기의 거절은 나의 아픔의 뿌리였다(Barrington 1988).

배링턴은 분명히 탈동일시의 수준에 능숙했지만, 이 탈동일시는 더 깊은 동일시에 의해 영향을 받았다. 그의 사례에서 초개인적 또는 영적 동일시는 상처 입은 어린 시절의 성격과 영향에 충분히 참여하지 못하게 했다. 잭 콘필드Jack Kornfield가 아시아에서 불교 승려로 훈련한 지 5년 후 미국으로 돌아왔던 것에 대한 설명에서 우리는 비슷한 역동이 있었음을 본다.

내가 돌아와서 발견했던 것은 마음속에 칸들이 있다는 것이다. 내가 어떤 칸에서는 잘 기능했을지라도 다시 친밀한 관계 속으로 들어가면 내가 중단했던 바로 그곳으로 돌아와 있었다. 나는 옛날의 그 일들을 말하고 행동하고 있었다. 소름끼치지만 흥미로웠던 것은 내가 그것을 매우 분명하게 볼 수 있다는 것이었다. 나의 삶에 주제가 되었던 외로움과 버려짐에 대한 두려움은 너무나도 생생했다. 같은 문제와 두려움들은 그대로 남아 있을 뿐 아니라 확실히 다시 돌아와 있었다(Simpkinson 1993, 37).

물론 명상을 하는 사람과 관상 기도를 하는 사람이 알고 있듯이, 이 훈련은 많은 경우에, 우리를 더 깊은 수준의 탈동일시로 그리고 우리의 원상처와의 만남으로 데려갈 것이다. 심리치료사 제임스 핀리James Finley는 "관상하는 태도는 방어 기제를 강화시키는 것이 아니라 약화시킨다."라고 말한다(Finley 1988).
이것은 통찰 명상이 여러 면에서 심리역동 치료에서 발견되는 '드러내는 기법
uncovering technique' 같은 기능을 한다고 말한 잭 앵글러Jack Engler의 주장과 유사
하다(Wilber, Engler & Brown 1986, 34). 그것은 명상이 초기 상처를 드러낼 수
있다고 하는 마크 엡스타인Mark Epstein(1995)의 인식과도 유사하다.

그러나 내용의 내적 흐름에 대한 신중한 관찰은, 분명히 '나'의 기능이긴 한
데, 우리 안에서 단 하나의 수준에만 머물러 있을 것이다. 우리는 실제로 자각
의 내용으로부터 탈동일시될 수 있지만 여전히 우리의 경험을 조직하는 인격
의 더 깊은 구조에 의하여 통제받고 그것과 동일시될 것이다. 그러나 우리는
현재 동일시 영역 이상으로 우리 자신의 국면에 영향을 미치면서 골칫거리인
강박, 중독, 문제가 되는 친밀한 관계, 심각한 삶의 위기를 만난다. 그러한 변
화 위기는 탈동일시의 이전 수준으로부터 탈동일시하고 또한 우리의 경험 영
역을 확장하여 새로운 경험을 포함시킬 것을 요구할 것이다. 여기에서 다른
많은 경험들과 함께, 우리는 과거에 생각했던 것보다 훨씬 더 크며, 세계는 우
리가 과거에 생각했던 것보다 훨씬 더 크다는 것을 발견할 것이다.

영혼, 신체, 정신

위에서 보았듯이 우리는 신체적 감각뿐 아니라 생각과 감정으로부터 구별
은 되지만 분리되지 않는다. 이것은 '나', 그리고 신체와 정신, 몸과 영혼을 구
별한다는 말이다.

'나'는 신체나 몸의 세계, 즉 물리적 몸과 외적 행동의 공적 세계와 구별된
다. 이것은 단순하게 '나'는 물리적 유기체의 어떤 국면으로도 또한 관찰할 수

있는 행동의 어떤 유형으로도 축소될 수 없다는 것을 의미한다. 우리는 그것을 "나는 나의 육체적 경험과 구별되지만 분리되지 않는다."라고 말할 수 있을 것이다.

그러나 '나'는 신체뿐 아니라 정신이나 영혼과도 구별은 되지만 분리되지 않는다. 즉, 감정, 욕망, 이미지, 생각, 꿈과 비전, 절정 경험과 심연 경험과 같은 내면의 개인적 사건들도 '나'와 구별된다. "나는 나의 영혼 경험과 구별은 되지만 분리되지 않는다."라고 말할 수 있다.

또한 자신의 경험을 인지함으로써 '나'와 정신-육체 또는 영혼-신체 사이의 구별을 입증할 수 있다. 직접적인 물리적 환경 안에서 신체적 현존은 절실하게 자각하면서 내면 경험을 자각하지 못하는 때가 있다. 예를 들어 신체적 기술을 배우려 할 때나 정확한 동작을 하려 할 때, 그것에 초점을 맞추면서 상대적으로 내면의 감정에는 둔할 수 있다. 어떤 때는 음악을 듣거나 영화를 볼 때 우리의 생각, 감정, 이미지를 신체적인 것보다 더 잘 자각한다. 심지어는 물리적인 공간-시간에 있다는 것도 잊고 환상과 감정 영역으로 들어갈 수도 있다. 우리는 자신의 신체와 정신으로부터 구별은 되지만 분리되지는 않는다. 따라서 우리는 경험의 이 두 영역 사이를 옮겨 다닐 수 있다. 우리가 원한다면 그것들을 동시에 경험할 수도 있다.

> '자기'는, 즉 순수한 자기 자각의 요점은 종종 의식적 인격과 혼동된다. 그러나 실제로 그것은 의식적 인격과 매우 다르다.
>
> — 아사지올리

프로이트는 자아ego를 '정신 과정의 일관된 조직'으로 정의했다(Freud 1960, 7).

이때 '나'는 프로이트의 자아와는 다르다. 왜냐하면 '나'는 어떤 '조직organization' 이나 '정신 과정'과 구별되기 때문이다. 또한 '나'는 우리가 우리 자신에 대하여 갖는 개념이나 이미지와 혼동되는 것도 아니다. 우리가 이것들을 **자기-이미지** self-images, **자기 표상**self-representations이라 부르든 또는 **나생각**I-thoughts이라 부르든 '나'는 개념, 이미지, 생각과 구별된다. **원자아**original ego로부터 분리된 요소를 구성하는 것으로 보는 페어베언(Fairbairn, 1986)의 **중심 자아**central ego, '감각-운동 살아 있음의 총체'로 정의된 위니캇(Winnicott, 1987)의 참자기True Self, '구성요소'로 만들어진 '구조'로 보는 코헛(Kohut, 1977)의 **핵자기**nuclear self 개념, 이것들은 모두 '나'의 개념과 다르다. '나'는 부분들의 총합과 육체나 정신의 내용이나 과정으로부터 만들어진 구조의 어떤 종류와도 구별된다고 볼 수 있다. 그렇지 않으면 우리는 '나'가 그러한 모든 내용들과 과정들 사이에서 활동할 수 있다는 사실을 개념화할 수 없다.

이 개념은 인간 존재는 신체를 가진 영혼이나 영혼을 가진 신체가 아니라 신체와 영혼 안에 내재하며 살아 있는 영혼이라고 주장하는 것이다. 인간 영혼은 두 세계, 즉 신체와 영혼, 신체와 정신 안에 구현된 동일한 사건이다.[4]

초월-내재

지금까지 논의된 것을 보면 '나'는 포착하기가 매우 어렵고 개념화하기도 매우 어렵다는 것이 분명한 것 같다. '나'는 의식과 의지의 기능을 갖고 있다고 말하는 것이 안전한 것 같지만, 인간 영혼을 둘러싼 신비는 아직도 존재한다. 이 신비는 우리가 관찰하고 참여하는 것을 동시에 할 수 있는 능력을 가지고 있다는 역설로 보인다. 우리는 탈동일시할 수 있고, 내용이나 과정과 구별된다는 것을 깨달을 수 있지만, 바로 이러한 능력에 의하여 동일시할 때보다 훨씬 더 큰 영역의 내용과 과정을 포함한다. 특별한 동일시를 초월할 수 있는 바로 이 능력은 우리가 그 동일시 너머의 경험 영역에 있을 수 있게 하고 그것에 더 많이 참여할 수 있게 한다.

이 역설을 말해주는 용어가 초월-내재transcendence-immanence이다(Firman 1991; Firman and Gila 1997). 즉, '나'는 내용과 과정을 초월하지만(초월의 어근은 '위로 오르다'를 의미한다.) 이 초월에 의하여 '나'는 내용과 과정 안에 내재할 수 있다(내재의 어근은 '내면에 존재한다 또는 가까이 있다'라는 의미다).

물론 초월과 내재는 하나님, 영, 신성을 말할 때 일반적으로 사용되는 용어이다. 그러나 이 용어를 일반적으로 사용하는 것은 종종 우리를 잘못 인도하는 것 같다. 예를 들어 '초월 하나님'은 종종 멀리 계신 존재로 생각하고, '내재하는 하나님'은 아주 가까이 계신다고 생각한다.

> 지고supreme의 가치, 우주적 마음, 지고의 실재는 초월적이기도 하고 내재적이기도 하다.
>
> — 아사지올리

그러나 우리는 탈동일시에 대한 우리의 경험으로부터 이것이 잘못된 이분법이라는 것을 안다. 왜냐하면 초월과 내재는 밀접하게 연관되어 있기 때문이다. '나'가 특별한 패턴으로부터 탈동일시되어 특별한 유형을 초월하는 정도에 따라 '나'는 그 패턴 너머의 경험 영역과 유형 둘 다에 더 많이more 참여할 수 있다. 즉, '나'는 더 많이more 내재한다. 초월과 내재는 분리되어 있는 극이 아니라 동전의 양면이며, 같은 현실이 두 가지로 설명되는 인간 영 또는 '나'로 함께 나다난다. 그리고 우리가 나중에 살펴보겠지만 이 용어들은 깊은 높은자기 또는 영Spirit으로도 설명된다.

적용된 초월-내재

예를 들어, 로라(제2장)는 그녀가 어린아이 하위인격을 초월하여 보다 내재적으로 되어, 작은 아이를 돌볼 수 있는 아동의 관점을 갖도록 자신을 개방했던 것을 알게 되었다. 그리고 엘렌의 여행은(제3장) 그녀가 생존인격을 초월하였음을 깨닫게 했다. 그녀는 경험의 새로운 영역 안에 내재한 자기 자신을 발견했다. 앞 장에 나왔던 마크는 정신통합 치료를 받으러 와서 **일하는 사람** 하위인격과 동일시하였고, 결국 **일하는 사람**과 **사랑하는 사람** 하위인격들 둘 다를 초월하여 두 하위인격 안에 내재할 수 있었음을 깨달았다.

마크의 상황을 다시 보자면, 그가 처음에 **일하는 사람** 하위인격과 동일시했던 것을 **분리**dissociation라 할 수 있는데, 그 이유는 그가 상대적으로 **사랑하는 사람** 속에 있었던 경험을 의식하지 못했기 때문이다. 우리 자신의 한 국면과 비공감적 관계인 분리는 **동일시**의 기능이다. 이와는 대조적으로 초월이라 할 수 있는 탈동일시는 보다 공감적이고 부분들과 보다 잘 연합되는 내재가 될 것이다. 분리는 탈동일시가 아닌 동일시의 기능이다.

정신통합 치료의 지속적이고 공감적인 분위기 속에서 마크는 처음에 일하는 사람과 탈동일시했기 때문에 **사랑하는 사람**을 보다 직접적으로 자각하게 되었다. 그러나 회기가 진행되면서 그는 결국 두 하위인격과의 동일시를 넘어선 내면의 공간을 발견하였다. 그렇게 함으로써 그는 그들 각자와 보다 충분하게 관계를 맺을 수 있게 되었다. 이 탈동일시는 그림 4.4에 잘 설명되어 있다.

이 중심이 경험될 때 자기 자신을 탈동일시했던 다른 국면들을 통합할 수 있다.
– 아사지올리

이 새로운 내면의 입장으로부터 마크는 두 하위인격들을 깊이 탐색할 수 있게 되었다. 그는 **사랑하는 사람**이 초기 어린 시절부터 수치심, 소외, 슬픔 등의 감정을 가지고 있었음을 발견했다. 그는 또한 높은 무의식에 억압되어 있었던 민감성, 유머, 놀이도 발견했다. **일하는 사람**을 탐색하면서 그는 아버지로부터 받았던 상처를 발견했다. 그는 또한 이 부분 안에 감추어져 있었던 개인적 온전함과 자존감과 접촉하기 시작했다. 여기에서 분명히 마크의 초월은 자기 자신의 이 두 부분들에 대한 완전한 내재적 경험과 공감을 허용했다. 초월과 내재는 함께 발생한다.

동일시 대 경험

마크가 **일하는 사람**과 동일시되었을 때, **사랑하는 사람**뿐 아니라 **일하는 사람**의 높이와 깊이에서도 분리되었음을 아는 것이 중요하다. 이것은 이상하게 보일 것이다. 왜냐하면 무엇인가와 동일시하는 것은 그것을 완전하게 경험한다는 의미라고 생각할 것이기 때문이다. 그러나 그렇지 않다. 동일시는 정신통합에서는 기술적 용어이며, 그 의미는 우리가 하나의 패턴 안에 사로잡힌 줄 모르고 그 유형이 우리의 전부라고 믿는다는 것이다. 그것은 우리가 그 패턴을 완전히 경험하고 있지 않다는 것을 의미한다.

동일시는 실제로 동일시되고 있는 유형의 경험으로 우리의 능력을 제한한다. 동일시는 마크가 **일하는 사람**이라는 하나의 좁은 부분에 사로잡히게 하여, 이 부분 안에 감추어진 재능과 상처가 있음을 알지 못하게 했다. 그러나 탈동일시의 의미는 그가 하위인격의 경험 속으로 완전히 들어가서 그 안에 감추어진 높이와 깊이를 공감적으로 접촉할 수 있다는 것이다. 달리 말하자면 초월은 내재를 내포하고 있다.

다른 한편 마크의 사례는 내재가 초월을 어떻게 내포하는지를 잘 설명해준다. 그가 각각의 경험 속으로 더 깊이 들어가서 그것이 보다 내재적이라는 것을 깨달았을 때, 그의 초월 감각도 증가하였다. 즉, 두 부분들에 대한 그의 탐색과 경험은 부분들로부터 구분되어 있다는 느낌을 갖게 했다. 그는 그것들을 더 잘 관찰할 수 있었고, 그것들과 공감적으로 연합하여 결국 그들의 잠재력을 성취하도록 지도할 수 있었다. 특별한 유형의 경험으로 직접 들어가는 것은 증가하는 탈동일시의 중요한 국면이라는 것이 사실이지만, 우리는 아마도 이 직접적인 경험을 언급하기 위하여 '동일시'라는 단어를 피해야 할 것이다.

내재는 초월을 낳는다는 사실, 그리고 초월이 내재를 낳는다는 사실은 초월과 내재가 하나라는 사실을 설명하는 데 도움이 된다. 그것들은 동일한 인간의 영, 즉 '나'를 단순하게 둘로 설명한 것이다.

초월-내재 반영하기

탈동일시가 일어나기 위하여 우리는 인간의 영의 초월-내재를 반영할 수 있는 참된 통합중심을 필요로 한다. 우리는 우리가 누구인가를 우리에게 보여줄 수 있고 우리의 본질적 자기를 유지할 수 있는 내적 외적 맥락인 사람(들), 자연, 예술, 심리학, 철학, 종교 전통 등을 필요로 한다. 그러한 공감적 환경 안에서 '나'의 초월-내재는 출현한다.

그러나 만일 마크가 계속해서 자기 자신과 타인들에게 **일하는 사람**으로만 보였다면, 그는 **일하는 사람**과 동일시되었다는 것을 발견할 여유가 없었을 것이다. 그렇게 비공감적인 반영은 마크가 그의 경험과 구별되어 경험을 초월할 수 있다는 것을 무시한 것이다. 여기에서, 어떤 생존통합중심이라도, 변화의 위기가 동일시를 깨고 새로운 통합을 발견할 때까지는, 단 하나의 제한된 존재 방식과 동일시하려는 압력이 있을 것이다.

서로에 대하여 이처럼 대상화하고 잘못 인식하는 것은 일상생활에 늘 존재해왔다. 우리는 사람들을 고정관념으로, 그들의 역할로, 사용하거나 버릴 수 있는 물건으로 본다. 우리는 종종 경험하는 인간이 아닌, 단지 그 사람의 특별한 국면들에만 초점을 맞춘다. 달리 말하자면 우리는 사람들이 그들의 정신과 신체로부터 구별은 되지만 분리되지 않는다는 것을 무시한다.

그러나 반영하기는 우리가 삶의 경험 안에 구체화되고 참여하는 내재를 무시함으로써 비공감적인 것처럼 보일 수 있다. 이때 통합중심은 우리를 단지 순수한 본질로, 신체와 분리된 영혼으로, 본질적으로 심리-신체 실존과 관계가 없는 실체로 잘못 인식할 수 있다. 프릴리 산빌Prilly Sanville(1994)은 이것에 대한 예를 다음과 같은 사례들로 설명하였다. 한 백인 여인은 그녀의 아프리카-미국인 친구를 단순하게 한 인간으로 좋아했고, 그녀를 '흑인'으로 생각한 적이 없다고 말했으나, 그녀의 친구는 "그렇지만 **나는 흑인이야(am)!**"라고 말하였다. 내재를 무시하는 또 다른 예는 회복 중인 알코올 중독자와 한 친구 사이에 있었던 다음의 대화에서 볼 수 있다.

친구: 너는 왜 너 자신을 알코올 중독자라고 부르니? 그건 너무 제한적이고 부정적이야. 너는 그것에서 벗어날 수 없어?

회복 중인 알코올 중독자: 그렇지만 나는 알코올 중독자야(am). 만일 내가 그 사실을 인식하지 못하고 수용하지 못한다면 나는 속박된 삶을 살 거야.

그러나 "나는 흑인/백인이야.", "나는 알코올릭/중독이야.", "나는 게이/레즈비언이야.", "나는 남자/여자야."와 같은 말은 좁은 경험 영역으로 우리를 제한시키는 동일시를 나타내는 것이 아닌가? 이와는 반대로 가끔 그러한 말은 우리의 참된 인격을 형성하는 기본적인 진실을 나타내기도 한다. 이 진실은 우리 존재의 전부는 아니지만, 분명히 우리 존재에 필수적인 것이다. 아니, 이 말은 우리의 참된 경험을 제한하는 동일시를 지칭할 필요가 없다. 그 대신 그 말은 중요한 개인적 진실이 될 수 있는데, 그것에 대한 인식은 참된 삶의 근원이 된다.

어쨌든 우리가 그러한 말을 그 사람에게 필수적인 것이 아니라고 말한다면, 그것은 공감적 실패를 가져올 것이다. 예를 들면 "나는 당신을 흑인, 알코올릭, 종교인, 게이 등으로 보지 않아."라고 말한다면, 우리는 그 사람의 완전한 초월-내재에서 그 사람을 반영하지 못한다. 내가 나의 슬픔과 기쁨, 나의 생각과 신념, 나의 신체와 성, 나의 장애와 언어, 나의 가족 배경과 나이, 나의 인종과 가치 안에 구체화된 것을 당신이 보지 못한다면, 당신은 나를 알 수 없다. 이러한 것들은 나의 존재와 무관한 것이 아니라, 나의 세계 내 존재, 나의 초월-내재의 필수적인 국면들이다. 매우 실제적으로 이러한 것들이 비록 나의 전부는 아닐지라도 나의 존재 그 자체인 **것이다(are)**.

초월-내재 반영하기는 우리의 실현과 구별은 되지만 분리되지 않은 것으로, 우리의 실현과 다르지도 않고 같지도 않은 것으로 서로를 인식하는 것이다. 우리는 '나', 초월-내재적 인간 영혼으로 보인다. 또한 반영하기는 이것이 실제로 우리의 존재라는 것을 깨닫게 할 수 있다.[5]

동양과 서양의 초월-내재

초월-내재는 다른 전통의 많은 영성 수련에서 인식된다. 다음의 두 인용문, 동양과 서양의 인용문, 이것들의 유사성을 주목하라.

모든 감각의 특성에는 유사성이 있다.
그러나 모든 감각으로부터 자유하라.
집착하지 말되 모든 것을 유지하라.
부분들Strands로부터 자유하되 문제의 부분들을 경험하라.
(*Bhagavad Gita*, XIII.14)

우리는 단순하게 부족한 것을 말하는 것이 아니다. 영혼이 이 모든 대상들을 갈망한다 해도, 이 부족은 영혼을 빼앗지 못할 것이다. 우리는 지금 영혼의 욕구와 만족이 드러나는 것을 다루고 있다. 이것은 비록 영혼이 모든 것들을 소유하고 있을지라도, 영혼을 모든 것으로부터 자유롭게 하고 비어 있게 하는 것이다(St. John of the Cross, '갈멜 산에 오름', Ch. 3, No. 4).

바가바드 기타Bhagavad Gita에서 말하는, "자유하라. 그러나 경험하라." 그리고 성 요한이 말하는, "자유롭지만 비어 있는 … 비록 그것이 모든 것들을 소유하고 있을지라도", 이 말들은 인간 영혼과 경험의 내용들이 분리가 아닌 구별을 내포하고 있다는 뜻이다. 경험의 내용 모두를 제거하라는 것이 아니라, 우리가 이것들과 같지 않다는 것을 깨달으라는 것이다. 여기에서 말하고 있는 것은 그것들과 동일시하는 것, 그것들에 집착하는 것에 대한 것이다. 노자는 다음과 같이 말한다.

이런 이유로 언제나 욕망에서 스스로 벗어나라.

그 비밀을 볼 수 있도록;

그러나 언제나 욕망을 스스로 허용하라.

그것이 실현되는 것을 보도록.

이 두 가지는 같은 것이다.

그러나 욕망이 생길 때 욕망의 제목은 각각 다르다.

(노자 1968, 57)

노자에 따르면 욕망으로부터 구별된다는 것을 깨닫는 것은 욕망을 갖는 것과 '같은 것'이다. 즉, 초월과 내재는 하나다. 이 두 개념은 모순되는 개념이며, 하나의 역설적인 현상에 대한 국면들의 견본이다. 또한 우리는 심리-신체의 내용과 과정을 자각할 수는 있지만, 그것들에 사로잡히지는 않는다. 즉, 탈동일시를 한다. 우리는 초월-내재적이다.

초월–내재적 의지

나는 자각과 힘의 중심이다.

– 아사지올리

명상과 관상 기도와 같은 형식적인 탈동일시 훈련에서 '나'는 의식으로만 보일 수 있다. 우리는 단지 앉아서 의식의 내용들이 흘러가는 것을 본다. 우리는 그 순간의 단순하고 순수한 의식을 경험한다. 그러나 우리는 이 의식의 초점을 유지하기로 선택한다. 우리가 의식을 별로 관계가 없는 연속적인 사고나 생생한 상상의 흐름에 빠져버리면, 현재의 순간으로 돌아오게 할 필요가 있을 것이다. 달리 말하자면 '나'는 단순하게 의식이 아니라 역동적 기능을 갖고 있다. '나'는 의식을 축소시킬 수도, 확장시킬 수도, 의식에 초점을 맞출 수도, 그리고 심지어는 의식을 바꿀 수도 있다. '나'는 의식과 의지 둘 다를 가지고 있다.

따라서 '나'는 심리-신체의 내용과 과정으로부터 구별된다는 것을 깨닫고 나면, 점점 더 자유해지는 것을 경험할 것이다. 만일 우리가 우리 자신을 감각, 감정, 생각, 이미지 등으로부터 구별되어 있는 것으로 경험한다면, 그것들 각각을 더 많이 자각할 뿐 아니라, 잠정적으로 그것들의 통제를 덜 받게 될 것이다. 아사지올리는 다음과 같이 말한다.

우리는 자기와 동일시되는 모든 것에 의하여 지배를 받는다. 우리는 우리 자신을 탈동일시하는 모든 것을 지배하고 통제할 수 있다(1965a, 111).

여기에서 그가 사용하는 단어 '지배하다dominate'는 불행하게도 내적 통제가 강요하고 억압하는 유형을 의미한다고 볼 수 있다. 그러나 그것은 그가 의미했던 것이 전혀 아니다. 아사지올리는 우리가 자신의 한 부분에 대한 제한적인 관점과 동일시되지 않을 때 출현할 수 있는 자유를 표현하려고 하였다.

예를 들어 마크가 **일하는 사람**과 **사랑하는 사람**으로부터 탈동일시한 것은 그가 변화하는 삶의 상황에 반응할 때, 둘 다에 자유롭게 다가갈 수 있게 하였다. 우리는 우리 자신을 인격의 한 국면에만 제한시키기보다는 풍부한 다양성을 더 많이 경험하고 표현할 수 있다.[6]

또한 이 탈동일시는 분리도 아니고 '뒤로 물러서서 행동을 결정하는 것'도 아니다. 그러나 이것조차도 자유롭게 할 수 있다. 그것은 인격의 한 부분에 제한시키지 않는 '사람who', 따라서 잠정적으로 모든 것에 참여할 수 있는 사람처럼 '나'로 자연스럽고 편안히게 활동히는 것이다. 이때 우리는 분명히 어떤 한 부분이나 심지어는 모든 부분들에도 동일시하지 않기 때문에 전체에 참여할 수 있다. 우리는 초월-내재적이다. 이 내면의 자유, 즉 세계 속에 존재하는 내면의 자원들을 더욱더 많이 표현하는 자유는 의지이다. 의지는 종종 우리 존재의 모든 것에 개방함으로써 생기는 적절한 내면의 자유와 역량으로 경험된다.

따라서 의지에 대한 아사지올리의 개념은 청교도적이거나 빅토리안 개념의 '의지력', 즉 우리 자신의 국면들에 대한 가혹한 억압과 혼동되어서는 안 된다. 이 의지력은 나-됨에서 나오는 것이 아니다. 그것은 인격의 강한 한 국면이 다른 것들에 대하여 강권을 휘두르는 힘이다.

> 의지에 대한 빅토리안적 개념은 엄하게 금하는 것에 대한 개념이다. 그것은 인간 본성의 다른 국면들 대부분을 비난하고 억압한다. 그것은 의지를 희화한 것이라고 볼 수도 있다. 의지의 참된 기능은 목적을 성취하기 위하여 인격의 욕동에 거스르지 않는 것이다. 의지는 어떤 것도 억압하지 않고 인간 존재의 다른 활동과 에너지 모두를 건설적으로 활용하고 그것과 조화를 이룬다(Assagioli 1973a, 10).

의지의 자유에 대하여 이 모든 것을 말했지만, 자유에 대한 점증된 잠재력은 때때로 약점과 무기력을 더 많이 경험한다는 것을 의미할 수 있음도 지적해야 한다. 우리는 그러한 심연의 경험도 자유롭게 수용할 수 있다. 삶은 실제적인 인간의 한계를 수용하고, 우리가 생각보다 훨씬 더 우리 자신을 통제할 수 없다는 사실도 이해하도록 요구하는 때가 있다.

예를 들어 정신의 더 깊은 층에 있는 많은 것들은 무기력과 희생 등 외상 경험에 의한 상처를 담고 있다. 따라서 내면에 있는 이 상처들이 삶에 다시 나타나서 삶을 파괴하기 시작할 때, 종종 처음에 겪었던 고통스러운 사건들의 특성인 무기력을 완전히 경험해야 할 필요가 있다. 이런 방식으로 우리는 이 경험을 수용하고 치유할 수 있게 된다. 이 깊이를 경험할 때 참 탈동일시를 할 수 있다. 왜냐하면 이때 실제로 우리 자신의 상처받은 국면들을 포용하고 치유하기 위하여 자유와 독립에 대한 어떤 느낌도 당분간 포기할 것을 선택할 수 있기 때문이다.

만일 이때 우리가 집중하고 선택하며 자기를 실현하는 페르조나를 유지하려 한다면, 사실 우리 자신의 인간됨의 깊이에서 분리될 것이다. 이것은 분리이지 탈동일시가 아니다. 그것은 생존인격과의 동일시이다. 만일 우리가 그러한 무기력을 수용한다면 생존인격으로부터 탈동일시할 수 있고 우리 자신에 대한 더 깊은 경험을 하게 될 것이다. 우리는 '자기를 얻기 위하여 자기를 잃는다.'[7]

> 자기-동일시 또는 탈-동일시를 의식적으로 그리고 목적을 가지고 사용하는 것이 정신통합에서의 기본이다.
>
> — 아사지올리

결론적으로, 우리는 '나' 또는 인간 영혼이 정신-신체의 모든 내용과 과정으로부터 ― 그 안에서 초월적이고 내재적이며 ― 구별은 되지만 분리되지 않는다고, 그리고 그것은 의식과 의지의 기능을 소유한다고 말할 수 있다. '나'는 우리가 본질적으로 존재하기 때문에, 추구되거나 획득될 수 없는 사람이다.

여기에서 우리는 "만일 '나'가 나의 존재라면, 나는 나의 존재를 향하여 갈 수 없다. 왜냐하면 나는 이미 나의 존재인데 어떻게 나 자신을 발견하거나 발달시킬까?"라고 물을 수도 있다. 다음 장은 이 질문을 자세하게 다룰 것이다.

핵심은 '나'는 어디에서 오며, '나'는 어떻게 유지되며 '나'는 어떻게 성장하는가
를 인식하는 것이다.

정신통합 발달 이론

제6장

정신통합 발달 이론

그러나 '성장'이 '상실'을 의미하는 것은 아니다.
당신은 자신 안에 있는 어린아이를 없애지 않고 간직할 수 있고 간직해야
한다. 당신도 알다시피 내 안에는 어린아이도 있고 청소년도 있다.
— 아사지올리

우리가 인격들의 다른 많은 국면들을 밝히고 포함시킬 때, 점점 더 광범위해지는 경험 영역과 이 영역 안에서 반응할 수 있는 자유는 증가하고 공감은 깊어진다. 즉, '나'의 의식과 의지가 급성장한 것이다.

신체적 욕구나 그 순간에 느껴지는 몸의 감각 등의 신체적 경험, 분노나 흥분이나 슬픔이나 기쁨 등 감정의 내적 변화, 정신적 경험에 대한 많은 국면들로써 지금 여기에서의 생각에서부터 창조적 표현에서 발견되는 영감의 수준까지, 우리는 하위인격들의 내면 공동체를 더 많이 자각하고 그것에 반응하게 된다. 이 모든 경험은 우리 삶에서 더 큰 의미의 한 부분이 될 수 있다. 그리고 그것은 다른 사람들과 세계와의 관계, 그리고 우리 자신을 풍부하게 한다.

우리보다 더 큰 것

그러나 어떤 점에서 우리는 문제 해결을 하려는 어떤 시도에도 저항하는 내면의 무언가에 직면할 수 있다. 예를 들어 나는 나를 질책하고 수치스러워하는 내면의 비판을 막을 수 없고, 이 끊임없이 혹평하는 목소리는 쉽게 수그러들지 않으면서 나를 만성적이고 우울한 기분에 있게 할 수 있음을 발견할 것이다. 아니면 나의 분노가 계속 문제를 일으키고, 다른 사람들과의 사소한 상호작용들이 뚜렷한 이유도 없이 나를 화나게 하고 후회와 당혹스러움을 남겨놓는다는 것을 발견한다. 아니면 나의 영적 페르조나가 계속해서 다른 사람들과의 깊은 교제를 방해하고, 내가 영적 수련을 잘 수행하는 데도 불구하고 다른 사람들과의 관계는 피상적이고 불만스럽거나 갈등하게 되는 것을 발견할 것이다.

우리보다 더 큰, 무엇이 우리를 몰아가는 것 같은 유형과 반응을 우리 안에서 발견할 때, 훨씬 더 깊은 정신 층에 공감적으로 도달해야 할 필요가 있다. 내 안에서 일어나는 비판은 왜 그렇게 끊이질 않고 고집을 부리는가? 나는 이 목소리가 필사적으로 나로 하여금 실수하지 않게 하려는 것임을 발견할 것이다. 무슨 목적으로? 실수를 하면 나는 소외되고 버림받으며 무가치하게 느낄 것이다. 그것은 내가 실수했을 때 아버지가 벌주었던 것과 유사하다.

나의 기질은 어떠한가? 신중하게 살펴보면 거기에는 타오르는 격노 앞에서 나는 경시당하고 무시당하며 수치를 당하는 순간이 있음을 발견할 것이다. 그것은 바로 내가 종종 어머니와의 관계에서 느꼈던 것이다.

나는 왜 친밀함의 시련보다는 높은 영성을 선호하는가? 사람들이 나를 알도록 하고, 진실로 나를 여는 것이 두렵다. 왜냐하면 그들은 내가 너무 작고 내면이 비어 있다는 것을 발견할 것이기 때문이다. 나는 초등학교 이후 가졌던 느낌, 이상하고 뚱뚱하다고 무자비하게 놀림받았던 느낌 때문에 공격을 받을 것이다.

우리가 앞 장에서 여러 번 언급했듯이 이 모든 외상 경험들은 원상처의 실례들이다. 우리 안에 단단히 자리 잡고 있으면서 어쩔 수 없이 반응하는 패턴들은 원상처에 그 뿌리가 있다고 밝혀질 것이다. 이번 장은 우리의 일상적인 경험에 깊이 숨겨진 것을 탐색할 것이다. 최적의 인간 발달은 어떻게 이루어질까, 이 발달은 상처에 의하여 어떻게 좌절되는가, 그리고 이 상처들은 어떻게 밝혀지고 치유되는가를 볼 것이다.

정신통합 발달 모델을 설명하면서 우리가 알기로는 아사지올리가 결코 발달 이론을 자세하게 설명하지 않았다는 것을 분명하게 할 필요가 있다. 우리가 여기에서 설명하는 발달 모델은, 비록 아사지올리의 원래 생각에서 직접 나온 것일지라도, 크리스 미리암Chris Meriam으로부터 귀중한 도움을 받아 지난 10년 동안 우리의 연구를 통하여 발전되었다(Firman and Gila 1997; Firman and Russell 1994; Meriam 1996; Meriam 1994를 보라). 우리는 이 자료가 정신통합 발달 이론에 대한 바람을 충족시키는 데 도움이 되기를 바란다. 또한 이 중요한 영역에 더 많은 노력이 있기를 바란다. 또한 여기에는 정신통합 인격 이론과 임상 이론에 대한 영향도 많이 있다. 그것을 앞으로 미루게 될 것이다.

내면의 문 열기

내면의 깊이에 이르기 위하여 우리는 내면세계의 문에 서있는 문지기에 직면해야 한다. 이 문지기는 용이나 거인이 아니라 단순하고 우리에게 만연되어 있는 생각이다. 이 생각은 우리의 삶이 과거의 어떤 지점에서 시작하여 처음의 그 지점으로부터 확대되어 미래로 향하는 시간을 따라 경험된다는 것이다. 이것은 그림 6.1에서 화살표로 잘 설명된다.

그림 6.1

누구나 알고 있는 이 믿음은 유아기와 어린 시절을 성인으로부터 '멀리, 아주 멀리' 놓고, 이 긴 선의 다른 쪽 극단에서는 우리를 가차 없이 초기의 삶으로부터 멀리 아주 멀리 데려가고 있다. 인간의 성장은 그 어린 시절을 떠나, '성장하여', '어린애 같은', '미숙한', '아기 같은' 사람이 되지 않게 하는 것 같다.

물론 이 모델은 우리가 더 이상 유아처럼 보이지 않고, 걷고 말하는 법을 배워서, 우리의 삶에 책임을 지는 성인이 된다는 사실을 보여준다. 그러나 그것은 발달의 한 면만을 보는 것이고 인간 경험의 결정적인 국면들을 제외시키고 있다.

이 모델로 보면 어린 시절은 희미하고, 어슴푸레해서 반 정도만 기억나고 감정도 잘 모르는 '아주 멀리' 있는 곳이다. 우리는 오래된 사진 앨범을 보거나 가족과 친구에 대한 향수에 빠질 때 희미하게 잊어버린 시간을 언뜻 볼 뿐이다. 어린 시절은 아직도 우리와 함께 있을 뿐 아니라 우리의 삶을 지배한다고 하는 생각은 이 관점에서 보면 설득력이 없는 것 같다.

그러나 서양의 정신역동 심리학의 전체 역사는 어린 시절이 사실상 '멀리, 아주 멀리' 있는 것이 아니라, 바로 지금 이 순간에 있음을 보여주기 때문에,

인간 발달 모델에도 다른 것이 있을 것이다. 현재에 과거를 포함하는 모델이 있을 것이다. 그러한 모델은 어떤 심층 심리치료에도 있다. 아사지올리는 퍼만에게 다음과 같이 말했다.

> 그러나 '성장'이 '상실'을 의미하는 것은 아니다. 당신은 자신 안에 어린아이를 없애지 않고 간직할 수 있고 간직해야 한다. 당신도 알다시피 내 안에는 어린아이도 있고 청소년도 남아 있다. 성장은 제거를 의미하지 않는다. 물론 그것은 이상적인 과정이지만 우리는 너무 어리석어서 과거를 없애려 하거나 억압하려 한다. 성숙해지기 위해서는 어린아이를 없애야 한다거나, 또는 이전 단계를 억압해야 한다는 견해도 있다(Assagioli 1973c, 오디오 테이프에서 편집).

아사지올리는 각 발달 단계의 연령이 지나가버리는 것이 아니라 「연령의 정신통합」(*psychosynthesis of the ages*, 1973b)이라는 과정에서 전 인격의 국면을 형성한다고 주장하였다. 위에서 퍼만은 아사지올리와 대화하면서 나온 대화에 기초하여 이 과정을 그림 6.2와 같이 도식화하였다.

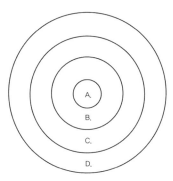

A. 유아 / B. 어린이 / C. 청소년 / D. 성인

그림 6.2

이 발달 모델에서 유아기와 어린 시절은 멀리 있는 것이 아니라 우리의 중심에 있다. 이는 나무의 나이테와 유사하다. 예를 들어 당신 안에는 '성인들' 사이에서 작고 취약하게 느끼거나, 삶이 너무 크고 복잡하다고 느끼거나, 크레용과 점토를 갖고 노는 것과 같은 때를 느끼는 6살 난 어린아이가 있을 수 있다. 또는 당신 안에는 고통스럽게 수줍어하면서 연애 상대자들 주변에서 어색해하거나 권위자에게 반항하고 분노하거나 자유와 모험을 추구하는 청소년 등이 있을 수 있다.

요점은 동심원 모델에 대한 생각은 우리가 내면세계를 보다 더 의식하게 한다. 우리 자신에 대한 주요 부분들은 과거에 있었던 사람들이 아니라 현재에 **존재하는**are 사람들이다. 그들은 오랫동안 잃어버린 시간을 사는 것이 아니라 바로 지금에 산다. 여기에서 '어린 시절'이라는 단어는 '우리가 어린아이였던 오래전 시간'을 말하는 것이 아니라 '지금 여기의 경험에서 더 깊은 기초가 되는 것'을 의미한다.

물론 시간 화살 모델은 종종 성인이 된 많은 사람들이 좋아한다. 왜냐하면 그것은 유아, 어린아이, 청소년의 감정과 생각을 배경으로 밀어내는 방법이 될 수 있기 때문이다. 이 선형적 모델에 따르면 그러한 '미숙한' 생각과 감정은 지나가버린 것이기 때문에, 그것들이 우리 내면에 존재하고 종종 시간이 흘러도 변하지 않는 것 같다는 것을 깨닫게 되면, 자기 이미지에 상처가 될 수도 있다.

그러나 동심원 모델에 의한 통찰은 모든 단계들이 존재하며, 우리가 모든 단계에 참여할 수 있고, 모든 단계는 현재 우리의 삶에 제공하는 무엇인가를 소유하고 있음을 나타낸다. 우리는 성장하는 인격이 다양한 삶의 단계를 통하여 조화롭게 밖으로 확장되어가면서 각 단계에서 펼쳐지는 잠재력을 축적해가는 것을 눈으로 볼 수 있다. 심리학자 지나 오 코넬 히긴스_{Gina O'Connell Higgins}에 의하면, "우크라이나 사람 인형이 그 안에 작은 인형을 품고 있는 인형 셋트처럼, 우리는 자기들_{selves}의 집단이며 동시에 이전의 생각들 모두를 포함하고 있다(1994, 70)."

이 모델을 설명할 때 그림에서 원으로 보여주는 발달 단계는 유아기, 아동기 등 일반적인 용어로 이름 붙였을 뿐이다. 여기에서는 이 그림만으로 다양한 삶의 단계를 정의하려 한다. 그리고 모든 단계에서 성장에 적용되는 역동에 초점을 맞출 것이다. 실제로 대부분 어떤 발달 단계 이론이라도 이 원으로 설명할 수 있다.[1]

> 그는 어린 시절의 심리적 기원으로 퇴행한다. 거기에서 그는 어린 시절의 성적 꿈을 밝히는 것이 아니라, 그의 삶에서 긍정적이고 창조적인 근원으로 돌아온다.
>
> — 아사지올리

우리가 앞으로 간략하게 살펴보겠지만 여기에서 핵심은 성장의 각 단계마다 충분히 좋은 양육에 의하여 다양한 관점들과 그 나이에서의 능력, 참된 인격을 꽃피우는 것을 지속적으로 포함하고 표현한다는 것이다. 이제 이것이 어떻게 발생하는가를 탐색해보도록 한다.

참된 인격

발달 단계를 통한 인격의 성장은 유전으로 받은 재능과 사회적 상호작용, 즉 '본성과 양육' 둘 다의 영향을 받는다. 여기에서는 관계의 양육적인 면에 초점을 맞출 것이다. 이때 발달에서 중요한 것은 한 사람이 인식되고, 인정받고, 이해받는 것이다. 즉, 그 사람은 다른 사람들의 목적과 계획을 충족시켜주기보다는, 고유한 개인으로 보여야 할 필요가 있다. 나는 나의 부모를 위하여 '성장하고 우리를 자랑스럽게 할 사람'이거나, '부모의 결혼을 만족시켜줄 사람'으로서가 아니라, 나의 부모에 의하여 '나me'로 보여야 한다. 나는 누군가의 욕망, 환상, 계획의 대상이 아닌 고유한 '나'로 보여질 때에만, 나는 나 자신의 나의 삶을 사는 고유한 인간으로 나 자신이라는 느낌을 가질 수 있다.

영국 소아과의사이며 정신분석가인 위니캇D.W. Winnicott은 이러한 유형의 공감적 관계를 반영하기mirroring라 했다. 반영하는 어머니나 양육자가 유아를 바라보고 그녀 앞에 존재하는 고유한 개인적 인간 존재를 인식할 수 있을 때 생긴다. 유아가 자기를 타자의 눈빛에 반영되는 경험을 할 때, 유아는 실제로 고유한 개인적 인간 존재라는 것을 알 수 있다. 위니캇의 말로 하자면, "누군가 나를 바라보는 대로 나는 존재한다(1988, 134)." 아이와의 이러한 공감적 조율은 초기 양육 환경에서는 보편적인데 이를 **안아주는 환경**holding environment이라 한다. 그것은 위니캇이 '존재의 연속성continuity of being', 그리고 아이의 참자기가 피어나게 하는 발달의 근거가 된다.

미국의 분석가이며 자기심리학의 창시자인 하인즈 코헛Heinz Kohut(1977, 1971, 1984)은 이러한 유형의 관계를 양육자가 아이에게 공감적으로 반응하는 것이라고 인식했다. 공감은 다른 사람의 관점에서 이해할 수 있게 하고, 다른 사람의 경험 세계를 볼 수 있게 하는데, 이를 '대리 성찰vicarious introspection'이라 한다. 양육자가 아이와 조율된 방식으로 관계를 맺는다면, 아이는 '공간적 응집력'과 '시간적 연속성'을 가진 자기감을 발달시킬 수 있다. 위니캇이 참자기에 대한 말을 하는 자리에 코헛은 깊은 **핵자기**nuclear self를 놓는데, 이는 양육하는 타인의 공감적 조율에 반응하여 고유한 운명이나 **핵 프로그램**nuclear program을 펼쳐갈 것이다.

공감적 반영

우리는 반영하기나 타인들과의 공감적 연합을 통하여 우리 자신에 대한 전체적이고 의지적이며 지속적인 자각을 하게 된다. 정신통합에서는 이것을 '참된 인격'이라 한다. 이 반영하기 과정은 그림 6.3에서 잘 보여준다.

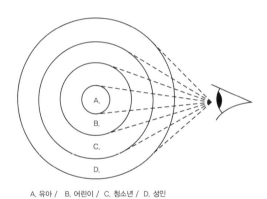

A. 유아 / B. 어린이 / C. 청소년 / D. 성인

그림 6.3

여기에서 원들은 앞의 그림과 같이 인격을 형성하는 발달 연령을 나타낸다. 보는 눈은 우리의 참된 존재를 보는 사람과 상황 모두를 나타낸다. 이들은 아마도 초기 삶 속에 있었던 부모와 가족, 그다음으로 학교 선생님과 또래 친구, 그다음으로 친구, 동료, 멘토, 삶의 파트너일 것이다.

만일 삶의 각 단계에서 우리가 이 반영하기를 제공받는다면, 우리는 그 단계의 경험 국면들을 인식하고, 수용하며 포용할 수 있을 것이다. 이것은 바로 신뢰하는 좋은 친구와 시간을 보내는 등 앞 장에서 탐색했던 것과 같은 여동이다. ('공감적 나' 부분을 보라.) 당신의 친구는 공감적으로 당신과 연합하여, 그 관계 안에서 당신의 자발적인 경험 모두를 인식하고 포용할 수 있다. 당신은 존재 자체로 존재할 수 있다.

관계에서 동일한 과정이 발달 과정에서도 일어난다. 즉, 만일 독립성, 성, 인지능력의 발달이 반영된다면, 우리는 이것들을 우리 자신의 정당한 국면으로 인식할 수 있을 것이다. '나는 나 자신이다', '나는 여자다 또는 남자다', '나는 생각하는 사람이다' 달리 말하자면 이렇게 드러나는 발달 능력은 우리의 참된 실존, 우리의 본질, 우리의 나-됨I-amness의 표현이 된다.

이 반영하기를 통하여 우리는 지속적으로 잠재력을 풍성하게 모두 펼칠 수 있다. 발달 단계들은 인격의 '원들'을 형성하고, 이어지는 각각의 연령은 더 큰 전체의 중요한 부분으로 지속된다.

이 발달은 참된authentic이라는 용어로 쓰일 수 있으며, 인격을 실현하는 것은 실제로 우리의 존재를 참되게 표현하는 것이다. 마치 타인을 반영한다는 것은 '나'의 불꽃에 부드러운 바람을 불어주는 것과 같으며, '나'로 하여금 빛나게 하고 생명을 갖게 하는 것이고, 발달 단계들을 실현함으로써 고유한 개별성을 완전하게 표현하는 것과 같다. '나'는 그림 6.3에서 여러 원들 사이에 있다고 상상될 수 있으며, 삶을 살아갈 때 그것들 모두에, 그리고 각각에 참여할 수 있다.

물론 이것은 우리가 빈 공간과 같아서 타인들의 공감적 배려에 의하여 채워지는 수동적 과정은 아니다. 이 공감적 관계 안에서 우리는 주고받는 것, 접촉하고 철수하는 것, 심지어는 유아의 반응이 양육자의 행동을 수정하게 할 때처럼 반영하는 타인의 반응에 영향을 미치는 방법 등을 배운다. 양육자와 어린이 사이의 상호관계성은 상호 영향(Beebe and Lachmann 1988), 즉 포함된 모든 부분들에 의하여 영향을 받는 역동적인 변화과정이라고 일컬어져왔다.

공감적 반영하기의 근원으로서의 높은자기

공감하는 친구와 시간을 보낼 때처럼, 평생 동안 공감적인 관계는 지속적인 경험 모두를 포용할 수 있는 능력을 가진 '나'를 출현하게 한다. 따라서 반영하기나 공감적 조율은 평생 동안 나-됨, '존재의 연속성'을 꽃피우게 하며, 참된 인격을 창조한다. 그것은 마치 우리의 존재가 삶 속에서 공감적 관계를 통하여 우리에게 흘러들어오는 것과 같다.

그러나 우리가 제2장에서 논의했듯이, 그리고 다음 장에서 더 탐색할 것이지만, 아사지올리(1965a)는 개인적 자기됨의 궁극적 근원이 더 깊은 높은자기 deeper Self라고 주장했다. 그는 '나'를 높은자기의 반영이나 투사라고 말하기 때문에 '나'는 사실상 높은자기로부터 흘러나온다.

이것은 '나'와 높은자기 사이가 엄청나게 친밀하다는 것을 의미한다. '나'는 실존을 위하여 높은자기에게 계속해서 의존하고, 반영된 이미지는 반영된 주체에 의존한다. 이러한 친밀함은 높은자기와 '나'와의 깊은 공감적 연합을 내포한다. 아사지올리는 우리가 높은자기를 이미 자신의 문제, 위기, 당혹스러움을 알고 있는 '영적 높은자기'로 생각할 수 있다고 말한다(1965a, 204).

따라서 타인 반영하기는 개인적 존재를 꽃피우는 데 너무 중요하지만, 여하튼 전달자, 매체, 나-높은자기와의 관계를 실현하는 것이라는 것도 일리가 있다. 아사지올리의 용어로 말하자면 이렇게 공감적으로 조율된 타인들은 **외적 통합중심**external unifying centers이라 할 수 있다. 자기, 외적 통합중심, 그리고 참된 인격의 실현 사이의 관계는 그림 6.4에 도표로 나타난다.

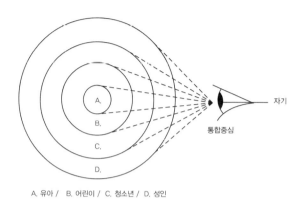

A. 유아 / B. 어린이 / C. 청소년 / D. 성인

그림 6.4

그림 6.4에 의하면 '나'는 분명하게 전개되어가는 인격의 원들 사이에 존재하는 초월-내재로 상상될 수 있다. '나'는 통합중심에 의하여 정확하게 보여지기 때문에 그리고 그렇기 때문에 나-높은자기 연합은 온전하며, '나'는 그들이 실현될 때 다양한 삶의 단계들 전체에 참여할 수 있다. 이 모든 발달 단계들은 우리를 참되게 표현하는 부분이 된다. (실례를 들면 참된 인격이 되는 것이다.)

물론 이 그림은 최적의 인간 성장을 나타낸다. 이것은 우리의 삶 전체를 통하여 중요한 인물들 전체를 신뢰하고 훌륭한 공감적 관계를 갖는 것과 같을 것이다. 우리가 앞으로 살펴볼 것이지만 이 최적의 과정은 실제로는 원상처에 의하여 방해를 받는다.

외적 내적 통합중심들

이상적인 인간 발달에서 우리는 삶의 각 단계마다 '나'와 높은자기의 일차적 연합을 경험할 것이다. 그 연합은 공감적으로 조율하거나 반영하는 타인들에 의하여 촉진된다. 각 단계의 성장에는 그에 따르는 외적 통합중심, 즉 나-높은자기 관계를 촉진시키기 위한 매체로 작용하는 외적 타인이 있을 것이다. 아사지올리는 그러한 외적 통합중심에 대하여 다음과 같이 말한다.

그것은 간접적이지만 진실한 유대관계이고, 대상 안에 반영되고 상징화된 높은자기와 개인의 연결점이다(1965a, 25).

외적 통합중심은 나-높은자기 연합을 위한 '참된 고리' 또는 전달자이다. 따라서 초기 어린 시절 최적의 외적 통합중심은 양육자와 공감적 연합의 모체, 그리고 확대된 가족 체계가 될 것이다. 이 초기의 안아주는 환경은 나-높은자기 관계를 중재하여 건강한 개인적 자기감을 경험하게 하고 '바로 있는 그대로의 나, 고유하고, 가치 있으며, 스스로 선택하는 사람으로 존재한다는' 느낌을 갖게 한다.

나중에 이 자기감은 학교 선생님, 또래 친구, 사회, 문화, 종교적 환경과 같은 인정하고 반영해주는 상황에 의하여 촉진될 수 있다. 그림 6.5에서 설명해주는 것처럼, 우리는 각각의 성장점이 되는 삶의 한 시점에서 다른 공감적 연합을 통하여 자기 자신을 실현할 수 있을 것이다.

그림 6.5에 나열된 외적 통합중심들은 양육적 상황에 있을 수 있는 많은 예들 중에서 조금만 보여준 것이다. 어떤 특정 숫자나 유형의 외적 통합중심이 주어진 것은 아니다. 사실 그러한 중심을 탐색할 때, 우리는 계속해서 새롭고 고유한 중심을 발견할 것이다. 중요한 타인 말고도 외적 통합중심에는 애완동물, 소중한 물건, 전문적 훈련, 정치적이고 사업적인 연합회, 자연, 종교적 철학적 신념과 같은 것들이 있을 수 있다.

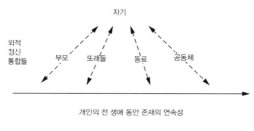

그림 6.5

현재 논의되는 것의 요점은 일련의 관계 체계인 외적 통합중심이 인간 존재의 발달에 매우 중요하다는 것이다. 각 중심은 나-높은자기 관계를 다른 방식으로 촉진하고 권위적 인격의 표현을 지지한다.[2]

더 나아가 삶의 각 단계가 적절하고 공감적인 외적 통합중심에 의하여 지지받고 유지될 때, 그 외적 통합중심과의 적극적인 상호작용은 **내적 표상**을 형성하거나, 그 중심의 **내적** 모델인 **내적 통합중심**internal unifying center에 영향을 미친다. 즉, 외적 중심을 경험하는 것은 내적 중심의 발달에 영향을 미치는데, 이때 내적 중심은 외적 중심에 의해 성취되는 것과 같은 기능들 중 많은 것에 도움을 줄 수 있다.

정신분석적 언어로 말하자면, 내적 통합중심은 내적 대상이나 대상 표상으로 불릴 수 있다. 그리고 그것은 제2장 중간 무의식에 대한 부분에서 개관한 원리들에 따라 발달한다(Piaget, Stern, Bowlby와 비교). 위니캇의 용어로 말하자면 그러한 내적 중심의 출현은 외부 환경과 유사한 **내적 환경**internal environment의 형성에 영향을 미치는 외부의 안아주는 환경으로 설명될 수 있다(1987, 34). 이와 같은 과정은 또한 코헛의 **변형적 내면화**transmuting internalization로 볼 수 있다(1971, 45).

내적 중심은 우리가 내면에서 부모나 멘토의 충고를 '들을' 때나 지혜의 이미지를 가진 것과 내적 대화를 할 때, 적극적인 내면의 상징적 인물로 경험될 수 있다. 그러나 이 내적 중심은 또한 우리의 전 생애 동안 외적 중심과의 관계에서 발달된 신념, 가치, 세계관을 포함한다.

내적 통합중심은 하나의 상황이나 모체, 내면의 안아주는 환경을 구성하는데, 그 안에서 우리는 개인적 자기됨, 개인적 의미, 삶의 방향을 이끌어낸다. 외적 통합중심처럼 내적 중심도 그림 6.6에서 보듯이 '나'와 높은자기의 연결점이 되거나 '간접적이지만 실제적인 고리'가 된다.

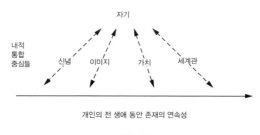

그림 6.6

높은자기는 특별한 내적 또는 외적 통합중심과 동일시되지 않는다는 것을 주목하라. 높은자기는 그 모든 것과 구별되지만 그 모든 것들 안에 존재한다. 우리는 수많은 다른 내적 통합중심인 사랑하는 조부모의 이미지, 영적 스승, 만다라, 남성 또는 여성 하나님-이미지, 책임감, 가치, 양심, 또는 세계에 대한 철학적 자세를 통하여 높은자기와 관계를 맺을 수 있다. 높은자기는 다양한 내적 통합중심들과 구별될 뿐만 아니라 우리의 내면 경험 모두를 통하여, 황홀의 절정에서부터 절망의 심연까지, 존재의 연속성을 제공한다. 나-높은자기 관계는 모든 특별한 내면의 내용을 초월하지만 그 모든 것들 안에 내재한다. 그것은 초월-내재적인 것이다.

　외적 내적 통합중심의 연속성은 높은자기와 지속적으로 관계를 맺기 때문에, 개인적 존재 안에 연속성의 경험을 촉진한다. 달리 말하자면 참된 인격은 그 사람의 고유한 유전적 재능과 촉진적 환경을 통하여 실현되는 높은자기와의 일치 속에서, 나-됨을 참되게 표현한다. 그림 6.7은 전 생애 동안 이 연속성을 그림으로 보여주는 또 다른 방법이다. 정신통합 치료사 필립 브룩스Philip Brooks(2000)의 연구에서 생생하게 보여주고 있는 초기 정신통합 은유를 활용하자면, 참된 통합중심들과의 지속적인 공감적 연합은 '도토리 안에서 참나무를 보는 것과 같아서', 그 사람의 고유한 인격과 삶의 목적을 펼쳐가게 할 것이다. 참된 인격의 실현은 융의 **개성화**(1969a, 1971), 코헛의 핵자기의 **핵 프로그램 실현**(1984), 위니캇의 **참자기 실현**(1987), 볼라스Bollas의 '시간과 공간을 통한 개인적 성장의 내적 감각' 또는 운명 욕동destiny drive을 실현하는 **개인적 특성**personal idiom의 실현(1989, 34)과 유사한 것 같다.

　그러나 만일 통합중심에 의하여 촉진되는 일차적 나-높은자기 연합이 개인적 실존의 경험을 창조한다면, 통합중심이 실패할 때는 어떤 일이 일어나는가? 만일 우리의 통합중심이 깨어지거나 규칙을 어기게 되면, 어떤 일이 일어나는가? 통합중심이 높은자기와의 '연결'에 손상을 입어서 친밀한 관계를 맺지 못하게 된다면, 어떤 일이 일어나는가? 그러면 통합중심은 나-됨을 반영할 수 없고 개인적 실존의 경험을 촉진하는 대신 개인적 비실존의 경험, 즉 존재의 경험이 아닌 비존재의 경험을 창조하게 된다.

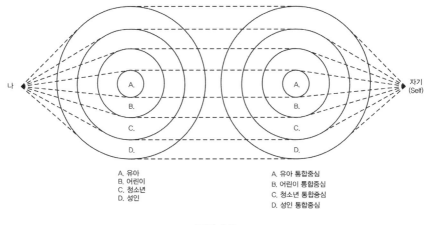

A. 유아
B. 어린이
C. 청소년
D. 성인

A. 유아 통합중심
B. 어린이 통합중심
C. 청소년 통합중심
D. 성인 통합중심

그림 6.7

원상처

위에서 말했듯이, 위니캇이 "누군가 나를 보고 있음을 내가 바라볼 때 나는 존재한다."라고 했던 말은 반영하기가 참된 인격의 형성을 촉진하는 과정이라는 점을 잘 설명해준다. 타인이 내게 갖는 공감적 관심은 '나'가 감추어진 인격의 층들을 포함하고 표현하기 위하여 드러날 때 개인적 존재감을 허용한다.

반대로 우리는 "누군가 나를 보고 있지 않음을 내가 알게 될 때 나는 존재하지 않는다."라는 말은 심리적 상처가 어떻게 인간 발달에 장애가 되는가를 설명해줄 수 있다. 이때 비공감적 관심은 존재하지 않는, 비존재적 경험을 창조한다. 위니캇은 멸절annihilation이라는 강한 용어를 사용하여 반영받지 못한 경험을 설명한다. 그것은 존재로부터 떨어져 나와 비존재로 빠져들어가는 것이다.

자기 심리학은 이렇게 반영받지 못하는 것을 **공감적 실패** 또는 **자기대상**

실패라고 말한다. 우리는 순간순간의 상호작용과 사건 등에서 살아 있는 의식적 인간 존재로서가 아닌 대상이나 사물로서 취급받는다. 코헛에 의하면 이때 우리는 '비인간적 무관심, 비공감적 반응의 세계'를 직면하게 된다(1984, 18).

마틴 부버Martin Buber(1958)는 이렇게 실패한 관계들이 공감적 나-너I-Thou 경험이 아닌 냉정하고 비인간적인 나-그것I-It의 경험을 창조한다고 말한다. 이때 개인적 존재의 경험은 파괴되고 우리의 존재감은 상처를 입는다.

정신통합은 그러한 나-그것의 경험이 건강한 나-높은자기 연합을 촉진하는 통합중심의 실패를 만들어낸다고 한다. 개인적 존재나 '나'는 사실상 높은자기로부터 통합중심으로 흐르며, 파괴된 통합중심은 이 흐름을 파괴하여 비실존적 경험을 창조할 것이다. 따라서 반영받지 못함이나 공감적 실패는 자기감, 그리고 개인적 존재를 우리에게서 제거할 가능성을 갖고 있다. 이때 우리는 개인적 비실존, 소멸, 비존재라는 상상할 수 없는 상황에 직면하게 된다.[3]

왜 '원상처'인가?

우리는 이 공감적 실패의 결과를 원상처라고 말하는데, 그 이유는 이 상처가 초기 또는 처음에 생기기 때문이 아니라, 그것이 우리 존재의 근원과 일차적 연합, 즉 근원적 또는 본질적 연합을 파괴하기 때문이다. 비존재의 원상처와 연합되었던 경험에는 불안, 해체, 무가치함, 소외, 수치심/죄책감, 공허, 절망이 있다. 이어지는 장에서 이 경험들은 낮은 무의식의 특성으로 보다 더 자세하게 탐색될 것이다.

당신이 존경하는 사람에게 무시를 당한 적이 있는가? 당신의 말을 듣지 않는 누군가에게 마음을 쏟아부어 준 적이 있는가? 당신의 개인적 경계선이 무시당하거나 침해당한 적이 있는가? 이 순간에 분노가 있을 수 있는 것은 사실이다. 그러나 그 밑바닥에는 한 인간 존재로서 보이지도, 인식되지도, 존중받지도 못하는 느낌이 있다. 위에 열거한 것들은 그때 우리 자신을 발견할 수 있는 것들이다.

그와 같은 순간에는 성인에게도 엄청난 충격이 된다. 하물며 그것들을 경험하는 어리고 상처받기 쉬운 어린이는 어떠하겠는가? 어린이를 반영하는 것에 실패하는 주요 실례들은 어린이의 가장 깊은 자기감에 심리적 상처를 입힐 것이다. 그것은 존재의 연속성의 단절이며, 비존재의 순간들이다.

상처는 어떻게 생기는가?

원상처를 만드는 사건들은 직접적이고 공공연하거나 또는 간접적이고 은밀할 수 있다. 공공연한 유형에는 분명한 폭력, 성적 학대, 신체적 유기가 있고, 은밀한 유형은 아마 훨씬 더 만연되어 있을 것이다. 더 은밀한 유형에는 정서적 구타, 심리적 근친상간, 정체성 혼란, 성차별, 인종차별 등의 심한 편견, 양육자들이 인식하지 못해서 다루지 못하는 강박과 중독들, 가족 체계 안에서 성, 영성, 죽음 등 삶의 중요한 국면에 대한 부인, 또는 양육자들 사이의 지속적이고 해결되지 않은 긴장 등과 같은 것들이 있다.

분명히 건강한 가족일지라도 양육자와 타인의 무의식적 상처를 통하여 어린이들에게 심신을 약화시키는 상처를 은밀하게 입힐 수 있다. 그러한 상처는 반영하기 기능에서 맹점이 되어 어린이 안에 비존재의 영역을 만들어낸다. 그리고 생각한다. '누군가가 나를 보지 않고 있음을 내가 알게 될 때 나는 존재하지 않는다.' 여기에서 인간 경험의 어떤 부분들에 대한 양육자의 심리적 맹점은 인격을 형성해갈 때 어린이 안에 결핍, 비존재의 공간을 남겨놓는다. 이런 방식으로 양육자의 상처받은 인격과 유대관계를 맺는 바로 그 과정이 상처를 입힐 수 있다.

종종 긍정적인 겉모습에 의하여 숨겨진 일반적이고 은밀한 상처는 어린이 자신이나 또는 그들의 성취가 이상화되고 팽창될 때 발생한다. 여기에서 양육자의 환상과 욕망으로 인하여 어린이는 특별한 왕자나 공주로, 영웅적 구원자와 챔피언으로, 가장 친한 친구나 대리 파트너로 보일 수도 있다. 이 이상화는 단순한 감사, 칭찬, 애정이 아니라, 아이에게 이 팽창된 이미지가 되라고 은밀하게 요구하는 것이다. 어린이는 양육자의 환상 속에서 배우가 되고, 양육자의 욕구의 대상이 된다. 이때 고유하고 일반적이며, 정상적이고 특별하며, 취약하고 강한 실제적인 개인 어린이는 보이지 않고 원상처가 생긴다. 이 상처는 주의를 기울여도 인식되기 어려울 수 있다. 왜냐하면 양육자가 단순하게 사랑하고 지지적인 존재로 보이기 때문이다.[4]

누구 때문인가?

우리에게 상처를 주는 사람들 쪽에서는 의식적인 의도 없이 이 수준의 심리적 외상을 줄 수 있음을 지적하는 것이 중요하다. 우리가 말했듯이 상처에 대한 기제는 무의식적이고 양육자들이 갖고 있는 공감적 맹점일 수 있다. 그것은 오히려 양육자 자신이 갖고 있는 상처의 결과인 것이다.

역사학자들은 과거에 어린이들을 위한 공감이 심각하게 부족한 것을 지적했기 때문에(Aries 1962; deMause 1974; Tuchman 1978), 세대를 통하여 우리에게 내려오는 집단적 규모의 상처의 강을 우리는 상상할 수 있다.

상처에 대한 이 역사적인 흐름은 사회적, 정치적, 문화적 현상이다. 우리는 실제로 충분히 좋은 사회 없이 충분히 좋은 양육이 있을 수 없다고 생각한다. 예를 들어,

만일 여자 유아가 문화에 의하여 남자 유아보다 귀하지 않게 여겨진다면, 이러한 태도는 어느 정도는, 의식적이든 무의식적이든, 양육자에 의하여 전달될 것이다. 우리는 지금 자라나는 어린이의 대인 관계적 모체, 즉 가장 광범위하게 안아주는 환경을 구성하는 통합중심 전체와 그 어떤 것이라도 그것으로부터 받은 상처에 대하여 이야기하고 있다. 우리는 분명히 학대받고 무시받았던 우리들에 대한 이야기가 아니라, 인간 조건 그 자체에 대한 이야기를 하고 있는 것이다(Firman and Gila 1997, 97).

따라서 원상처는 우리가 수정될 때, 즉 삶 전체를 통하여 성장하는 하나의 근원적 모체로 우리 주변에 존재한다. 우리의 삶은 중요한 통합중심이 의도적이든 아니든 우리를 인간 존재로서가 아닌 대상으로, '너'가 아닌 '그것'으로 다루어왔던 순간들로 가득 차 있다. 이 상처들은 우리 내면에서 그때그때의 나이에 영향을 받으면서 성장하는 인격 안에 텅 빈 공간으로 상상될 수 있다. 다음의 그림 6.8은 인간에 대한 모델을 원으로 나타낸 것으로 그 안에 원상처가 있는 것을 잘 보여준다.

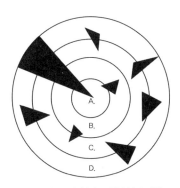

A. 유아 / B. 어린이 / C. 청소년 / D. 성인

그림 6.8

여기에서 인격은 발달 단계를 통하여 상처 없이 확장되기보다는, 발달 단계마다 검은 삼각형으로 보이는 원상처가 많이 있음을 보여준다. 이 상처는 비존재가 되고, 그 후에 자각으로부터 밀려나는 소외, 분열, 고통의 참을 수 없는 순간들이 된다. 그림에서 더 긴 삼각형은 모든 연령에 걸쳐 나타나는 상처로 우리가 근친상간, 중독, 폭력과 같은 가족 분위기에서 또는 우리의 성을 폄하하거나 이상화하는 사회에서 또는 우리의 인종, 민족, 종교적 신념, 성적 지향성을 적대시하는 문화에서 성장할 때 발생한다.

우리는 비존재의 상처를 경험하기보다는 그것에 의하여 영향을 받았던 우리 자신의 국면을 없애버린다. 그리고 위니캇이 말하는 **거짓자기**false self를 발달시킨다(1987). 환경에 의하여 침해를 받거나 무시되어 상처를 받았을 때, 우리는 있는 그대로의 존재가 되는 대신에 그 상처로부터 살아남기 위하여 되어야만 하는 존재가 될 것이다. 앞 장에서 언급했듯이 이 역동은 **참된 인격**을 **생존인격**으로 바꾸어놓는다(Firman and Gila 1997).

생존인격

생존인격의 특징은 비존재나 원상처에 직면하여 생존한다는 것이다. 공감적으로 우리의 존재를 환영하는 환경 대신, 환경을 수용하기 위하여 우리 자신에 대한 제한된 감각에 순응해야만 한다. 위니캇의 말에 의하면 "거짓자기는 하나의 긍정적이고 매우 중요한 기능을 한다. 환경의 요구에 순응함으로써 참자기를 숨기는 것이다(Winnicott 1987, 146-47)." 생존인격은 환경으로부터 비공감적이거나 반영해주지 않는 반응에도 불구하고 어떤 종류의 실존을 찾기 위하여 할 수 있는 최선을 다하였음을 말해주는 것이다.

문제는 우리가 생존인격을 발달시키는 만큼, 참된 인격을 실현할 수 없다는 것이다. 말 그대로 우리가 실제로 누구인가를 우리는 망각한다. 찰스 윗필드Charles Whitfield는 우리가 참된 인격의 상실을 생존인격이라고 말하는 것을 다음과 같이 설명한다.

우리의 참자기True Self가 부모를 기쁘게 하고 생존을 위하여 참자기를 감출 때, 거짓되고 상호의존적인 자기가 그 자리를 차지한다. 우리는 실제로 참자기의 존재 자체를 자각하지 못하는 만큼 우리의 참자기를 자각하지 못한다. 실제로 우리의 존재 자체를 접촉하지 못한다. 점점 더 우리 자신이 그 거짓자기라고 생각하기 시작한다. 그렇게 그것은 습관이 되며, 마침내 중독이 된다(Whitfield 1991, 5).

원상처는 피할 수 없는 것 같으므로, 위니캇의 '거짓 자기', 그리고 윗필드의 '거짓 상호의존 자기'인 생존인격은 어느 정도는 우리 모두에게 출발점이 된다는 것을 강조해야 할 것이다. 생존인격은 단순히 일차원적인 면, 곧 깊이와 풍부함이 결여된 빈껍데기만은 아니다. 사실 그것은 종종 평균 수준 이상으로 잘 기능할 수 있다. 실제로 감동적인 재능과 능력을 발휘하기도 한다. 위니캇은 거짓자기가 참자기의 표현을 거의 똑같이 모방할 수 있다고 주장한다(1987, 147). 그러나 그렇게 잘 기능하더라도 거기에는 핵심적인 무엇인가 우리의 삶 속에서 실종되었다는 느낌, 무언가가 결여되어 있다는 부족감이 있다.

제3장의 엘렌의 사례를 다시 보면, 그녀의 생존인격은 직장에서 성공적이며 재능 있고 헌신적으로 일하는 사람으로 나타났다. 훌륭하게 기능하는 그녀의 인격 밑에 숨겨진 것은 어린 시절의 슬픔, 분노, 고통의 수준이었으며, 그녀는 결국 그것을 자각하게 되었다. 다음의 실례는 생존인격의 다양성을 설명하

는 데 도움이 될 것이다.

내가 성공할 때마다 그것은 요행이었을 것이라고 말한다. 나는 그것을 사람들에게 떠넘기고 그런 일들을 정말로 내가 했을 리가 없다고 말한다.

나는 치료를 받고 잘 회복되었더라도 무엇인가 실종된 것 같을 것이다. 결국 내가 누구인가를 결코 발견하지 못했던 것 같다.

나는 영성 수련을 했고 교회에서 좋은 평판을 받았다. 그렇지만 내가 친밀한 관계를 맺으려고 할 때마다 두렵고 압도당하는 느낌 때문에 멈추어야 했다.

이러한 말들은 그 사람의 실제적인 재능과 기술을 통합하며 잘 기능하는 생존인격을 보여주지만, 우리는 또한 요행으로 얻은 성공의 느낌, 내가 누구인지 모르는 느낌, 두렵고 압도당하는 느낌 등에서 동일시 밑에 놓여 있는 상처를 느낄 수 있다. 물론 우리가 그러한 인격과 완전히 동일시될 때, 상처를 나타내는 경험을 자각하지 못한다. 대신 기능하는 동일시의 한계 안에 남아 있게 된다.

분명히 생존인격은 우리가 세계에서 만나는 피상적인 역할이나 사회적 페르조나만은 아니다. 우리는 놀랄 만한 심리적 영적 성장을 이룰 수 있지만 여전히 생존인격 안에 붙잡혀 있을 수 있다. 우리는 과거의 깊은 상처를 갖고 있을 수 있다. 어린 시절 학대의 기억들을 정화하면서(낮은 무의식), 수많은 다른 심리적 패턴과 하위인격들로부터 해방됨을 느끼면서(중간 무의식), 신성과의 일치 속에서 자아의 완전한 초월을 즐기고 지고함을 경험하면서(높은 무의식) - **온전하게 남아 있는 하위인격들과 함께 이 모든 것을 수행해 나아간다.**

생존인격은 단순하게 인격 안에 있는 하나의 하위인격이 아니라, 우리의 의식 전체를 표현한 거대한 영역에 전반적으로 영향을 미치는 것으로 나타낸다. 우리는 다른 많은 인격의 내용으로부터 탈동일시하는 것은 가능하지만, 생존인격으로부터 거리를 두고 그것을 성찰하게 하는 탈동일시는 쉽지 않다. 다른 하위인격과 콤플렉스는 생존인격이라는 더 큰 맥락 안에 포함된 요소들이다. 우리는 생존인격의 한계 안에 언제나 잘 보존되어 있는 내면 과정의 흐름을 유념해서 관찰할 수 있으며, 탈동일시할 수 있고, '집중centered'할 수 있다. 이것은 제5장 초개인적 동일시에 대한 논의에서 다룬 것이다.

우리들 중 많은 사람들은 특별히 성공 양식이 잘 기능하고, 적응적이며, 세계에서 성공할 수 있을 때 생존인격과 동일시된 채 오래도록 살 수 있다. 그러나 많은 경우에 생존인격은 결국 곧 약해지고, 비존재의 감추어진 큰 공백이 드러난다. 원상처가 깊이 묻혀 있다 해도 그것이 활동하지 않는 것은 아니다. 그렇게 감추어진 상처로부터 받는 압력은 결국 우리의 삶에, 그리고 세계에 큰 피해를 입힐 수 있고 결국 큰 피해를 입힌다.

중독/집착

생존인격을 유지하기 위하여, 그리고 비존재의 위협을 피하기 위하여, 우리는 점점 더 통제되지 않고 우리 자신과 다른 사람들에게 파괴적인 행동을 점점 더 많이 하게 되고, 그런 태도를 취하게 된다. 간단히 말하자면 우리는 집착, 중독, 강박에 빠지게 된다. 여기에서는 이것들을 유사한 것으로 다룰 것이다. 이 집착/중독은 매우 다양하다. 그것들은 강박적 성, 알코올, 마약 중독, 파괴적 과식, 강박적 도박, 인터넷 중독, 관계 중독, 강박적 기도나 명상 등과 같은 것들을 포함한다. 즉, 실제로 생각과 행동의 어떤 유형이라도 강박적으로 될 수 있다.

우리의 삶의 패턴이 강박적으로 될 수 있는 정도에 따라 우리는 그 유형을 이용하여 이전의 원상처를 잘 다루어 생존해나간다. 여기에서 우리는 과거로부터 감추어진 상처를 피하려는 헛된 노력으로 강박과 중독에 사로잡히게 된다.

강박적 성 행위에서 위안과 자극을 찾지 않았다면 나는 어떤 느낌을 가졌을까?
　나는 상실, 외로움, 버림받음을 느꼈을 것이다. (비존재의 위협)

내가 나의 모든 것을 다 바쳐서 일에 매달리지 않았다면 어떤 느낌을 가졌을까?
　나는 공허, 소외, 무가치를 느꼈을 것이다. (비존재의 위협)

나는 왜 이 모욕적인 관계를 떠나지 못할까?
　왜냐하면 나는 상실, 버림받음, 무기력을 느낄 것이기 때문이다. (비존재의 위협)

내가 종교 의식에 충실하지 않았다면 어떤 일이 일어날 것인가?
　나는 나쁜 사람, 수치스럽고 무가치한 사람으로 느꼈을 것이다. (비존재의 위협)

이러한 엄청난 집착의 힘은 대부분 비존재의 숨겨진 위협을 피하기 위한 방법을 제공한다는 사실에서 나온다. 그렇게 숨겨진 위협은 다른 사람들로부터의 비공감적 반응에 기인한다. 그러한 것들은 단순하게 살아가는 과정에서 우연히 쌓인 습관과 취향이 아니다. 그것들은 우리가 원상처에서 살아남기 위하여, 비존재를 피하기 위하여 시도한 필사적인 전략들이다. 이것은 부분적으로는 비존재나 멸절만큼 공포스럽지 않기 때문에 고통, 공적인 모욕, 질병, 육체적 죽음 앞에서도 당혹스러울 정도로 중독이 집요하다는 것을 설명해준다.

그림 6.9는 세 가지의 다른 실례들을 이용해서 비존재의 경험이 집착이나 중독과 맺는 관계를 설명해준다.

그림 6.9에서 화살표는 비존재로부터 비교적 안전한 다른 중독 과정으로 들어가는 것을 잘 보여준다. 부정적인 느낌은 비존재의 위협을 구체화한 것이고 중독의 '기반'이나 근거를 형성한다.[5]

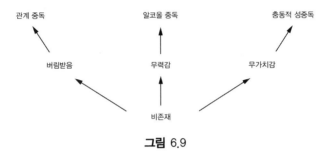

그림 6.9

치료사 빅토리아 타켓Victoria Tackett은 정신통합 문헌에서 중독 아래 놓여 있는 이 상처를 지적하였다. 그는 다음과 같이 말한다. "이 대인관계적 상처를 마비시키기 위하여 우리는 빠르게 중독의 세계로 들어간다(1988, 15)." 찰스 윗필드(1991)는 회복 운동Recovery Movement에서 중독과 상처 사이에 이와 똑같은 연합이 있음을 주장하였다. 윗필드에 따르면 초기 상처는 버림받음, 수치심, 공허와 같은 감정의 원인이 된다. 그것은 마침내 약물 의존, 섭식 장애, 관계 중독과 같은 강박을 만들어낸다. 윗필드도 다른 심리 장애에 그런 상처가 있음을 계속 주장한다.

그것을 정신통합으로 설명하자면, 모든 중독, 집착, 강박 등은 생존인격이 드러나는 것이고 초기의 원상처와 접촉하지 말라는 명령이다. 중독 유형에 의

히여 지지받는 생존인격은 당분간은 원상처를 관리할 수 있지만, 결국 그런 보호는 불안정해질 것이다. 그러면 우리는 '세계의 종말'과 같이 느낄 수 있는 변화의 위기 속으로 던져진다. 우리는 중독에, 개인적 죽음의 위협에, 자기파괴적 관계에, 직장이나 사랑하는 사람을 상실하는 것에 무릎을 꿇게 될 것이다. 생존인격은 해체되고, 지금까지 줄곧 있었던 상처를 느끼기 시작할 것이다. 이때 바닥을 치면서 참된 인격의 발달을 재점화하기 위하여 심연에 다가갈 기회를 갖게 될 것이다.[6]

초기 상처 접촉하기

우리 자신의 참된 표현, 참된 인격은 원상처의 영향을 받기 때문에, 이제 참된 삶의 이야기 속에는 오래전부터 그 상처들이 있었음을 인정해야 한다. 물론 상처가 있는 층에 도달하게 될 때 우리는 잃어버렸던 많은 선물인 새로운 자발성, 경이, 창조성의 원천을 다시 얻게 될 것이다. 그러나 우리의 삶 속에서 다양하게 경험하였던 고통, 불안, 소외, 버림받음도 만나야 한다. 그것은 모두 우리 삶의 이야기, 삶의 여정, 우리의 전체의 한 부분이다. 우리는 뒤에 아직도 있는 것 같은 세계, 그 상처받은 층들이 지금까지도 살고 있는 세계 속으로 기꺼이 들어가야 한다.

달리 말하자면 상처받은 층들을 접촉하고 참된 인격을 회복하려면 반영하기와 공감적 조율하기를 경험해야 한다. **이 층들이 분리되었던 것은 공감적 연합에 장애가 있었던 것이기 때문에 그것들을 치유할 수 있는 것은 공감적 연합뿐이다.** 이것이 이 책에서 가장 중요한 핵심들 중의 하나이고 정신통합에서 매우 효율적인 작업의 핵심적인 조직 원리이다. 상처와 치유는 공감적 연합의 문제이고 관계의 문제이다.

단순하지만 쉽지 않은

이 치유 접근법은 분명하고, 단순하며, 인간적인 것처럼 보일 수 있지만, 우리의 생존 전략들 모두는 바로 그것들을 회피하기 위해 고안된 것이다. 생존인격의 존재 이유는 원상처를 느끼지 않고 기능하는 것이기 때문에, 우리 안에 있는 원상처의 층과 공감적으로 연합하는 것은 이 일차적 명령에 직접적으로 위배된다. 그래서 그것은 단순하고 인간적인 것 같지만, 사실 우리에게 가장 공포스러운 일이 될 것이다.

예를 들어 나의 삶이 불안이나 우울에 의하여 파괴되고 있다고 하자. 나의 생존인격은 이 문제를 해결하고 싶지만 나의 삶은 생존인격이 적절하다고 생각하는 방식으로 계속 이어질 것이다. 내가 첫 번째로 할 것은 환경을 비난하는 것이다. "이런 느낌을 갖게 하는 사람은 나의 부모, 나의 사장, 나의 배우자, 나의 친구야." 그러나 아마도 사장, 배우자, 친구들이 여러 번 변한 후에라야 그 문제가 나와도 관련이 있음을 어렴풋이 깨닫게 될 것이다.

> 삶의 깊이와 진지함을 인지하고, 삶 속에 있는 불안의 위치를 인지하며, 고통을 인지하여 그것에 직면해야 한다.
>
> – 아사지올리

첫 번째 방어가 실패한 후 나는 "제대로 된 약품, 강력한 기술, 획기적인 치료, 정확한 영성 수련을 발견해야 한다. 그것들은 이 감정들을 제거하여 나로 하여금 평화롭게 살게 할 거야."라고 말한다. 여기에서 생존인격은 치료, 인간 성장을 위한 다양한 접근법을 찾아 이 감정들을 없애려 하는 현상이 시작될 것이다. 이것은 사실 새로운 통찰과 자기 지식을 제공하기 때문에 잠깐은 효과가 있겠지만 그럼에도 불구하고 상처받은 층들은 대부분 숨겨져 있을 것이다. 왜 그럴까?

그 이유는 만일 내가 그것들을 수정하거나 치유할 것이라는 생각을 갖고 이 어리고 상처받은 층들에 접근한다면, 나는 처음에 상처를 야기했던 것과 같은 유형의 관계를 맺게 될 것이기 때문이다. 어린이가 너Thou가 아닌 하나의 객체로, 그것It으로 대우받는 관계를 맺는다는 말이다. 상처받은 층은 생존인 격인 '나'가 원하는 삶의 길을 방해하는 장애가 될 뿐이다. 여전히 나는 취약함 을 깨닫지 못하고, 내면의 목소리를 들으려 하지 않거나, 나의 참된 존재를 감 동시키고 감동받기 위하여 나의 삶을 변화시킬 의지가 없다. 판단하지 않는 공감적이며 반영하는 분위기가 없이는 상처받은 층과 그것의 재능은 쉽게 드 러나지 않을 것이다.

그렇기 때문에 '내면 아이 치유'라는 말은 조금은 부적절한 말이다. 아마도 '내면 아이와 나와의 관계 치유'라는 말이 핵심에 더 가까울 것이다. 우리는 기꺼이 생존인격을 놓아버리고 두려움에 직면하여 점차 어린 부분들이 우리 와 함께 살 수 있게 해야 한다. 그것은 문제를 고치거나 질병을 치유하는 문제 가 아니다. 그것은 우리의 삶 속에 어리고 취약한 우리 자신의 국면들을 위한 공간을 마련하는 문제이다. 강조하자면 공감적 실패는 우리에게 상처를 준다. 그리고 궁극적으로 우리를 치유할 수 있는 것은 단지 공감적 관계일 뿐이다.

이제 이 수준의 상처를 치유하기 위하여 서로 중복되는 국면들인 인식, 수 용, 포함, 통합 네 가지를 살펴보자. 이것들은 하위인격들에 대한 장에서 탐색 했던 인격 조화의 국면들이다. 여기에서는 우리의 내면에 이 깊은 층에 이르 는 특별한 방식으로 적용할 것이다.

인 식

　우리는 삶에 매우 심각한 상황만 아니면 우리 자신의 내면에 있는 상처받은 층들을 돌아보는 일이 거의 없다. 생존인격은 엄청나게 회복력이 강해서 정신병리에서부터 잘 기능하는 자기실현, 순수한 영적 초개인적 의식 상태까지 광범위하게 작용할 수 있다. 매우 자주 우리는 근원이 흔들리고, 삶이 무너져내릴 만큼의 개인적 취약성을 깨달아야 한다.

　알코올 중독자 자조집단에서 처음에는 그 집단에서 회복 중에 있는 알코올 중독자들이 집, 차, 배우자, 가족, 직업 등 모든 것을 잃어버리지 않으면 진짜 알코올 중독자라고 인정하지 않는다고 한다. 모든 것을 상실하지 않고는 바닥을 치지 못할 것이고, 자아보다 더 위대한 것에 완전히 굴복하려는 의지를 갖고 어떤 영적 여정에서라도 밟게 되는 회복의 첫 번째 단계를 발견할 수 없었을 것이다. 나중에 AA의 역사에서 보면, 모든 것을 잃었지만 그러한 고통에 직면했던 사람들은 '높은 바닥high bottoms'을 인지하고 그들의 삶의 진실을 기꺼이 직면하려는 참된 의지를 가지고 있었다.

　우리 자신의 상처받은 국면에 이르는 것에 대한 이야기도 그와 같을 수 있다. '변화의 위기'에 직면하지 못했던 사람들은 그들의 삶을 움직이는 어두운 세력을 바라보려는 동기가 없었던 것 같다. 이것은 결국 생존인격이 베푸는 선물이며 동시에 저주이다. 개인적 취약성, 상처, 고통을 무시하거나 완화시킴으로써 통제하고, 상처에서 살아남아, 계속 살아가게 하는 것이다.

　그러나 생존인격은 삶의 난기류에 직면하여 흔들리기 시작하고, 그때 우리는 바닥을 돌아보려는 의지를 갖게 될 것이다. 이 의지에서 치유의 인식 국면은 시작된다. 다음과 같은 질문을 하게 된다. "우리는 누구를 찾고 있는가?"

'아기 왕' 그리고 '희생자'

우리가 어리고 상처받은 국면들을 인식하기 시작할 때, 공통적인 실수는 우리 안에 있는 유아, 어린이, 청소년이 단순하게 자기중심적이고, 요구가 많은 인격의 국면이라고 믿는 것이다. 정신통합은 사실 그와 같은 자기중심적인 구조를 일차적 자기애의 초기 단계에서 원형적이고 유아적인 잔여물로 이해할 것이다. 프로이트는 유아의 타고난 자기애를 설명하기 위하여 '아기 왕, 폐하His Majesty, the Baby'라는 용어를 사용했다(Cunningham 1986, 4).

그러나 우리의 견해로는 어떤 과대적 자기애라도 전혀 타고난 특성이 아니라 **원상처의 결과**라는 것이다. 사실 이 자기중심적인 부분은 초기의 공감적 실패에 반응하면서 발달시킨 생존인격의 국면들일 뿐이다. 프로이트의 용어에 대하여 약물 의존 상담자 탐 커닝햄Tom Cunningham은 우리가 생존인격이라고 부르는 것을 '아기 왕 또는 여왕'이라 하여 다음과 같이 설명한다.

무가치함, 자기 비난, 무소속감과 같은 이 감정은 인격의 핵심 부분이 된다. 이기적이고 요구를 많이 하는 존재인 아기 왕 또는 여왕은 수치심과 부적절함과 같은 감정에 대한 반응으로 생겨나는 것이다. 우리가 수용받으려 하거나 다른 사람들을 기쁘게 하려고 노력할 때, 내면에서 더 좋게 느끼기 위하여 외부에 있는 것들을 찾기 시작한다. 디자이너 옷, 빠른 자동차, 매력적인 여자 친구나 남자친구, 마약, 아슬아슬한 삶의 흥분 등은 우리의 고통을 달래는 데 도움을 준다. 우리는 뜻대로 하기 위하여 매력적이고 멋진 겉모습을 발달시킨다. 쾌락 추구, 권력 추구, 관심 추구 책략이 공허함을 채우기 위하여 사용되지만 공허함은 그대로 남아 있다(1986, 4).

위의 인용문에서 커닝햄은 일차적 구조나 타고난 태도를 설명한 것이 아니고, 수치심, 부적절함, 내면의 공허함 등 원상처의 특징적 결과에서 살아남기 위한 방법을 설명한 것임을 특히 주의하라. 우리는 그렇게 태어나지 않았다. 우리의 영혼의 심각한 침해를 관리하기 위하여 그런 방식으로 우리 자신을 형성했다. 아니, 그런 태도와 행동은 '유치한 것'이 아니다. 그것들은 어린 시절의 타고난 특성이 아니라, 상처가 그렇게 표현된 것들이다.

때때로 희생자The Victim로 불리는 생존 유형에 대해서도 똑같이 말할 수 있다. 이 불행한 비난투의 용어 '불쌍한 나', '자기 연민' 등은 종종 상처받은 인격을 드러낸다. 이때 삶에 대한 의존적이고 수동적인 자세를 지지하는 방식으로 과거의 고통과 동일시한다. 그것은 우리가 앞으로 살펴보겠지만, 상처와 역동적이고 책임감 있는 관계를 맺는 것과는 매우 다르다. 이 의존 밑에는 종종 초기의 학대나 방치 때문에 세계가 우리에게 빚을 지고 있다는 느낌이 있다. 심지어는 교만한 자격의 느낌, 오만한 요구도 있을 수 있어서 "당신은 나에게 빚이 있어."라고 주장하기도 한다.

아기 왕처럼 희생자도 공격받지 않은 사람의 삶에 대한 일차적 반응이 아니다. 이 두 가지는 모두 초기 상처에 반응하기 위하여 발달시킨 생존 형성물이다. 우리 자신의 소위 '자기애적인' 국면들은 인격의 참된 형성층이 아니다. 그것들은 인간 영혼에 대한 공격을 극복하기 위한 필사적이고, 주도적이며, 궁극적으로는 자기 파괴적인 시도이다.

이렇게 문제가 되는 태도의 역설은 세계가 우리에 빚을 지고 있다는 것이다. 우리가 자신을 방어할 수 없는 무기력 상태에 있을 때, 세계는 우리에게 영향을 끼친 심각한 상처에 대한 인식과 반응의 빚을 지고 있는 것이다. 이것을 정의라고 한다. 그러나 생존인격의 비극은 종종 상처를 다루기 위하여 발달시킨 바로 그 행동이 상처를 말하지 못하게 한다는 것이다. 이 극단적인 태도는 사실 상처를 노출시키지 않고 치유를 허용하지 않는다. 그 대신 실제적으로 상처가 드러나지 않고 치유되지 못하도록 중독을 형성한다.

생존인격을 통하여 보기

인식에서 중요한 것은 생존인격 밑에 있는 상처를 볼 수 있어야 한다는 것이다. 그러나 우리는 종종 이러한 유형의 인격을 무시하기 때문에 상처를 보지 못한다. 실제로 '어린애 같은', '유치한', '자기애적인', '원초적인', '미성숙한', '원형적인' 등의 말은 말할 것도 없고, 아기 왕이나 희생자와 같은 무례하고 모욕적인 이름은 깊은 인격 패턴과 공감적 연합을 효율적으로 차단한다. 만일 우리가 우리 자신이나 타인들 안에 있는 이 유형을 비하한다면, 그 인격 밑에 있는 상처를 인식하고, 그것과 관계를 맺고, 치유하는 데 우리 자신을 효율적으로 차단시킬 수 있다.

너무 자주 우리의 상처를 말하는 것, 고통을 표현하는 것 등은 어떤 것이라도 단순하게 징징거리는 소리이고 자기 연민이라는 가정에 의하여 무시된다. 그러나 우리는 고통을 동일시하는 것과 진실한 고통을 구별할 수 있어야 하고, 진실한 희생을 희생자와 동일시하는 것과 구별할 수 있어야 한다. 사실 우리는 모두 희생자다. 우리는 인식되어야 할 실제적인 상처를 가지고 있다. 이 상처를 어루만지고, 참된 경험과 생존 경험 사이가 혼란스럽게 혼합되는 것을 경험하면서 오랫동안 슬퍼하고 아파할 수 있어야 할 것이다.

다음에 나오는 대화에서 정신통합 치료를 받는 내담자 탐Tom은 생존인격을 통하여 그 아래에 있는 상처를 본다. 그는 강박적으로 떠벌리려고 노력했으며 그의 일부는 언제나 자신이 얼마나 위대한가를 다른 사람들에게 알려야 한다고 느꼈다.

탐　　: 나는 나의 내면 아이를 발견했어요. 그를 내면의 버릇없는 놈이라고 불러요. 그는 언제나 떠벌리죠. 당황스러운 일이죠.

치료사: 그 아이는 그 얘길 들으면 어떻게 느낄까요?

탐　　: 그는 화나고 부루퉁해 있어요.

치료사: 그것은 당신에게 어떤 느낌을 주나요?

탐　　: 약간 죄책감을 느끼는 것 같아요. 잘 모르겠어요. 나는 언제나 중심인물이 되어야만 하는 그를 참을 수가 없어요.

치료사: 그가 자랑하지 못할 때 어떤 느낌이 드는지 그에게 물어보세요.

탐　　: 그는 중요한 사람이 아니라는 느낌이 들고, 아무도 그를 보지 않는 느낌이 든다고 말해요.

치료사: 그것은 익숙한 느낌인가요?

탐　　: 네. 그것은 내가 가족 안에서 어렸을 때 느꼈던 것이에요. 나는 언제나 관심을 받기 위해서 실제보다 더 떠벌려야만 했어요.

치료사: 그 아이에게 지금은 어떤 느낌이 드나요?

탐　　: 슬퍼요.

치료사: 그는 그것에 대하여 어떻게 반응하나요?

탐　　: 울고 있어요. 우리 둘 다 울고 있어요. (오래 쉼) 그는 이제는 그렇게 교만하지 않은 것 같아요. 그냥 나와 함께 슬퍼하고 있어요.

치료사: 그에게 해주고 싶은 말이 있나요?

탐　　: 만일 그가 언제나 자랑했던 것을 멈춘다면 그의 고통에 함께 있을 수 있다고 그에게 말하고 있어요. 그는 착한 아이에요. 그는 그것을 증명할 필요가 없어요.

치료사: 그는 뭐라고 말하나요?

탐　　: 웃고 있어요. 그는 기꺼이 그렇게 하려고 노력할 거예요.

탐은 강박적으로 자랑하는 생존 행동을 강요했던 상처의 실제 수준과 공감적 연합을 형성했다. 시간이 흐르면서 그는 아이의 상처받은 세계와 연합했고,

중요한 것은 문제가 된 행위에 적극적으로 한계를 설정함으로써 이 행동을 대폭 감소시킬 수 있었다는 것이다. 그는 그 행동이 재발될 때 알아차릴 수 있고, 그 행동이 파괴적일 때 사죄하는 시간을 가졌다. 생존인격은 때로는 좋은 부모가 아이의 행동에 한계를 정하듯이, 단호하게 다루어져야 한다. 그러나 그 행위를 촉발시킨 내면의 감정에는 공감적이어야 한다.

탐의 작업은 보다 초기에 만들어진 상처의 예를 보여준 것이다. 그의 자랑하는 행동은 인간 발달의 초기 자기애적 단계로 추정되는 원형적 원초적 행동이 아니었다. 그것은 원상처가 드러나지 않고 그것에서 살아남기 위하여 필사적으로 고안된 하나의 구조이다.

인식 단계는 내면의 참된 어린 부분을 찾는 것이고, 방어적, 자기중심적, 주도적, 강요적 행동을 통하여 이 자세의 기초에 있는 더 깊은 수치심, 부적절함, 공허함 등의 원상처에 주의하는 것이다. 거기, 그 생존인격의 껍질의 보호막 속에 내면 아이의 깊이가 숨겨져 있다.

의지가 전부다

기꺼이 보려는 의지가 있고, 우리가 찾으려는 것에 대한 명료함이 있을 때, 상처받은 층들로 가는 다양한 길들이 마술적으로 나타날 것이다. 우리는 그 주제에 대하여 책이나 영화 등으로부터 통찰을 얻을 수 있다. 내면 아이 워크숍과 자조 집단에 참여하고, 치료를 시작한다. 자연스럽게 나타나는 어린 시절에 대한 기억을 찾는다. 삶의 문제를 다루는 영화나 연극에 감동을 받는다. 부모, 형제자매나 친척들과 대화하면서 초기 경험에 대하여 깨달아간다.

그러나 우리 자신의 이 어린 부분들은 아마도 친밀한 관계에서 가장 직접적으로 나타날 것이다. 우리는 타인들과 불완전하고 친밀한 연합에 의하여 상처 받았음을 기억하라. 우리는 이 상처가 어디에서 표면으로 드러나기를 기대하는가? 바로 다른 사람들과의 친밀한 연합에서다.

친밀한 관계는 우리의 많은 내면의 수준 전체와 인격의 많은 내면의 원들 전체를 표면으로 드러나게 하는 경향이 있다(그림 6.2를 보라). 그러한 관계는 성인 수준으로 제한되는 것이 아니라 많은 심리적 나이의 모든 것, 그리고 유아의 만지고 안아주는 것에서부터 아동의 자발성과 놀이와 십대의 모험과 풍부한 감정까지 표현하게 한다. 그러나 이 다양한 수준들이 표현될 때 또한 다양한 연령에 수반되는 상처도 표현될 것이다(그림 6.8을 보라).

예를 들어 아주 잘 적응하며 사랑해서 결혼한 두 사람이, 신혼의 달콤한 기간이 지나자, 서로에 대하여 폭력적이고 고통스런 감정에 빠지게 되는 것은 지극히 평범한 일이다. 갑자기 전에는 전혀 문제가 되지 않았던 '작은 일들이' 상처가 되고 견딜 수 없게 된다. 목소리 톤, 매너리즘, 배우자의 습관이 혐오스럽고 화나기 시작한다. 이상하고 예전 같지 않은 방식으로 행동하며 피상적인 일로 싸우는 우리를 발견한다.

그러나 이러한 일들은 작은 일이 아니다. 그것들은 우리가 지금 수영하고 있는 강보다 더 깊은 물이 존재한다는 사실을 인식하지 않기 때문에 작게 보일 뿐이다. 우리는 깊이 숨겨져 있는 더 어린 세계보다 성인의 표면 세계에만 익숙해져 있다. 그러나 친밀한 관계의 공감적 공명 안에서 감추어진 취약성과 어린 부분들의 상처는 재능과 능력과 함께 표면으로 드러나기 시작한다. 그렇게 친밀한 관계 속에서 한때는 '해롭지 않은 농담'도 이제는 상처받기 쉬운 오린이의 가슴에 칼이 된다. 생각 없는 비판에 더 이상 무심해지지 않고 그것이 그 사람의 가장 깊은 자기에 대한 공격으로 느껴진다.

이 모든 것은 두렵고 불안한 것일 수 있지만 우리가 이 감추어진 내면의 취약성이 나오지 않고는 또 다른 것과 진실로 친밀해질 수 없음을 예상할 수 있다. '친밀함intimacy'이라는 단어의 뿌리는 '내면에within'라는 데 있다. 친밀한 관계는 각 사람의 전체성을 이끌어내는데, 인격의 원 전부가 관계 속으로 초대된다. 실제로 이것은 정신통합 개인 치료에서 근본적인 역동이다. 개인 치료는 친밀하고, 공감적인 공명을 확립하여 그 안에서 관계적 상처가 표면화되고 다루어질 수 있다.[7]

이 고통스러운 출현은 종종 진실한 친밀함을 피해갈 수 없다. 관계가 친밀하고 공감적인 공명에 의하여 촉발된 더 깊은 자료의 출현을 피해갈 수 있으려면, 생존인격들 사이의 유대관계를 조작하여 상호 중독, 강박적 패턴, 그리고 망상을 공유함으로써만 가능하다.

이러한 관점에서 보면, 친밀한 부부를 위한 핵심 과제는 각 파트너의 취약한 층을 수용하여 그 사람의 취약한 국면에 대한 안전하고 안정된 환경을 만들어주는 것이다. 여기에서 우리는 '장난스러운 농담playful joking'이 상처받은 아이에게 큰 고통을 줄 수 있고, 무뚝뚝하게 반대하는 것이 상대방으로 하여금 심각하게 버림받는 느낌을 갖게 할 수 있는 것과 정상적인 섹스가 어린 시절 상처 때문에 가혹하고 학대적으로 느껴질 수 있다는 것을 수용하게 된다. 그러한 행동들은 진실한 관계의 성장을 위하여 수정되거나 심지어는 버려야 할 필요가 있다. 부부는 이 어린 부분들을 환영하여, 그들의 경험에 참여하도록 안전한 분위기를 만들어서, 그들의 말을 듣고 그들을 존중하며, 그들이 새로운 관계 안에서 행복한 가정을 발견할 수 있게 해야 한다.

그러나 우리는 앞으로 더 전진해나갈 것이다. 이제 이 치유 과정의 국면으로 돌아가자. 우리는 바닥을 치고 인식 국면에 있는 상처받은 층들을 인식한 후, 수용 국면으로 들어갈 준비가 되어 있다.

수 용

수용 국면은 어린 부분들이 말하고 이해받고 반영받아야 할 필요성을 보다 직접적으로 말해준다. 이것은 종종 이 어린 부분들을 비판하고, 무시하며, 하찮게 만들기 쉬운 하위인격과 작업할 것을 수반한다. 우리는 아기 왕 그리고 희생자라는 용어가 이런 식으로 사용되는 것을 보았지만, 우리가 실수할 때, "이 바보야."라면서 우리 자신에게 화가 나서 중얼거릴 때조차도, 상처에 취약한 아이는 그런 느낌을 가질 것이며 즉시 상처로부터 철수하게 된다. 만일 우리가 상처, 슬픔, 기쁨을 거부하거나 청소년을 놀린다면, 청소년은 수용 받는 느낌을 갖지 못할 것이며 그것들을 감추려 할 것이다. 만일 우리의 취약성에 진절머리가 나서 "그만 징징거리고 어른이 되라."라고 우리 자신에게 요구한다면, 우리 안에 있는 유아는 드러나지 않을 것이다. 이러한 유형의 자기 공감적 실패는 그림 6.10에서 잘 보여준다.

이 그림은 생존 지향성에 의하여 지배받는 성인 수준이 인격의 어린 층들

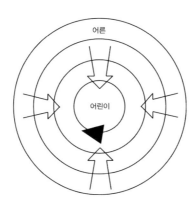

그림 6.10

을 억압하도록 고안된 메시지를 화살표로 보낸다. 부정적 비판, 신념, 태도를 통하여 아이는 억압당하고, 더 중요한 것은 검은 삼각형으로 나타낸 원상처도 억압당한다는 것이다. 내면의 분위기가 이 부정적 역동에 의하여 오염되는 한, 그 아이와 비존재의 상처에는 접근하기 어려울 것이다.

그림에서 억압하는 화살표는 자기 공감의 실패뿐 아니라 환경의 실패도 나타낸다. 만일 삶 속에서 우리의 취약성을 무시하거나 하찮게 보는 사람들이 있다면, 이 관계는 내면 층들을 단절하면서 "착한 아이는 울지 않아.", "당하지만 말고 얼른 커라.", "너는 너무 욕심이 많아.", "참아라."라고 말하는 작용을 할 것이다.

이 내면과 외부 메시지의 맹공격 아래서 생존인격은 힘을 낼 것이고, 우리는 계속해서 중독, 강박, 파괴적 대인 관계를 허용할 것이다. 기억하라. 이 상처를 무시하면 그 상처가 활동하지 않는 것이 아니고 그와는 정반대로 우리가 그 상처에 의하여 무의식적으로 통제당하게 된다는 것이다.

간략하게 말하자면 우리가 변화의 압력 없이, 수치심을 느끼지 않고, 고통스러운 비판 없이, 이 어린이 부분들에 개방할 수 있을 때까지 우리가 참된 인격의 실현을 재점화할 방법은 없다.

어린이 세계에 들어가기

아마도 수용 국면에서 가장 도전적인 것은 내면의 어린이 단계의 실제적이고 직접적인 경험과 함께하는 것이다. 역설적이게도 이 경험은 종종 그것이 우리와 너무 멀리 있어서가 아니라 우리와 너무 가까이 있어서 기억할 수가 없다.

어느 날 저녁 한 남자와 여자가 침대에 나란히 누워서 책을 읽고 있었다. 그때 남자는 여자를 부드럽게 안아주기 위해 다가갔다. 그녀는 약간 짜증난 목소리로, "손 대지 마!" 하면서 그의 손을 밀쳐내고 책을 계속 읽었다. 그 남자는 속으로 상처받고 화가 났지만 아무 말도 못했다. 그들은 예전처럼 계속 책을 읽었고 밖에서 관찰하는 사람은 이 작은 상호작용에서 어떤 특이할 만한 것도 없었다고 말할 것이다.

또한 그 여자는 남자가 물러나서 말을 하지 않고 있음을 알게 될 때까지 아무것도 알아차리지 못했다. 그녀는 뭐가 잘못되었는가를 물었다. 그는 시무룩해서 "아니." 라고 말했다. 그리고 자기 위하여 돌아누웠다. 그 여자는 죄책감을 느꼈지만 무슨 잘못을 했는지 알 수가 없었다. 그들은 말없이 누워있었으며 그녀는 죄책감, 혼란, 버림받음을 느꼈고, 그 남자는 상처받고 화가 나서 보복하고 싶었다.

그녀는 마침내 침묵을 깨고 무슨 일이 있었는가를 물었다. 그 남자는 화가 나서 말했다. "아무것도 아니야! 날 내버려두고 잘 수 없어?" 이렇게 그 모든 일은 시작됐고, 작고 미묘한 그러나 지금은 잊혀진 주고받은 대화가 되는 세상의 모든 것에 대한 긴 싸움으로 확대되었다.

이것은 친밀한 관계 안에서 일어나기 시작하는 초기 상처의 좋은 예다. 여기에서 그 여자가 무심코 했던 말 "손 대지 마!"가 그 남자의 감추어져 있었던 어린 시절의 취약성을 건드렸다. 그 남자는 어머니와의 관계에서 중요한 국면이 있었음을 몰랐다. 그 관계에서 그는 어머니에게 거절당했고 내면에 있는 어린이 층은 아직도 이 상처를 가지고 있었다. 따라서 그 여자의 행동은 부드러운 거절로 느껴지지 않았고 한 인간으로서 자신을 엄청나게 비하하는 것으로 느껴졌다. 그는 사랑과 열린 마음으로 손을 내밀었던 것이 차갑고 위협적인 거절에 부딪혔다고 느꼈다. 그는 외면당하고, 수치심과 무시당하는 느낌이 들었다. 그는 어머니로부터 받았던 원상처를 알지 못하고 있었다.

더 나아가 그의 시무룩한 반응은 그 여자의 내면에 있는 상처받은 어린 부분의 취약성을 자극했다. 그녀의 죄책감과 버림받음의 느낌은 그녀가 자랄 때 성적으로 그녀와 부적절했던 아버지와의 관계에서 고통받았던 상처로부터 나왔다. 실제로 그녀가 처음에 남자의 애무를 거절했던 것도 아버지의 성적 학대에 대한 무의식적 반응이었으며, 그녀의 목소리가 짜증스러웠던 것은 그녀의 아버지에 대한 분노를 볼 수 있게 한 것이었다. 그녀도 자신의 초기 상처로부터 반응하였고, 그것이 눈에 보이는 촉발 사건 이상의 강도를 가진 폭발적인 갈등을 위한 시작 단계였다. 사실 두 사람은 상대방의 어린이 부분의 감추어진 취약성에서 시작하여, 다시 상처받지 않도록 자신들을 보호하기 위하여, 어둠 속에서 투쟁하고 있었던 것이다.

투사?

어떤 사람들은 그들이 주고받은 대화를 양쪽에서 일어나는 투사의 실례라고 말할 것이다. 이 견해에 따르면 이 두 사람은 단순하게 그들의 초기 관계를 지금의 관계에 투사한 것이다. 그러나 사실은 그것보다는 좀 더 복잡하다. 우선 그 여자의 "손 대지 마!"라는 말과 그 남자의 시무룩함은 사실 타인에 대한 공감적 실패였다. 그렇다. 이것은 단순하게 과거의 관계를 현재의 관계로 이전시키는 것이거나 투사가 아니다. 거기에는 실제적으로 현재 일어나는 공감적 실패가 있다. 이 공감적 실패는 각 사람에 의하여 강하게 느껴진다. 왜냐하면 이 초기 상처의 취약성 때문이다. 이것은 과거를 현재에 투사한 것이 아니라, 오래 치유되지 않은 상처를 지금에 와서 다시 상처가 되게 한 것이다.

분명히 여기에서 아동기 시절 수준의 감정을 갖는 것은 어렵다. 왜냐하면 이 감정들은 고통스럽고 압도적이기 때문이다. 이것들은 잠자는 시간에 부드러운 의견 충돌을 하는 두 성인의 감정이 아니라, 침해, 버림받음, 절망의 세계에서 살고 있는 두 어린아이들의 감정이다. 이 실존적 수준의 경험에 참여한 다는 것, 더 나아가 그것을 받아들인다는 것은 성인 세계의 안전하고 밝은 면을 떠나 어둡고 낯설며 때로는 공포스러운 세계로 들어가는 것이다.

그러나 이것 외에도 이 내면세계의 수용은 성인의 정체성과 다른 성인들과의 관계에 위협이 된다는 것을 의미한다. 이 두 사람들에게 감정이 끌리는 것을 수용한다는 것은 그들이 '지나치게 감정적이고, 유치하거나', '희생자의 역할로' 보일 것이다. 그것은 전혀 성숙한 성인으로서 자신의 이미지와 다르고, 각자가 상대방의 눈에 비치기를 원하는 이미지에도 맞지 않는다. 내면세계의 깊이를 인정한다는 것은 약하고, 취약하며, 의존적으로 보이는 것을 감수한다는 것을 의미한다. 그리고 그들이 통제할 수 있는 성숙한 성인이라는 생각이 거짓임을 보여주는 것이다. 그때 다음과 같은 질문이 생길 것이다. '나의 파트너는 내 안의 이 감정들을 받아줄 것인가? 아니면 이것으로 관계가 끝나는 것인가?'

생존 계약

초기 상처의 수용은 작은 문제가 아니지만 다음과 같은 질문에 의하여 생긴 또 다른 도전이 수용 국면에 있을 수 있다. 나는 처음에 버림받음, 거절, 상실과 같은 상처를 어떻게 갖게 되었을까? 이것은 우리의 어린 시절, 우리 자신, 그리고 가족의 오래된 이미지를 위협할 것이다.

예를 들어 만일 위의 예에 나온 남자가 치료를 받으러 와서 거절 경험을 탐색하기 시작한다면, 그는 자신이 어린아이였을 때 어머니가 어떻게 거절했는가를 깨닫고 충격을 받을 것이다. 특히 어머니가 외적으로 사랑하고 지지적이었다면 더욱 그렇다. 그가 이 거절을 더 탐색할 때 어머니를 배신하고 있는 것과 같은, 신성한 금기를 거스르고 있는 것처럼 느낄 것이다. 이 배신감이나 불성실, 즉 이 과정에서 생기는 일반적인 감정은 그의 생존인격을 구축했던 계약, 즉 어머니로부터 수용받기 위하여 자기 자신과 어머니를 특정 방식으로 보기로 한 계약을 위반하는 것이기 때문에 생긴다. 이 함축적인 계약을 깨고, 관계의 감추어진 파괴적인 면에 대하여 말한다면, 어린이 부분은 결정적인 초기 양육자에 의하여 외면당한 것을 직면하게 될 것이다. 즉, 어린이 부분이 비존재와 멸절에 직면하게 된다.

생존인격은 초기 양육자에게 수용받기 위하여 특정 방식으로 존재할 것을 요구하는 심리적 계약에 기초하고 있다. 가족 안에서 자기를 내세우지 않고 돕는 자가 된 엘렌의 계약(제3장), 아버지의 인정을 받기 위하여 일하는 사람이 된 마크의 계약(제4장)을 생각해보라. 이 계약들은 안정, 소속감과 정체감, 우리가 누구인지를 아는 것, 그래서 비존재를 피할 수 있는 것을 제공한다. 그러나 이 안전한 정체성에 대하여 우리가 치루는 대가는 권위적 인격의 억압, 경험의 중요한 국면들에 대한 단절이다. 그리고 만일 우리가 이제 이 어린이 층들의 실제적인 경험을 듣기 시작하면 우리 자신 또는 다른 누구라도 지금까지 알았던 것보다 훨씬 더 어렵거나 파괴적인 초기 삶을 드러내는 경험 세계를 알아내기 시작할 것이다. 이렇게 드러난 것은 안전한 정체성에 도전하여 또 다시 오래된 비존재의 위협을 가해올 것이다.

"그러나 나의 가족은 좋았어. 물론 우리는 완전하지 않았어. 그러나 나는 어린 시절을 괜찮게 보냈어." 이것은 아동기 시절의 국면들에 대하여 절대적으로 맞는 말일 것이다. 그러나 이것은 버림받음, 침해, 고통의 깊은 국면들이 없었다는 의미가 아니다. 아이들의 경험과 완전히 공감적으로 연합될 수 있는 양육자나 다른 통합중심은 없는 것 같다.

고통을 수용하지 않는다면, 종종 그것은 신경증적 조건을 만들 수 있다. 그러나 피할 수 없는 고통을 너그럽게 수용한다면, 그것은 통찰, 성장, 성취로 인도할 것이다.
— 아사지올리

그러나 초기 상처의 현상적 세계를 완전하게 수용하는 것은 **우리의 삶에서 잘못된 것은 모두 양육자의 탓이라는 의미가 아니라는 것**을 분명하게 하자. 사실이다. 우리 자신을 공감하는 것은 분명히 부모의 파괴적인 면을 보는 것 또는 부모에 대한 깊은 분노를 수용하는 것을 의미할 수도 있다. 그러나 비난하는 것은 이것과는 상관이 없다. 여기에서 중요한 것은 우리 안에 있는 어린 시절의 층과 상처 모든 것을 정직하게 이해하고 수용하는 것이다.

또한 이 초기 층에 대한 자각은 반드시 상처의 원인이 되었던 사건들을 정확하게 기억하는 문제가 아니라는 것에 유의하라. 동심원 모델을 기억하라. 우리는 내면의 더 깊은 층을 인식하고 수용하기 위하여 다른 어딘 가로 갈 필요가 없고 지금 여기의 경험으로 들어가는 것이다. 위의 실례에서 본 부부의 과제는 과거의 기억을 되살리는 것이 아니고, 그들의 의식적 상호작용 아래에 있는 더 깊은 감정과 생각을 드러내는 것이다. 여기에서 초점은 과거를 기억하는 것이 아니라, 비록 기억은 종종 부산물이기는 하지만, 지금 우리 안에 있는 더 어린 부분과 공감적으로 연합하는 것이다.

치유하는 환경

상담이나 심리치료와 같은 어떤 유형의 치유 환경에서도 내담자들이 생존계약을 깨고 초기 상처의 경험을 수용하는 것은 보통 그런 것들을 자신의 삶 속에서 경험했던 상담사들에게 달려 있다. 우리 자신의 생존인격과 씨름하고 상처에 직면할 때만 또 다른 상처를 반영할 준비를 하게 된다.

만일 우리 자신의 상처받은 층을 자각하지 못하고 생존인격과 양육자와 맺은 생존 계약의 통제를 받는다면, 우리는 내담자의 내면에 있는 이 층과 공적으로 연합하기 어렵다는 것을 발견할 것이다. 사실 만일 내담자의 상처에 직면하게 되면, 좋은 의도를 가지고 취약한 아동의 경험으로부터 내담자를 보호함으로써 그를 도우려 할 것이다. 예를 들어, 상담사는 내담자에게 초기 양육자들이 겪었던 어려움을 빨리 이해하라고 충고할 수 있다. 고통의 깊이와 의미를 참으로 이해하기 전에 그 고통을 부드럽게 넘어갈 수 있는 기법을 활용하거나 조속히 용서의 과정을 밟으라고 격려할 수 있다. 치료사이며 작가인 엘리스 밀러Alice Miller는 다음과 같이 말한다.

> '용서의 제스처'가 당신을 더 좋은 사람으로 만들 것이라는 종교적 개념은 결국 당신을 정신분석 치료를 받도록 하였다. 마치 이 제스처는 어린 시절 이후 내면에 깊이 잠들어 있는, 그리고 신경증에서만 설명될 수 있는 어떤 것을 제거할 수 있을 것 같았다(1984b, 213).

그렇게 잘못된 치유법은 실제로 그림 6.10에서 역동적으로 잘 설명된 억압을 말해준다. 그것은 우리 내면의 어린이 부분들이 새로운 공감적 연합을 발견하지 못하게 하며, 더 많은 상처를 받게 할 것이다. 그리고 생존인격을 더 견고하게 만들 것이다. 더 깊은 층의 수용은 상담사와 내담자에게 똑같이 종종 개인의 변화를 요구한다.

수용 국면에서의 과제는 생존인격이 상처받은 층들의 현상적 세계를 덮어버리는 것을 허용하지 않고 우리 자신을 그 세계에 개방하는 것이다. 그러나 내면에서 파괴된 세계를 수용하는 것은 엄청나게 불안을 유발할 수 있고, 그 불안이 계속될 것임을 인정하자. 우리가 이미 살펴보았듯이 전 과정은 비존재의 위협에 둘러싸여 있고 오직 존중해주고 안전하게 해주는 것만이 파괴된 세계를 밝히고 수용하는 것을 지지할 수 있다. 이 과정은 강제로 할 수 있는 것이 아니다. 이 작업을 통하여 우리는 단순하게 내면의 어린이 부분의 세계에 점점 더 공감적으로 조율하려는 시도를 하는 것이다. 우리는 압력을 가하거나, 영리한 기법을 사용하거나 강압적으로 공감적 관계를 맺을 수는 없다.

바닥을 치고, 어린 시절 상처의 세계를 인식하며, 이 세계를 어느 정도 수용하면서, 어린이 국면들을 일상의 삶 속에 보다 충분하게 포함시킬 수 있다.

포 함

포함의 국면은 '더불어 살기living with' 국면으로 불릴 수 있다. 이것은 당신이 버림받은 유아, 아동, 청소년을 발견하여 그를 입양하고, 이 어린이를 집으로 데려와서 함께 살았다는 것에 비유할 수 있다. 아마도 이것은 은유 이상이 될 것이다. 잠시 이것에 대하여 생각해보자. 만일 당신이 예민한 어린이를, 당신과 매 순간 함께 있을 어린이를 집으로 데려왔다면, 당신의 삶에서 무엇이 변화되어야 할 것인가?

포함은 지속적으로 순간순간 일어나는 과정이다. 그것에 의하여 우리는 우리 자신의 어린 부분들을 입양하여 그들과 더불어 친밀한 관계 속에서 살기 시작한다. 포함은 이 내면 아이들이 더 큰 인격 안으로 들어간다는 의미에서 '통합'된다는 의미도 아니고, 생존인격의 필요에 맞추기 위하여 그들을 변화시킨다는 의미도 아니다. 그것보다는 일상의 삶에서 그들을 수용하기 위하여 필요한 어떤 생활양식이나 태도라도 변화시킨다는 것을 의미한다. 우리의 삶에 그러한 공간을 창조함으로써만 이 어린 부분들이 새로운 통합중심과 공감적으로 안아주는 새로운 환경을 발견할 것이고, 그것에 의하여 치유되고 성장할 것이다.

관계 평가하기

이 내면 아이를 의식적으로 우리의 삶 속으로 데려올 때, 그들은 언제나 무의식적으로 존재하고 행동하지만, 종종 현재의 개인적 전문적 관계가 그들에게 어떤 영향을 미칠까를 평가할 필요가 있을 것이다. '모든 것에 재미를 느끼는' 나를 비판하고 하찮게 만드는 친구가 있는가? 나의 파트너는 말과 행동에서, 나의 취약성과 예민함이 좋지 않다는 메시지를 주는가? 나의 슈퍼바이저나 동료들은 직장에서 비공감적, 심지어는 학대적인 분위기를 만드는가? 그러한 질문들은 우리의 삶이 변화할 필요가 있음을 말해줄 수 있다. 그렇게 내면의 어린이 부분들은 살아서 성장할 장소를 찾는다.

이러한 변화 유형의 실례는 제3장에서 살펴보았던 엘렌의 상담 여정에서 볼 수 있다. 그녀는 상당히 회복되고 치유된 후 그녀의 직장이 그녀에게 얼마나 파괴적이었던가를 깨닫기 시작했다. 그녀는 처음에 생존인격과 동일시를 해서 성적 차별, 불합리한 업무량, 그녀를 둘러싸고 있는 높은 압력을 알 수 없었다. 그것을 안다는 것은 그 모든 것의 고통을 느끼고 직장에서의 생존 계약이 자신과 상충된다는 것을 알아야 한다는 것을 의미했다. 돌이켜보면 엘렌은 잠깐 이러한 부당함을 알고 있었지만, 재빨리 생존 입장에서 말하는—원가족과 현재 직장에서의 생존 계약의 역할이 말하는 '모든 것이 다 괜찮아'를 다시 주장했다.

그녀가 변화의 위기를 경험했을 때, 그녀의 자각은 점점 커졌고, 그녀는 그 상황을 더 분명하게 알게 되었다. 그녀는 내면 아이와 만나기 시작했고, 근무 외 시간에 필요로 했던 것을 그 아이에게 해주었고, 그들은 스트레스를 많이 주는 일도 잘 해낼 수 있었지만, 결국 직장의 상황이 너무 불공평한 것으로 드러나면서, 그녀는 고용주의 행동과 정책에 도전하기 시작하였다. 그녀가 그 상황에 변화를 주긴 했지만 결국 그녀는 훨씬 더 건전한 환경의 새로운 직업을 구하기로 하였다.

물론 엘렌처럼 상황을 바꾸는 것이 언제나 가능한 것은 아니다. 우리는 종종 억압하는 환경에서 살아남는 법을 배워야 한다. 그러나 이렇게 어리고, 더 민감한 우리 자신의 국면을 포기하지 않고 그렇게 할 수 있을 것인가? 내면의 어린이 부분들인 인격의 가장 내면의 층에 안전하고 양육적인 장소를 우리의 삶에서 발견할 수 있을 것인가?

삶의 많은 관계는 물론 쉽게 변할 것이다. 그렇기 때문에 어린이 부분들도 그 관계에 포함될 수 있다. 우리를 존중하는 사람들은 우리의 욕구에 대한 단순하고 직접적인 진술과 요구를 존중할 것이다. 우리의 내면 아이는 그러한 관계 속에서 살아갈 공간을 찾을 수 있을 것이다.

여기에서 강조하는 것은 그 아이를 '바로 잡아주고shaping up', '수정하여fixing', '치유하는 것healing'이 아니라, 그 아이가 우리의 현재 관계 속으로 들어와서 잘 적응하는 것임을 주목하라. 현재 우리의 관계를 변화시키는 것에 초점을 맞추기 때문에, 어린 시절 층은 환영받고, 안전해지며, 그렇게 함으로써 그것들이 나타나고 치유되며 성장할 수 있게 된다.

함께 시간 보내기

새로운 어린이와 함께한다는 것은 우선 부모가 된다는 것을 의미한다. 만일 이 어린이가 당신의 삶을 잘 알게 되기를 기대한다면, 그 아이와 시간을 함께 보내는 것이 매우 중요하다. 관계는 오직 관심과 돌봄으로만 친밀해진다. 따라서 두 사람은 앉아서 함께 이야기할 시간이 필요하다.

다른 다양한 방법들을 통하여 우리는 이 어린이들과 의사소통하는 법을 배울 수 있고 점차 그들의 바람과 욕구를 이해할 수 있게 된다. 단지 시간만 필요한가? 그 날의 더 많은 평화와 안전? 노는 시간? 더 많은 모험? 더욱 친밀함? 깊은 층들의 욕구는 보통 일상적인 삶 속에서 매우 쉽게 채워질 것이다. 사실 욕구가 채워지고, 그것을 위한 시간과 공간을 만들어내는 것은 생각했던 것만큼 어렵지 않다.

예를 들어 정신통합 치료를 받는 한 남자가 다음 한 주간 동안 상처받은 내면 아이와 언덕을 함께 산책하기로 합의하였다. 다음 회기에서 내담자는 그 아이가 그 주 내내 없었기 때문에 강박적이고, 자기 파괴적인 행동이 다시 영향을 미치기 시작했다고 말하였다. 그가 이것을 탐색했을 때, 그는 산책하는 시간을 잊고 있었음이 밝혀졌다. 그는 바쁜 일에 쫓겨서 내면 아이를 만나는 것을 잊었고, 아이는 철수했다. 이것은 아이의 작은 외상의 재발이고 공감적 실패로 다시 생존인격을 갖게 한 것이다. 그것이 밝혀지자, 그 남자는 자신이 어렸을 때 그의 아버지가 그를 대했을 때처럼 아이를 대하였음을 알게 되었다. 아버지의 생존인격, 알코올 중독 인격, 그리고 지금의 아들의 생존인격은 그 아이를 볼 수 없었고 만날 수 없었다.

포함 국면은 계속 이어지는 과정이다. 그것은 한순간의 통찰이 아니고 돌파구 경험도, 하나의 중요하고 정화된 기억도 아니다. 이것들이 포함 과정에서 가치 있는 국면들일지라도 포함은 관계를 의미한다. 그것은 의식적으로 내면의 아이와 사는 것이고 그 아이와 함께 일상적인 선택을 하는 것이다. 그래야 그 아이가 우리의 삶에서 변화의 압력을 받지 않고 안전하게 살 수 있다. 공감적 실패는 깊은 내면의 수준을 분리시켜놓기 때문에 우리가 그 수준과 재결합할 수 있으려면 공감적 관계를 맺을 수 있어야 한다.

치유하는 관계

지속적인 포함을 통하여 우리는 생존인격의 요동 속에서 실수도 하고 공감적 실패도 할 것이다. 여기에서 중요한 점은 이 실패가 수정되어야 한다는 것이다. 예를 들어 아이와 산책하는 것을 잊은 그 남자는 아이에게 사과해야 하고 약속 위반에 대한 사과로 아이를 위해서 다른 무엇인가를 해야 한다.

내면의 자기비판, 무절제한 격노, TV, 라디오, 신문, 다른 매체 등의 미디어 중독에 빠져서 아이를 잊는 것, 폭력적 상황에 아이를 노출시키는 것과 같은 공감적 실패는 모두 인정되고 치유되어야 한다. 사실 어떤 중독이나 집착도 우리 자신의 내면 층들에 접근하는 것을 막는다. 어떤 관계라도 수정해감으로써 회복될 수 있는 존중감과 안전의 기초를 형성하며, 그것은 시간이 흐르면서, 만일 수정하고 나서 진짜 변화가 생긴다면, 분명히 일어날 수 있는 실수를 다룰 수 있게 한다.

생존인격에 대하여 책임을 진다는 것은 우리가 비판, 복수, 풍자적 유머 등으로 다른 사람들에게 상처를 주었을 때, 그들의 고통에 대한 수정을 포함할 수도 있다. 많은 사람들이 12단계 프로그램에서 배웠듯이 생존인격의 잘못을 수정하는 것은 과거 속으로 들어가서 큰 치유 효과를 낼 수 있다. 이 프로그램의 멤버들은 그들이 상처 주었던 사람들의 목록을 작성하고, 그들 모두에게 수정할 의지를 갖고, 그렇게 하는 것이 더 해롭지만 않다면 그것들을 수정한다(Anonymous 1976, 1985).

그러한 작업은 과거에 관한 것이 아니라 현재의 변화에 관한 것이다. 그것은 공감적으로 안아주는 환경을 만드는 데 도움을 주고, 우리가 다른 사람들의 깊은 층들에 대하여 안전하게 느낄 수 있게 한다. 이런 방식으로 공감과 친밀함은 우리의 많은 관계들에 영향을 미치기 시작하여, 어린이가 살아서 숨 쉬는 법을 다시 배울 수 있는 통합중심을 창조한다. 이때 어린이에게 또 다른 상처는 생기지 않을 것이며 참된 인격을 실현하기 위한 공간이 창조된다.

이 내면의 층과 작업하는 것은 내적 과정일 뿐 아니라 깊은 대인 관계적 과정이기도 하다. 우리는 대인 관계에서 상처를 받았고 그것을 치유받아야 할 필요가 있다. 우리와 어린이 부분들은 우리가 그들과의 관계를 치유하고자 할 때, 공감적 타인을 필요로 한다. 친구이든, 가족이든, 자조 집단이든, 또는 치료이든 거기에는 치유가 일어날 수 있는 건강하고 안아주는 환경이 있어야 한다. 그러한 새로운 통합중심은 우리의 삶 속에 있는 어린이들을 포용하도록 촉진하며, 결국 참된 인격의 지속적이고 안정적인 실현을 지지하는 내적 통합중심을 형성하게 한다.

통 합

하위인격과 작업할 때, 통합 국면은 하위인격들이 새롭고 창조적인 방식으로 서로 관계를 맺기 시작하는 바로 그 국면이다. 그리고 우리의 삶 속에서 가장 의미 있는 가치에 반응하는 표현을 할 것이다. 이 국면은 참된 인격의 발달, 보다 의식적인 자기실현으로의 변화인 정신통합의 접촉과 반응 단계를 특징적으로 보여준다.

우리 내면의 초기 단계들을 작업할 때 통합의 국면도 이와 같다고 말할 수 있다. 그러나 이 경우에 국면은 다음의 두 가지 근원적 관계를 형성함으로써 가장 분명하게 이해될 수 있다. (1) 초기의 내면 층들과 지속적이고 헌신적인 관계, (2) 높은자기와의 지속적이고 헌신적인 관계.

제이미Jamie와 삶의 목적

제이미는 10년 동안 마약과 알코올 중독상태에 있다가 그것으로부터 회복되고 있었던 46세의 변호사다. 그녀는 얼마 동안 삶을 낭비했다는 느낌, 그리고 그녀의 삶에 의미와 목적을 줄 수 있는 휴가가 절대적으로 필요했었다는 느낌으로 괴로워하고 있었다. 그녀는 삶의 절반 이상을 살았으며, 이제 그 시간도 다 끝나가고 있다고 생각하고 있었다.

그녀는 소명을 발견하는 프로그램에 가입하여 다른 흥미와 적성 검사를 받았다. 그리고 인생의 소명을 찾는 것에 대한 자조 서적을 닥치는 대로 열심히 읽었다. 그러나 그녀는 마음이 가는 삶의 여정을 발견할 수 없었으며 더 깊고 깊은 절망으로 빠져들어갔다. 종교를 갖고 있었던 그녀는 중독으로부터 벗어나는 길고도 고통스러운 여정을 거친 후에도 그녀가 가야 할 길을 밝혀주지 않는 하나님에게 분노하고 있었다.

점점 더 심해져가는 우울증과 싸우면서, 제이미는 항우울증 약을 먹고 정신통합 치료를 받기 시작하였다. 그녀는 치료를 받으면서 무엇보다도 삶의 목적을 발견하기를 원하고 있었다. 그녀는 치료사가 자신의 요구를 들어주지 않는 것 같을 때마다 짜증을 내곤 하였다. 그 상황에 직면하여 제이미는 완전히 합리적인 질문, 특히 의미와 목적에 관한 질문을 촉진시키도록 훈련받은 상담사가 던질 만한 질문을 하였다. 그러나 꿈 작업, 이미지, 창조적 표현, 모래 놀이, 내면의 지혜자와의 대화 등 다양한 방법들로 그 질문에 접근하였으나 그녀는 계속해서 인내하고 경청하라는 메시지를 들었다. 그것은 단지 그녀에게 더욱더 화나게 할 뿐이었다.

그녀의 좌절은 시간이 흐르면서 점점 더 깊어만 갔다. 그녀는 절망과 무가치함과 같은 느낌으로 인하여 근본적으로 삶을 낭비했다는 생각을 하면서 더 고통스러워지기 시작하였다. 이 고통이 점점 더 커지자 그녀는 이 고통을 더 가까이에서 듣게 되었다. 그녀는 삶을 낭비했다는 느낌으로 무기력해진 한 아이인 그녀의 한 부분을 발견하였다. 그녀는 이 단계와 연결하여 이 아이의 경험 세계, 즉 알코올 중독 아버지, 심한 우울증에 걸린 어머니, 학대하는 오빠에 의하여 괴롭힘을 당하는 자신의 세계를 찾아내기 시작하였다. 이 기본적인 단계에서 그녀는 가족 체계 속에서 어린 동생들을 돌보는 사람의 역할 이상으로 여겨지지도, 인정되지도 않았다. 이 아이는 자신의 삶을 살 수 없었고, 자신의 삶은 낭비되었다고 느끼고 있었다.

제이미가 자신의 어린 시절 아이와 깊은 공감적 관계를 맺게 되자, 그 우울감은 점점 더 슬픔으로 바뀌었다. 그녀가 본 그 슬픔은 아이의 고통과 상실, 그리고 삶을 낭비하는 모습이었다. 이들 감정에 공감하고 거기에 충실하면서 제이미는 이 아이를 위한 참된 통합중심이 되었고, 그녀가 자신의 이야기를 하도록 그리고 느끼도록 하면서 이 상실된 어린이 부분으로 하여금 그녀의 내면세계로 되돌아가도록 허락하였다.

목적에 중독됨

동시에 제이미는 그녀의 소명에 대한 욕구가 사실 그녀의 내면에 있는 중요한 층의 느낌에 대한 반응이라는 것을 알게 되었다. 그녀의 노력은 인생의 소명을 단순하고도 솔직하게 추구했던 것이 아니라, 아이의 감정을 필사적으로 피하기 위한 것이었다. 실제로 소명 추구는 중독이 되어서 원상처가 자각되지 못하도록 하는 다른 중독과도 같은 기능을 하였다.

돌이켜 생각해보면서 그녀는 자신의 소명에 영향을 미쳤던 자부심과 자기팽창을 인식하였다. 그녀는 낭비와 무가치함에 대한 느낌을 완전히 없앨 만큼 위대한 목적을 찾고 있었고, 그녀에게 무가치하게 보였던 소명을 교묘하게 무시하거나 혐오하게 했던 동기를 찾고 있었다.

제이미는 자신의 어린 시절의 층과 계속해서 살았고, 그러면서 그 아이가 그림을 그리고 색칠하며 자연 속에서 더 많은 시간을 보내기를 원하는 것에 반응하기 시작하였다. 초기 단계에서 이것은 소명을 추구하는 것에서 곁길로 가는 것 같았으나 점차 소명을 철저히 추구하는 데 사로잡혔던 것을 이해하게 되었고 그 아이와 함께 그리고 그 아이를 위하여 기꺼이 시간을 보내게 되었다.

그때 예기치 않았던 일이 일어나기 시작하였다. 제이미는 그 아이와 함께 있는 시간에 평화와 열정을 느끼기 시작했다. 그녀는 점점 더 예술에 흥미를 갖게 되었다. 그녀는 대학에서 강의를 들으면서 다양한 매체를 경험하기 시작했고 결국 예술 공연을 하게 되었다. 그것은 마치 그 아이가 잃어버렸던 씨앗과 같았다. 그것이 일단 회복되고 양육되자 현재의 삶 속에서 꽃을 피우는 것과 같았다. 이렇게 실현되자, 그녀의 위대한 삶의 목적을 향한 충동적인 추구는 사라지기 시작했다.

그녀의 위대한 소명에 대한 강압적인 욕구가 사라지면서 하나님에 대한 분노도 사라졌다. 그녀의 영성 수련은 하나님과의 연합을 느끼는 시간이 되었다. 그리고 실제로 그림을 그릴 때 하나님과 가장 잘 연합되는 느낌을 느꼈다.

그러나 그녀는 이것으로 고민을 하게 되었다. 그녀는 '단지 그림을 그리는 것이' 이 세계에 충분히 '봉사하고' 있는가를 질문하게 되었다. 이 질문에 정직하게 직면하면서, 이제는 '삶의 최고의 목적을' 발견하려는 압력 없이, 그녀가 하고 있는 일이 곧 봉사였다는was 사실을 깨닫게 되었다. 그녀는 단지 그림을 그리면서 존재하는 것이 그녀를 괜찮은 사람으로 만드는 것이었고, 더 나아가 친구와 가족, 사회, 전체 우주와의 관계에 변화를 주는 것이었음을 알게 되었다.

지금까지 제이미의 예술은 다른 사람들이 취미라고 하는 것이었지만, 사실 그것은 그녀의 깊은 본성 속에 간직하고 있었던 강력한 참된 통합중심이다. 그것은 그녀의 높은자기실현의 핵심이고 중심인 것이다. 또한 그것은 그녀의 관계에 영향을 주며, 그 관계가 세계 안에 그녀 자신을 참으로 표현하는 씨앗이 되게 하는 높은자기와의 지속적인 연합인 것이다.

제이미의 여정에서 우리는 통합 국면 속에 있는 두 가지 근원적 관계를 볼 수 있다. 거기에는 인격들의 가장 깊은 층의 상처와 재능과의 헌신적이고 공감적인 관계가 있고, 또한 우리를 수용하는 참된 통합중심을 통한 높은자기와의 헌신적이고 지속적인 관계가 있다.

이 두 관계는 정신통합 치료를 하는 동안 출현하는 것을 볼 수 있다. 치료사와의 공감적 관계는 참된 통합중심으로서 기능하고, 그리고 상담사는 내담자가 자신의 높이와 깊이를 알아가는 동안 내담자를 안아준다. 상상 속에서 작업할 때, 내담자는 자신을 안아주는 더 큰 존재를 느끼면서 자신의 어린 국면을 안아주고 있는 자신을 발견할 것이다. 높은자기와도 직접적인 관계를 맺을 수 있다. 그 사람의 어린이 층들은 성인이 된 자신에게 지혜와 지침을 주는 것으로 밝혀진다. 이 모든 방법들에서 우리는 참된 인격의 중추나 축을 형성하는 두 가지 관계를 볼 수 있다.

개인적, 사회적 그리고 세계적 변화

참된 인격이 내적 외적 관계를 치유함으로써 꽃을 피울 때, 대체로 우리 자신과, 그리고 다른 사람들과 세계에 대하여 공감적 연합이 점점 증가하게 된다. 이것은 우리가 종종 인간의 취약성에 대하여 매우 비공감적인 세계에 참여함으로써 사회적 행동을 할 수 있게 한다. 이때 우리는 우리 자신의 변화와 세계의 변화 사이에서, 종종 어떤 이유로 상호 배타적으로 보이는 두 수준 사이에서, 깰 수 없는 깊은 연관성을 볼 수 있게 된다.

예를 들어 위의 예에서 엘렌은 그녀의 직장을 그만두었고, 제이미는 그녀의 소명을 발견한 것에서, 우리는 개인적 치유에서부터 사회적 치유까지 자연스럽게 일어나는 과정을 볼 수 있다. 그들은 현 상태 그대로를 지지하지 않고 사회적 변화를 일으키는 방식으로 행동하게 되었다. 그들은 자신의 방식으로 억압과 투쟁하면서 사회적 변화에 대한 적극적인 대리자가 되었다고 볼 수 있다.

개인적 변화에서 생기는 사회적 행동은 사람들이 성적 학대를 인식하고 보고할 수 있고, 학대하는 가해자에 대하여 법적 행동을 할 수 있으며, 우리들 사이에서 아동, 가난한 사람, 장애인, 노인들의 연약함을 보호하는 법을 통과시키기 위하여 정치적으로 일할 수 있으며, 모든 사람이 공유하는 지구라는 행성의 안아주는 환경을 위협하는 엄청난 환경 파괴에 맞서 싸울 수 있음을 발견할 때는 보다 더 극적일 수 있다.[8]

실제로 우리 내면의 깊이와 작업하는 바로 그 실체는 가족으로 시작하여, 더 넓은 세계에 의하여 자행되는 학대와 억압을 다룰 수 있는 것 같다. 참된 인격으로 개방하는 이 공감적 과정은 자연스럽게 개인과 가정의 치유로부터 더 넓은 사회와 전체 지구로 확대된다.

물론, 세계에 대한 그러한 관심은 아동이라는 단 하나의 문제를 넘어서 경제, 종교, 예술, 정치적 의제의 형태를 취할 수 있다. 여기에서 핵심은 대부분의 인간이 겪는 고통은 신(神), 진화, 자연, '사물의 존재 방식'에 책임이 있는 것이 아니라, 대부분 인간의 공감적 실패, 그리고/또는 공감적 반응의 부재를 형성하는 구조들 때문이다. 우리는 이것에 초점을 맞추어 무엇인가를 할 수 있다. 이때 우리는 깨어진 인간 조건의 뿌리를 깊이 통찰할 수 있고, 그것을 치유하기 위한 전략들을 식별할 수 있다. 그럴 경우, 상처, 고통, 인간악이 가지고 있는 확고한 본질에 대한 명백한 통찰에 기초한 진지한 노력 자체가 봉사일 수 있다.

따라서 우리의 경험의 더 깊은 수준과 연합하여 참된 인격을 재확립하는 것이 타인들과 세계를 위한 더 폭넓은 관심이 된다. 그러나 만일 우리가 상처와 치유의 여정을 인식하기를 거부한다면 상처받은 세계를 진실로 치유하는 것이 쉽지 않다는 것을 발견하게 될 것이다.

참됨의 여정

우리의 내적 외적 관계가 치유될 때 참된 인격은 나타나기 시작한다. 이 관계에 장애가 되는 것들을 찾아내고 다룰 때, 관심을 갖는 모든 것들과 더 공감적인 교제를 할 때, 우리의 삶 속에서 이 관계를 유지시키는 데 지속적으로 헌신할 때, 우리는 생존인격으로부터 참된 인격으로, 그리고 우리의 참된 본성, 본질적 나됨I-amness을 다른 사람들과 세계를 향하여 드러내는 것으로 방향을 바꾸기 시작한다.

개인적 관점에서 보면 공감은 인격을 '통합하는' 힘이다. 자기 공감을 통하여 우리의 다른 부분들 모두를 수용할 수 있고, 내면의 다양성과 일치를 동시에 느낄 수 있게 한다. 우리는 때때로 '공감이 인격의 접착제'라고 말한다. 사회적 수준에서도 공감적 연합은 똑같은 기능을 하고, 공감은 일치와 차이 둘 다를 수용할 수 있고, 타인과 지구를 결속시킬 수 있는 근원이 된다.

> 통합은 개인과 사회, 이기적이거나 이기적이지 않은 양극 사이의 모순을 초월한다.
> – 아사지올리

이렇게 내적 외적 관계를 사는 삶은 삶의 여정에서 높은자기실현에 이르게 한다고 말할 수 있을 것이다. 이 여정은 우리가 생존인격의 '이기주의'와 싸우면서, 그리고 환상 가운데 살고 있음을 통찰할 때 시작된다. 그 여정은 생존적 동기에 의하여 촉발된 중독과 집착을 내려놓는 것으로 시작하여 이것들 아래 숨겨져 있는 인간의 연약함의 깊이를 수용하는 것으로 진행되어 간다.

이렇게 집착에 직면함으로써 우리는 우리 자신, 타인들, 사물의 상호연결성에 근거하고 있는 세계와 새로운 관계를 맺기 시작한다. 정신통합 용어로, 이것은 '나'와 높은자기 사이의 원초적 분리를 치유하는 것이고, 우주적 존재와 개인적 존재가 하나 됨을 성취하는 것이다.

따라서 우리는 강박적 행동과 노예상태와 씨름하고, 다음으로 우리 내면의 상처받은 부분들을 위하여 내면의 깊이를 탐구하면 경이롭고 창조적인 삶을 살 수 있을 것이다. "나는 알코올 중독에 감사한다." "나는 역기능 가족의 성인 아이라는 사실에 감사한다.", "나는 갈등하는 삶을 살고 있다는 사실에 대하여 감사한다."라는 말을 듣는 것은 흔한 일이다. 아사지올리(1973c)는 "당신의 장애를 축복하라."라고 말하곤 하였다.

그러한 말들은 희생자, '불쌍한 나', 삶을 비난하는 자세를 말하는 것이 아니다. 그리고 세계의 분열을 용납한다는 말도 아니다. 그것보다 고통은 회복

될 수 있음을 인정하는 것이다. 그것은 "내가 오늘의 나로서 존재하기 위하여 실제로 가야 하는 여정이 이것이다. 그리고 나는 그 여정에서 발견했던 선에 대하여 감사한다."라고 말하는 것이다.

생존에서 참됨으로의 이 여정은 우리가 마지막으로 결국 축복받은 완전함의 상태에 이른 우리 자신을 발견하면서 완성되는 여정이 아니다. 참됨은 완전히 이해되는 깨달은 상태가 아니고 걸어가고 있는 하나의 방향성이다. 우리는 언제나 삶 속에서 생존인격과 참된 인격이 섞여 있는 것을 경험할 것이다. 우리는 언제나 불완전한 세계 속에 살고 있는 하나의 인간 존재인 것이다.

핵심은 우리가 회복 중에 있는 인간 존재일 수 있다는 것이다. 우리는 우리의 깨어짐을 받아들이고, 참됨의 방향을 마주하고, 이와 같은 여정에 참여하고 있는 다른 사람들과 함께 걸을 수 있는 사람들이다. 우리가 여행하는 거리가 중요한 것이 아니라, 그 길을 가는 동안 우리가 만나는 동료 여행자들이 참된 선물이라고 말할 수 있음이 중요한 것이다.

결 론

우리는 삶 속에서 통합중심의 공감적 관심을 받을 때, 참된 인격을 발달시킬 수 있다. 우리는 광범위한 경험 영역 안에서 자각(의식)하고 의도(의지)하는 자신을 발견한다. 그리고 우리보다 더 위대한 무엇에 대한 느낌을 가지고 있다. 그것이 우리의 자세와 행동을 의미 있는 여정으로 초대한다. 정신통합 용어로, 참된 인격은 높은자기와 연합하여 통합중심에 의해 부드러워진 기능이다.

우리는 높은자기와의 연합이 비공감적 통합중심에 의하여 깨어질 때, 원상처를 경험한다는 것을 보았다. 이 상처는 우리의 연속성, 자기 공감, 관계에 대한 우리의 느낌을 침해하여 우리들이 상처에 직면할 때 생존하기 위하여 우리 자신의 부분들을 분리시켜, 우리 자신에게 비공감적으로 되는 원인이 되게 한다. 이 분리는 나중에 하위인격들 사이에서 일어나는 심한 갈등 속에서, 환경의 나쁜 영향에 대한 강력한 반응에 놀라서, 집착, 강박, 중독에 취약해질 때, 그리고 생존인격이 우리 자신의 더 깊은 층으로부터 우리를 단절시킬 때 인식될 수 있다.

그러나 우리는 이 책을 통하여 또 다른 분리가 있음을 보았다. 우리의 높이와 깊이 사이의 분리, 우리의 상처와 재능 사이의 분리, 우리의 상실과 축복 사이의 분리가 그것이다. 엘렌이 보다 참된 경험 영역의 기쁨과 고통에 참여할 때(제3장), 마크가 하위인격들의 초기 고통과 창조적인 특성을 발견할 때(제4장), 제이미가 내면 아이의 상처와 재능을 발견할 때(제6장), 치유는 우리의 깨어짐과 선물 사이에 존재하는 분리에 다리를 놓아주는 일에 참여하는 것과 같다.

이 실례들은 모두 우리 내면에 보편적으로 더 많은 분리가 존재한다는 사실을 말해준다. 그것은 높은 무의식과 낮은 무의식이 분리되어 있는 인격의 다른 모든 국면들에 스며들어 있는 것과 같다. 우리가 다음 장에서 탐색하겠지만, 우리의 높이와 깊이 사이의 분리는 원상처가 가져다주는 중요한 결과이다.

높은 무의식과
낮은 무의식

제7장

높은 무의식과 낮은 무의식

우리는 인간이 인격의 모든 단계를 올라갈 수 있는
엘리베이터를 만들려고 노력한다.
— 아사지올리

우리는 참된 통합중심이 우리의 존재 전체에 대하여 개방하는, 즉 자기 공
감을 어떻게 촉진하는가를 살펴보았다. 우리는 신뢰하는 친구와 함께 시간을
보낼 때 그 순간 어떤 일이 발생해도 그 경험을 아무렇지도 않게 받아들이면
서, 그때 경험하는 어떤 특별한 국면과 동일시하지 않는다. 우리는 그런 방식
으로 광범위한 경험 영역에 온전히 참여할 수 있다. 즉, 초월-내재적 '나'를 활
짝 꽃피울 수 있다.

우리는 정확하게 최적의 인간 성장이 전 생애를 통하여 어떻게 성취되는가
를 살펴보았다. 우리는 반영받고 공감받으면서 성장 중에 나타나는 발달적 재
능과 기술 모두를 수용할 수 있다. 삶에서 공감적으로 상호작용할 때 세계 속

에 있는 나됨, 즉 '참된 인격'의 존재 양식을 표현할 수 있는 능력을 발달시킨다.

공감적 통합중심과의 관계는 그 이상 더 깊어질 수 없다. 그것은 궁극적으로 높은자기 ― 영혼, 신성, 하나님, 존재의 근거라고 말할 수 있는 것 ― 와 연결된 느낌이다. 그리고 우주 속에 존재하는 장소와 목적에 대하여 우리가 갖는 느낌은 물론 우리의 실존에 부여되는 관계 형성이다. 따라서 중요한 통합중심이 공감적 타인으로서 실패할 때, 우리가 '너'가 아닌 '그것'으로 대우받을 때, 우리는 존재의 근거와 연결된 생명선이 위협받게 되며, 우주로부터 무nothingness로 추락하게 되어 존재의 근원으로부터 거절당하는 것과 같은 것이다.

우리가 살펴본 것처럼 이 상처는 내면의 갈등, 중독, 집착, 생존인격 형성으로 인도하지만, 이 모든 것 아래에는 훨씬 더 근원적인 것이 있다. 이 고통스러운 반응의 근거에, 그리고 그 모든 것에 영향을 미치는, 우리의 높이와 깊이 사이의 원초적 분리가 존재한다. 여기에서는 우리의 존재 내면에 존재하는 더 깊은 분리를 탐색할 것이다.

원상처와 분리

원상처의 경험에 접근하기 위하여, 당신이 친한 친구와 시간을 보내고 있다고 상상해보라. 관계 속으로 흐르는 따뜻함과 수용을 신뢰하면서 당신은 자연스럽게 친구에 대한 사랑을 말한다. 그러나 당황스럽게도 당신의 친구는 냉정하게 반응하며 철수한다. 침묵하는 냉랭함이 두 사람 사이의 따뜻함을 대신하고, 당신은 사랑 표현이 어떤 이유에선지 두 사람 사이의 공감적 흐름을 깼다는 것을 알게 된다.

이 공감적 흐름이 깨어지므로 갑자기 당신은 분리되어, 홀로 남아서 심지어는 버림받았다는 원상처의 느낌까지 갖게 된다. 당신은 뭔가 잘못한 것 같고 이런 식으로 느끼게 된 것에 화가 나기까지 할 것이다. 당신이 베푼 사랑에 대하여 친구가 보여준 차가운 철수는 관계의 한계에 대한 메시지를 보낸 것이다. 의식적이든 아니든 당신은 이 관계를 유지하려면 한계 안에서 적응해야 할 필요가 있을 것이다. 우선 당신은 따뜻함, 수용, 사랑의 감정을 억제할 필요가 있을 것이다. 두 번째, 거절되었을 때 느꼈던 수치심과 분노를 무시해야 할 것이다. 왜냐하면 그것이 표현된다면 당신의 친구가 피하고 싶어하는 문제를 다시 불러일으킬 것이기 때문이다. 당신의 친구와 처음에 가졌던 연합을 다시 회복하고 싶은 희망을 가지려면 경험의 이 두 국면들은 무시되어야 한다.

물론 성인들은 종종 뒤로 물러서서 공감적 실패의 순간들을 논의할 수 있다. 이때 두 사람은 당신이 표현한 사랑이 친구를 위협했고, 차가운 철수의 원인이 되었던 친밀감에 대한 오래된 두려움을 자극했음을 발견할 것이다. 두 사람은 함께 두 사람 사이의 연합보다 더 컸던 두려움을 피할 필요가 있었음을 깨닫게 될 것이다. 그때 당신은 거절, 소외, 수치심, 분노 등의 경험에 대한 이야기를 할 수 있다. 그리고 다시 사과를 하고 공감하게 되면서 두 사람이 경험을 모두 공유할 수 있게 된다.

높이와 깊이의 분리

그러나 만일 당신이 그러한 솔직한 이야기를 하지 않아서 어린 시절과 같은 일이 일어난다면, 긍정적이고 자연스러운 자기표현, 그리고 그 표현이 거절 당함으로써 생기는 감정들은 의식 밖으로 밀려나서 관계를 맺지 못하게 할 것이다. 당신은 단순하게 친구와의 어색한 순간을 자각하지만, 그 순간이 지나가면 계속해서 아무런 일도 일어나지 않았던 것처럼 행동할 것이다. 이제 당신은 말없이 규칙을 만들어 어떻게 느낄 수 있으며 그 관계 안에서 어떻게 행동할 수 있는지를 규정할 것이다. 그리고 당신의 친구와의 연합은 더 피상적으로 될 것이다.

이런 식으로 공감적 실패의 고통스러운 순간을 무시함으로써 아이에게 절대적으로 필요한 관계는 살아남지만, 그것은 당신의 높이와 깊이로부터 멀어지는 대가를 치르게 할 것이다. 이때 당신의 친구는 그 관계를 유지하기 위하여 당신이 어떻게 행동해야 하는가를 알려주는 권위자 생존통합중심으로 기능한다. 그리고 당신은 생존인격을 나타내면서 당신 자신이 생존통합중심으로부터 나오는 명령에 순응하게 된다.

만일 관계가 지속된다면 당신의 친구는 실제로 사랑과 따뜻함도 상처도 수치심도 표현하지 않고 경험하지도 않는 사람처럼 그 관계에 순응하는 사람으로 당신을 보기see 시작할 것이다. 즉, 친구는 당신을 당신의 생존인격으로 볼 것이다.

이와 비슷하게 시간이 흐르면서 당신은 자기 자신을 이런 식으로 보기 시작하면서, 이 영역을 경험할 수 있는 내적 능력을 상실할 것이다. 달리 말하자면 당신은 자신을 생존인격과 동일시하게 된다. 아사지올리는 높은 무의식과 낮은 무의식의 형성에 대한 말을 직접 한 적은 없지만, 우리는 그의 타원형 그림(그림 2.1)을 사용하여 생존 관계를 설명할 수 있다(그림 7.1을 보라).

삶에서 사람들과 관계를 맺을 때 그림 7.1에서 보여주는 조건은 지나가는 현상일 것이다. 우리의 높이와 깊이로부터 분리된 것은 지나간다. 그 후 우리는 정상적인 경험 영역으로 돌아온다. 우리는 대부분 그렇게 할 수 있다. 왜냐하면 우리는 삶 속에서 다른 외적, 내적 통합중심을 갖고 있기 때문이다. 그것은 우리의 높이와 깊이를 알고 우리의 전체성을 반영해주기 때문에 완전한 경

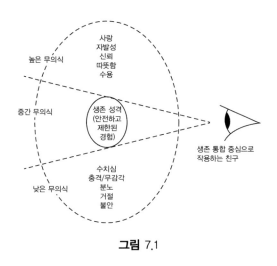

그림 7.1

험 영역을 유지할 수 있게 한다.

예를 들어 앞에서도 논의했듯이, 만일 당신과 친구가 함께 상호작용하는 것에 대한 이야기를 할 수 없다면, 당신은 그 상호작용에서 느끼는 사랑과 고통 모두를 듣고 이해할 수 있는 다른 사람들에게 갈 것이다. 이러한 타인들과 관계를 맺으면서 친구와의 경험은 유지되고 이해되며 통합될 수 있다. 그리고 당신의 경험 영역은 손상을 입지 않을 것이다. 그러한 경우에 만성적인 분리는 없다. 왜냐하면 당신의 경험에는 일시적인 분리만 있지 내면의 구조화된 분리는 없기 때문이다.

분리를 구조화하기

그러나 어린 시절에 맺은 생존통합중심과의 관계는 일시적일 수 없다. 그리고 우리는 경험을 반영해줄 다른 누구도 갖지 못할 것이다. 사실 우리의 실존은 종종 지속적으로 비공감적 환경에 순응할 수밖에 없었다. 우리는 우리 자신의 높이와 깊이를 **영원히** 분리하는 방식을 찾아야만 하고, 실제로 이 높이와 깊이를 전혀 갖지 못할 것 같고, 갖지 못했던 사람이 된다. 우리는 광범위한 경험 영역을 내적으로 자각할 수 없게 된다. 왜냐하면 우리가 내적 자각을 하게 되면, 그것은 외부로부터 인식되어 관계 속에 있는 우리의 위치를 위협할 것이기 때문이다. 우리는 이 경험에 대하여 아무것도 모르는 사람이 되어야 한다.

우리는 비공감적 환경과의 관계를 내면화함으로써 그러한 사람이 된다. 우리는 실제로 더도 덜도 아닌 바로 환경이 원하는 대로 우리 자신과 다른 사람들에게 보일 수 있다. 관계를 내면화함으로써 우리는 더 이상 어떤 경험들이 수용될 수 있는가를 알기 위해 외부 환경에 의존할 필요가 없다. 우리는 이제 내면에 그 관계를 갖고 있기 때문에 그 관계의 명령에 부드럽게 자동적으로 '자연스럽게' 순응할 수 있다.[1]

달리 말하자면, 외적external 생존통합중심에 직면하여 우리는 내적internal 생존통합중심을 형성한다. 그것을 그림 7.2에서 볼 수 있다

이 그림은 우리가 자연스러운 경험 영역의 두 끝을 억압함으로써 영원히 그 영역을 분리했음을 보여준다. 외적 생존통합중심이 우리의 상처와 재능을 보지 못하는 것처럼 이제는 우리도 우리의 상처와 재능을 보지 못한다. 내적 중심에 속박된 우리는 최면 상태에서 내면의 높이와 깊이를 자각하지 못한다. 그러나 그러한 분리와 억압은 원상처에서 살아남을 수 있게 하여 비공감적 환경 안에 안전한 실존의 느낌을 보장해준다. 심리학자 존 웰우드John Welwood는 우리의 깊이와 함께 높이를 상실한 것에 대하여 특별히 자세하게 설명해준다.

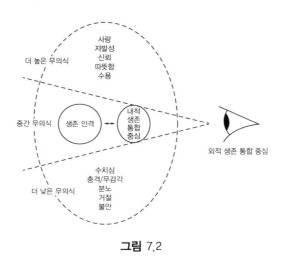

그림 7.2

어린 시절에 실제로 외면당하거나 사랑받지 못한 고통이 너무 커서_{utter} 우리는 계약을 맺고 우리 존재의 일차적인 개방으로부터 고통스러워 하는 부분을 분리시 킨다. 이 존재의 상실은 심연, 결핍의 큰 공간_{a gaping hole}에 원상처를 남기고, 우리는 신념, 상상, 우리가 누구인가에 대한 이야기 등 최면으로 가린다. 우리의 자아구조 는 우리가 실제로 누구인가를 모르거나 지지하지 않는 세계에서 잘 지내는 방식인 생존 전략으로 발달된다. 그것은 보호막이고, 우리의 관심을 심연과 존재의 상실로 부터 전환시킨다. 따라서 우리의 마음은 무너지지 않고 '존재의 주변을 맴돌면서 걸어 다닐' 수 있게 된다. **그러나 자기로 구성된 정체성의 껍질은 우리의 기본적인 본성 안에 포함되어 있는 더 깊은 잠재력의 씨앗에 — 열정, 활기, 기쁨, 능력, 지혜, 현존에 — 다가갈 수 없게 한다**(2000, 247, 뒷부분 강조한 것은 추가된 것임).

환경이 우리에게 원하는 사람이 되기 위하여 우리는 이제 의식으로부터 높 이와 깊이를 제거하였다. 그리고 높은 무의식과 낮은 무의식을 형성하였다. 그 두 무의식은 생존인격과 생존통합중심의 내적 형성에 의하여 억압된 경험 의 두 영역이다.[2]

낮은 무의식과 높은 무의식

우리가 발달 과정에서 비공감적 환경과 관계를 맺을 때 높은 무의식과 낮은 무의식은 계속 확장될 것이다. 점점 더 사랑, 기쁨, 자발성, 아름다움과 같은 공감적 수용에서 나오는 특성들을 경험할 수 있는 우리의 능력이 무의식의 한 부분으로 감추어질 것이고, 수치심, 두려움, 고통, 절망, 분노와 같은 공감적 실패와 연합하는 특성을 경험할 수 있는 능력도 무의식의 또 다른 부분에 감추어질 것이다. 우리의 높은 경험 역역과 낮은 경험 영역을 이런 식으로 억압함으로써 우리는 여러 가지 힘든 환경 속에서 안정과 안전을 발견할 수 있을 것이다.

따라서 그림 7.2는 자연스럽지는 않지만 우리의 정상적인 심리적 상황을 나타낸다. 우리가 그것을 자각하지는 못하더라도 우리 자신과 타인들에 대한 정상적이고 안정적인 경험은 어느 정도는 원상처에 의하여 우리의 높이와 깊이로부터 단절된다. 이제 낮은 무의식과 높은 무의식을 차례로 자세하게 검토해보자(제2장도 보라).

낮은 무의식

만일 비존재나 소멸의 위협이 (위니캇) 외적 통합중심의 공감적 실패로부터 나온 것이라면, 모든 인격이 크건 작건 원상처를 많이 가지고 있을 것이라고 가정할 수 있다. 인간의 삶은 공공연하거나 은밀하게 의도했거나 의도하지 않았거나, 중요한 타자로부터 비공감적 반응을 받은 순간이나 시간들로 가득 차 있다. 분리되고 억압된 비존재에 직면하는 것은 우리가 '낮은 무의식'이라고 부르는 것을 형성한다.

낮은 무의식을 생각하는 한 방식은 그것이 의식으로부터 떨어져나간 특별한 경험 영역이라는 것이다. 그것은 개인적 소멸의 위협, 자기의 파괴, 비존재, 보다 일반적으로는 인간 조건의 고통스러운 면과 관련된 경험 영역을 구성한다.[3]

우리가 이 영역을 억압하여 생존인격을 형성할 때, 그것은 마치 우리가 안경을 쓰기 시작하여 우리 자신의 내면과 다른 사람들에게서 위협적인 경험 유형을 걸러내는 것과 같다. 비존재와 연합된 경험이나 특성들에는 다음과 같은 것들이 있을 것이다.

· 불안과 해체

· 자기나 세계에 대한 의미의 결여

· 상실, 덫에 걸린 느낌 또는 매장된 느낌

· 소외, 버림받음, 추방

· 압도당하고 무기력한 또는 절망스러운 느낌

· 공허함이나 허탈함

· 끝없는 절망

· 격노, 복수

· 죽고 싶음

· 수치심과 죄책감

· 또 다른 상실의 가능성에 대한 압도적인 공포

· 참되지 않음 또는 허위의 느낌

· 낮은 자존감이나 무가치함

위의 특성들 모두는 공감적 연합이 깨진 증상을 갖고 있어서 비존재의 위협이 된다. 그것들은 모두 소멸, 비실존으로 떨어질 가능성과 관련이 있다.

높은 무의식

낮은 무의식이 비존재의 위협과 관련된 경험 영역의 상실을 나타낸다면, 높은 무의식은 존재와 관련된 경험 영역의 상실을 나타낸다. 우리가 생존인격을 형성하면서 우리의 높이를 억압할 때 그것은 마치 우리가 안경을 쓰기 시작하는 것과 같다. 이렇게 시야를 좁히는 안경은 이제 우리의 삶에서 통합중심들과의 공감적 연합으로부터 나오는 긍정적 경험을 갖지 못하게 한다. 그것은 마치 위의 예에서 친구에게 했던 것처럼, 우리도 우리 자신과 세계에 대한 긍정적 국면들을 의식으로부터 제거한다는 것이다.

낮은 무의식이 방금 열거한 힘든 경험의 유형에 의하여 영향을 받는 반면, 높은 무의식은 정신통합에서 **초개인적 특성**transpersonal qualities이라 일컫는 정반대의 경험을 포함한다. 매슬로우는 그러한 특성을 **가치 경험**being values, 그리고 **인지 경험**being cognitions이라고 불렀다. 그것들은 리차드 버크Richard Bucke(1967)의 우주적 의식cosmic consciousness에서도 볼 수 있다. 윌리엄 제임스William James(1961)는 그것을 『종교 경험의 다양성』에서 연구하였다. 마가니타 라스키Marghanita Laski(1968)는 황홀ecstasy을 탐색하였고, 매슬로우(1962, 1971)는 절정 경험peak experiences을 연구하였다. 초개인적 특성들은 아마도 무한하겠지만 Redwood City California에 있는 정신통합 연구소는 다음과 같은 목록을 부분적으로나마 발표하였다(약 1970년경).

· 아름다움, 동정심, 이해력
· 용기, 창조성, 에너지, 힘

- 열정, 영원성, 무한성, 보편성
- 자유, 해방, 객관성
- 협력, 우정
- 관대함, 선, 선한 의지
- 감사, 인정, 찬탄, 경이
- 조화, 유머, 수용
- 기쁨, 축복, 빛, 사랑
- 질서, 인내, 긍정
- 실재, 진실, 봉사
- 갱신, 신뢰, 믿음
- 평온, 평화, 침묵, 침착, 고요
- 단순성, 통합, 전체성
- 이해, 활력, 의지, 지혜

초개인적 특성들은 궁극적으로 높은자기, 존재의 근원과의 연합으로부터 나오며, 잠정적으로 참된 통합중심에 의하여 촉진된다. 그것들은 한때 억압되었지만 높은 무의식을 특징짓는 일차적 관계의 본질적인 속성들이다. 물론 이 특성들 중 많은 국면들은 분리되었거나 억압되지 않고 지속적인 기능으로 통합된 것들이다.

분리의 심오함

인격 안에서 어린 시절에 긍정과 부정, 선과 악을 분리한 것은 서양 심리학의 역사를 통하여 인식되어왔다. 그것은 프로이트(1981), 멜라니 클라인Melanie

Klein(1975), 페어베언W.R.D. Fairbairn(1986), 매스터슨James Masterson(1981), 그리고 컨버그Otto Kernberg(1992)에 의하여, 그리고 초개인 심리학 영역에서는 미카엘 워쉬번Michael Washburn(1994)에 의하여 인식되었다. 그러나 대부분의 사상가들은 이것을 단순한 분리로, 예를 들어, 부모 인물들의 내적 표상을 선과 악 표상으로, 또는 선과 악 '대상'으로 이해하는 것 같다. 물론 이 사상가들은 종종 분리의 원인에 대하여 다른 이론을 주장한다. 그러나 분리의 원인은 그 이론이 내포하고 있는 것보다 훨씬 더 심오하다.[4]

이 분리와 억압에서 우리는 자기 자신, 타인, 우주, 신성의 가장 근원적 경험을 축소시켜서 우리에게 맞춘다. 통합중심과의 공감적 연합은 공감적 실패에 의하여 파괴되거나 왜곡될 수 있지만, 궁극적으로 우리의 존재나 높은자기의 원천과의 연합이라는 것을 기억하라(제6장을 보라). 따라서 이 연합의 파괴는 존재의 근원, 원천, 신, 영혼, 우주와의 연합이 파괴되는 것으로 경험된다.

어린아이였을 때 실패하는 통합중심과의 연합은 우리에게 생명을 주면서 동시에 우리를 소멸시키는 신을 만나는 것과 유사하다. 그렇게 있을 수 없는 모순에 직면하여 그것을 수용하도록 도울 수 있는 다른 통합중심이 없기 때문에, 우리는 통합중심을 긍정적인 신과 부정적인 신으로 분리시킨다. 그리고 두 신 모두를 억압한다. 이 분리와 억압은 우리가 세계를 제한시키게 한다. 그 세계에는 높이와 깊이가 없고 안전과 안정, 생존인격과 생존통합중심의 세계만 있다.

그림 7.2에서 보여주는 상황은 우리가 바로 지금, 바로 이 순간, 신비, 아름다움, 사랑, 그리고 우리를 둘러싸고 있는 신성을 근본적으로 자각하지 못하고 있는 것이다. 때때로 우리는 그러한 경이를 깨닫기는 하지만, 매일매일의 경험은 종종 일몰의 환상적인 색깔, 교향곡의 복잡한 대위법, 우리 주변 사람들

의 선한 가슴, 영원을 부딪혀 만나고, 또는 신성과 하나 되는 경험을 통하여서 감동을 받지 못한다.

마찬가지로 우리는 우리 자신의 행동이나 다른 사람들의 행동에서 비롯된 상처에 대하여 비교적 맹목이 된다. 우리는 경멸적인 말, 주변 사람들의 업신여기는 태도, 내면과 외부의 심한 편견, 인간과 세상의 원초적인 고통의 영향을 충분히 감지하지 못한다. 우리 자신과 다른 사람들에 대한 우리의 공감, 동정심은 제한되고 치유하고 봉사할 수 있는 우리의 능력도 제한되어 있다.

긍정적인 이상화와 부정적인 이상화

높은 무의식과 낮은 무의식은 하나의 전체 국면들, 즉 우리가 삶의 높이와 깊이 둘 다에 참여할 수 있는 완전한 경험 영역의 국면들을 분리하고 양극화한다. 우리가 외적 내적 참된 통합중심들을 통하여 존재 안에 수용될 때, 이 영역은 보존되고 우리는 삶에서 일어나는 것은 무엇이나 경험할 수 있다.

그러나 각각의 억압된 영역은 완전한 경험 영역 중에서 한 국면을 나타내기도 하지만, 또한 의식적 인격으로부터 소외됨으로써 왜곡된 것이기도 하다. 시간이 흐르면서 각 영역은 다른 영역으로부터뿐 아니라 일상의 삶에서 변화하고 통합하는 효과로부터도 보호를 받는다. 이 영역들은 사실 빛과 어두움, 쓴 것과 달콤한 것, 충만함과 공허함 두 면이 다 있는 세계 속에서 지속적인 경험을 통하여 얻어지는 학습의 영향을 받지 않고 변화되지 않는다.

그것은 마치 우리 경험의 긍정적인 요소들과 부정적인 요소들이 순수한 형태로 있는 것과 같다. 그것들은 과일로부터 추출되는 주스처럼 세계로부터 추출된다는 의미에서 힘 있고 의기양양한 본질로 보인다. 다른 비유를 들자면,

우리는 삶의 부정적인 면과 긍정적인 면 둘 다를 볼 수 있는 안경을 잃어버려서, 그 대신 (1) 하나의 안경으로는 긍정적인 것만을 볼 수 있고, (2) 다른 하나의 안경으로는 부정적인 것만을 볼 수 있으며, 마지막으로 (3) 생존인격의 또 다른 안경으로는 부정적인 영역과 긍정적인 영역 둘 다를 배제한다.[5]

어쨌든 긍정적인 면과 부정적인 면은 이제 이상화된 형태로 존재하는 것 같다. 즉, 그것들은 구체적인 현실보다 더 순수해 보인다. 그것들은 우리의 일상적인 삶 이상으로 보이는, 어느 정도는 우리의 정상적인 실존보다 더 근원적이고 더 진실하게 보이는 에너지나 형태가 된다.

긍정적 이상화

따라서 높은 무의식의 에너지들이 갑자기 의식될 때, 경험은 종종 이상적이고 완전한 것으로 묘사된다. 일상적인 삶보다 더 순수하고 큰 영역은 긍정적 이상화라는 영역을 지칭하는 것 같다. 라스키Laski(1968)의 중요한 연구 **황홀**Ecstasy에 수록된 많은 이야기들 중에서 인용한 높은 무의식의 경험에 대한 두 가지 예는 다음과 같다.

> 가슴은 분수처럼 솟아오르고, 갑작스럽게 엄청나게 팽창하는 느낌을 말로 표현할 수 없다. 갑작스러운 영광. … 잠시 동안 개체의 끝이었다. 왜냐하면 갑자기 나와 우주는 하나가 되었고, 기쁨이 그 한복판을 넘쳐 흐르고 있었기 때문이다.(383)

> 나는 그것을 어떻게 말해야 할지 모르겠다. 자신을 잊어버린 아니, 문제가 없는 자신, 그리고 더 이상 일상적인 일과 상업적인 삶과 전혀 상관이 없는 존재 — 처음으로 적절하게 사물들을 있는 그대로 보고 있는 느낌(387).

우리는 여기에서 더 큰 실재에 의하여 완전하고 순수하게 수용되고 있음을 느끼는 것처럼 경이, 기쁨, 팽창을 바라볼 수 있다. 거기에는 이렇게 큰 실재와의 이상적으로 연합됨을 느끼게 되는 것이다. 그 연합됨은 분리된 정체성의 정상적인 느낌과 세부적인 일상의 삶을 초월하는 느낌이다.

그러나 특별히 절정 경험이 강력한 것이라면, 그것은 마치 우리가 열망해야 하는 일상적인 삶 이상의 경이롭고 이상적인 영역을 나타내는 것 같다고 볼 수 있다. 그러나 두 영역을 나누어 이원론으로 보면 잘못될 수 있다. 우리는 잠시 생존인격의 '렌즈'를 벗고 현실을 높은 무의식의 순수한 '렌즈'로 인식하는 것이다. 사실 이 초개인적 에너지는 다른 이상적 세계에 있는 것이 아니다. 그것은 이상적 세계와 분리된 이this 세계의 국면들이다. 처음에는 우리가 그것을 세계 안에서 원래의 맥락으로부터 분리된 것으로 만나기 때문에 너무 순수해 보인다.

우리는 절정 경험에서 특별한 초개인적 특성을 경험할 수 있는 능력을 다시 획득하게 된다. 그리고 갑자기 우리와 세계 안에 언제나 존재하고 있었던 아름다움, 사랑, 경이를 목도하게 된다. 달리 말하자면 이 특성들은 더 이상 실재와 분리되어 이원론적으로 경험되지 않고, 이상화되지 않으며, 현실화된다. 그것들은 처음부터 지금까지 실제로 존재하였던 우리의 일상적인 삶 속으로 통합될 것이다.

부정적 이상화

긍정적 이상화의 순순하고도 보편적인 성격은 우리가 부정적 이상화라고 부르는 것, 즉 낮은 무의식의 특성에 반영될 수 있다. 라스키Laski가 **적막감 경험** desolation experience이라고 부르는 것, 즉 낮은 무의식과 만난 예는 다음과 같다.

나는 형언할 수 없는 계시의 빛이 아닌 끊임없이 계속되는 안개와 어둠 속에 있는 것 같다. 나는 마음을 정할 수가 없다. 모든 것이 '이치에 맞지' 않고 어쩔 수 없이 뒤죽박죽되었다. 전체를 이해하지 못하고 그 순간의 실제적인 의식에 매여 있는 것 같다. 나의 생각 속에 있는 전체 세계는 불가사의하게 빈틈없는 구획으로 나뉘어져 있다. 나는 너무나도 무지하고, 우유부단하고 비능률적으로 느껴졌다. 도저히 집중할 수 없고 글쓰기는 나에게 고통이고 슬픔이다.

사악하기로 말하자면, 비록 나의 마음이 세상에서 가장 사악한 사람으로 보이는 단계, 그리고 인류를 괴롭히는 모든 죄와 악을 행하는 단계에 이르지는 않았다 하더라도, 그럴 수 있음을 너무 잘 알고 있다. 놀랄 정도의 자기중심성은 과대한 힘에 대한 망상의 이면이다. 그것은 가장 깊은 나락으로 나를 데려간다(1968, 160-61).

그러한 적막감이나 심연 경험에서 낮은 무의식적 에너지가 강하게 나타날 때, 우리는 단절과 고통이 세계의 실체라고, 고통이나 악이 세상을 통치한다고, 우리가 불행해지고 무가치하게 될 것이라고, 삶이 모두 의미 없다고 느낄 것이다. 따라서 이 고통의 경험은 긍정적 경험 못지않게 순수할 수 있다. 그것은 삶보다 더 크거나 더 진실해 보이기 때문에 '부정적 이상화'가 된다. 라스키는 이상화가 황홀과 적막감 모두에 있다고 분명하게 지적한다.

이 적막한 상태에서 동일하게 발견되는 황홀의 유일한 특성은 전체에 대한 느낌이다. 느껴지는 것은 전체적이고 절대적이며 전체 삶에 영향을 미치는 것이고 대부분 영원히 지속되는 것이다. 예를 들어 "그 느낌은 **영원할**for ever 것이다. **모든 피조물에게** 버림을 받고, 모든 것으로부터 경멸을 받는 대상"이 되고, "**나는 그보다 더 무지할 수 없다. 가장 깊은 곳,**" "나는 그곳에 **영원히** 존재하도록 운명 지어진 것이다 (1968, 163, 원문에서 강조된 것들)."

이 '전체'에 대한 느낌, 절대적인 또는 보편적인 느낌 때문에 적막감의 경험들은 삶의 밝은 면 어디라도 그림자를 드리울 수 있다. 이는 마치 절정 경험들이 어두움에 빛을 비출 수 있는 것과 같다. 사실 낮은 무의식은 우리의 상처에서 나온 본성, 근원적이고 보편적으로 보이는 본성과 만난 결과로 경험된다. 왜냐하면 그 본성은 삶의 구체적인 사건들로부터 추출된 것, 즉 이상화된 것이기 때문이다.

따라서 높은 무의식과 낮은 무의식은 모두 증류된 본성이나 순수한 경험을 나타낸다. 또한 그것들은 갈피를 못 잡고 통합되기 어려울 수 있다. 높은 무의식 경험이 세계로부터 추출된 의기양양하고 농축된 달콤함과의 만남이듯이 낮은 무의식 경험은 세계로부터 추출된 의기양양하고 농축된 쓴맛과의 만남이다.

분명히 이 경험 영역들이 이상화된 전체로 보일 수 있다하더라도, 그 영역은 사실 전체의 이야기가 아니다. 그것은 전체에서 분리된 조각들이다. 삶은 전적으로 선한 것도 전적으로 악한 것도 아니며, 고통스럽기만 한 것도 아니고 기쁘기만 한 것도 아니다. 그것은 삶과 죽음, 상실과 획득, 적막감과 위로가 신비하게 혼합된 것이다.

우리가 높은 영역에 대한 인식과 낮은 영역에 대한 인식을 통합하기 시작할 때 언제나 우리를 둘러싸고 있었던 심오한 통합을 인식하기 시작한다. 그러한 통합에서 우리는 긍정적-부정적 양극화가 덜 나타나게 된다는 것을 발견할 것이다. 우리는 고통과 기쁨을, 감사와 슬픔을, 공허함과 충만함을 함께 더 잘 느낄 수 있다. 인간 실존의 높이와 깊이에 보다 쉽게 다가갈 수 있을 것이다. 이 통합은 제2장과 제8장에서 설명했듯이 중간 무의식이 확장된 것이다.

어떤 차원의 기쁨은 다른 차원의 고통과 공존할 수 있다.

－ 아사지올리

높은 무의식과 낮은 무의식의 통합을 실제로 이루기는 매우 어렵다. 삶은 우리가 실존의 높이와 깊이를 점점 더 많이 깨달아가는 여정이라고 말할 수 있다. 더 나아가 이 통합에 도전하는 형태는 매우 다양하다. 높은 무의식과 낮은 무의식은 인격 안에 다양한 방식으로 상호작용할 수 있고 우리들 각자에게 여러 종류의 도전으로 나타났다. 이 도전이 우리의 삶을 방해하기에 충분할 때 그것은 심리 장애로 나타날 수 있다. 이제 이 장애의 보다 일반적인 유형들을 탐색해보자. 그 유형들 안에 있는 높은 무의식과 낮은 무의식의 작용을 알아보자.

심리 장애

높은 무의식과 낮은 무의식이 어떻게 우리에게 영향을 끼치는가를 논의할 때 나-높은자기 연결의 본성을 기억하는 것이 중요하다. 이 일차적 관계의 중심 국면은 지속적인 경험의 흐름 안에서 구별되지만 분리되지 않도록 존재할 수 있는 우리의 능력, 우리의 존재, 우리의 영혼을 우리에게 부여한다. 우리가 제5장에서 탐색했듯이, 본질적 인간 존재나 나-됨은 모든 내용과 과정과 구별되지만(초월), 그러나 내용과 과정에 포함되어 있기도 한다(내재). 우리는 경험하는 사람이고 경험 안에 초월-내재되어 있다.

제6장에서 논의하였듯이, 현대 정신분석은 최소한 부분적으로 이러한 존재의 느낌을 인식하였고 그 존재의 느낌이 생겨나는 원천을 인식했다. 정신분석

적으로 사고하는 사람들은 '공간 속에서의 응집력과 시간의 연속성'(코헛)에 대한 아이의 느낌을 말하고, 초기 양육자들과의 공감적 관계 안에서 생겨나는 '존재의 연속성'(위니캇)에 대한 아이의 느낌을 말한다.

비록 존재의 느낌이 실제로 공감적이거나 또는 참된 통합중심들과 더불어 나타날지라도, 우리가 본 견해로는 이 느낌은 궁극적으로 양육하는 모든 관계─ 존재의 근원, 높은자기 ─ 로부터 구별되지만 분리되지 않는 원천으로부터 생겨난다. '나'가 경험의 내용들 안에 초월-내재되어 있는 것처럼, 높은자기도 모든 통합중심들 안에 초월-내재되어 있다. 따라서 나-높은자기 연합은 궁극적으로 초월하지만, 삶 속에 있는 다른 관계 안에 내재되어 있는 영적 연합이다.

그러므로 높은자기와의 연합을 황홀, 지복, 의식의 일치 상태의 경험과 혼동해서는 안 된다. 또한 고통, 슬픔, 상실의 경험에 영향받지 않는 것과 혼동해서도 안 된다. 높은자기는 단순하게 우리를 존재 안에 포함시키기 때문에, 좋거나 나쁘거나, 기쁘거나 고통스럽거나, 개인적이거나 초개인적이거나, 비어 있거나 충만한 경험의 전 영역에 개방할 것이다. 실존 안에 안전하게 있을 때 우리의 경험은 파편화되거나 우리를 파괴하지 않는다. 우리는 실존 안에 있을 수 있다. 이런 방식으로 우리는 참된 인격을 실현할 때 발달 과정을 통하여 생기는 존재 양식, 재능, 경험 모두를 포함하고 통합할 수 있다.

비공감적 통합중심인 원상처가 나-높은자기 연합을 방해할 때, 우리의 존재감은 약화되기 때문에 우리는 더 이상 경험의 높이와 깊이를 유지할 수 없다. 경험의 높이와 깊이는 사실 우리가 담고 있기에는 너무 커서 우리는 그것을 분리하여 억압한다. 그렇게 우리는 경험의 전 영역에 공감할 수 있는 능력을 상실한다.

이렇게 높은 무의식과 낮은 무의식의 분리는 대부분 억압될지라도 그 영향

은 심각하고 크다. 그 영향은 문제의 하위인격들과 고통스러운 내면 갈등에서
부터 중독과 강박과 다양한 심리 장애까지 우리의 삶을 파괴하는 태도와 행동
패턴으로 나타날 수 있다.

원상처의 역할

특별한 심리 장애를 검토하기 전에 우리는 원상처가 모든 장애에서 유일하
게 원인이 되는 요소가 아님을 말해두어야 할 것이다. 심리 장애는 다양하고
복잡하며 종종 유전적, 생화학적, 체질적, 심리 사회적인 것들을 포함할 것이
다. 장애의 기원이 무엇이든 많은 장애들에서 공통적으로 나타나는 것은 우리
가 원상처에서 생겨난 것이라고 믿는 부분들—높은 무의식과 낮은 무의식 사
이의 상호작용에서 문제가 되는 것들이다.[6]

우리는 제6장 '누구 때문인가?'에서, 원상처의 고통은 완전히 무의식적 과
정일 수 있고 또한 다양한 다른 원천들로부터 올 수 있다고 말했던 것을 여기
에서도 반복해야 할 것이다. 따라서 상처가 특별한 장애의 주요 원인으로 밝
혀질지라도, 이것은 반드시 양육자가 의식적으로 그 상처를 입혔다는 의미는
아니다. 이 상처는 유전이나 또는 자궁 내 감염만큼 소리 없이 저절로 생길
수 있다.

심리 장애의 유형들을 깊이 탐색하는 것은 이 책의 영역을 넘어선 것일 수
있기 때문에 그 장애들의 몇 가지 공통점을 간단하게 설명함으로써 접근할 것
이다. 그러나 이런 방식으로 설명할 때, 그것은 매우 복잡하고 강력한 패턴들
을 단지 추상적인 스케치 정도로 이해될 수 있음을 분명하게 하자. 우리가 사
용하게 될 용어는 반드시 이 장애를 겪음으로써 언급되거나 생각되는 말은 아
니다. 그리고 이 파괴적인 유형의 중요성을 축소시키는 것도 아니며, 종종 그

장애에서 회복되려면 길고도 고통스러운 시간을 보내야 한다는 것을 무시하려는 것도 결코 아니다. 여기에서 높은 무의식과 낮은 무의식을 언급할 때, 우리는 단지 무의식의 두 영역의 특성만을 말하고 있는 것이다. 그것은 우리가 지금 설명하고 있는 특별한 심리 장애에서 무의식적일 수도 있고 그렇지 않을 수도 있다.

그러한 절차들을 확실하게 염두에 두고, 일반적이고 다양한 심리 장애 속에 있는 높은 무의식과 낮은 무의식의 역동에 대한 장애 몇 가지를 살펴보자.

중독과 강박

중독과 강박으로 높은 무의식과 낮은 무의식 사이의 분리를 상징화하는 몇 가지 예는 다음과 같다.

나는 불안과 공허함을 극복하기 위하여(낮은 무의식) 그리고 다른 사람들과 연결되고 있다는 것을 느끼기 위하여(높은 무의식) 술을 마신다.

알코올 중독은 단순하게 의지력의 실패, 구강기 고착, 생물학적 문제의 결과일 뿐인가? 우리는 거기에 오히려 더 깊은 역동이 있어서 알코올 중독이 낮은 무의식의 상처를 피하면서도 높은 무의식을 통합하려는 시도가 있다고 생각한다. 윌리엄 제임스의 말로 설명하자면, "인류에게 끼친 알코올의 영향력은 의심할 나위 없이 인간 본성의 신비한 능력을 자극시켜주는 그 힘 때문이다(1961, 304)." 그리고 높은 무의식의 긍정적 '핵심'(Firmand and Gila 1997)은 다른 중독에서도 분명하게 나타난다.

나는 직장이나 집에서 일을 하고 있지 않으면 무가치함(낮은 무의식)을 느낀다. 나는 언제나 일을 해야만 했다. 왜냐하면 그때 내가 얼마나 가치 있는가를 알게 되기 때문이다(높은 무의식).

자기 자신에게, 그리고 다른 사람들에게 고통의 원인이 되도록 강박적으로 일하는 사람은 자기 보존을 위한 강력한 본능의 희생자인가? 더 중요한 것은 그 사람이 원상처에 의하여 발생한 무가치함 앞에서 자기 가치를 찾으려는 강박적 유형에 사로잡혀 있다는 것이다.

나는 내면에서 버림받음과 절망의 느낌을(낮은 무의식) 피하기 위하여 나의 파트너에게 강박적으로 집착하지만 이것 또한 나의 삶에 의미를 주는(높은 무의식) 유일한 것이기도 하다.

그리고 관계 중독자는 단지 지나친 성적 욕동이나 다른 사람과 융합하기 위한 원초적 욕구에 사로잡힌 것인가? 아니다. 여기에도 원상처가 있음에도 불구하고 인간 존재의 본질적 특성을 지키려는 필사적인 시도가 있다.

각각의 중독 패턴은 위에서 개괄적으로 설명한 높은 무의식의 특성들과 낮은 무의식의 특성들이 고통스럽게 통합된 것이다. 여기에는 사실상 악순환이 있어서, 높은 무의식을 추구하지만 낮은 무의식으로 추락하고 다시 높은 무의식을 추구하면서 종종 우리 자신과 다른 사람들에게 파괴적일 수 있는 순환이 끝없이 지속된다. 불교에서는 이것을 혐오와 갈망의 순환이라고 한다. 이것은 중독에서 공통적으로 희열을 경험하다가 후회와 무가치로 떨어지는 경험을 하고 다시 그러한 경험을 순환하는 것이다.

비극은 물론 궁극적으로 긍정적 특성들에 이르지 못하고 그것들이 통합되지 못한다는 것이다. 그것들은 중독 안에서만 경험될 수 있고 우아하고 자연스러운 일상의 삶에서는 경험될 수 없다. 이때 우리가 다른 사람들과 연합하는 것은 단지 우리가 고상할 경우에만 가능하고, 우리가 일할 때에만 자기 가치를 느끼고, 다른 사람에게 집착할 때에만 의미를 느낀다. 이러한 것들은 중독적인 통합이지만 그럼에도 불구하고 우리 존재의 더 깊은 분리를 관리하기 위하여 절망적으로 시도하는 것들이다.

이 패턴들이 공통적으로 갖고 있는 것은 모두 우리보다 더 큰 것들이다. 그것들은 우리의 의식과 의지를 지배한다. 그러나 이러한 지배는 분출하는 원초적 욕동과 기본적 본능의 기능이 아니라, 영혼의 상처에 의하여 높은 무의식과 낮은 무의식이 분리된 결과이다.

다중 인격 또는 해리성 정체성 장애

우리는 인격 안에 자연스러운 다중성, 즉 우리 자신과 삶의 여정을 일관성 있게 표현하기 위한 잠재력을 가진 다중성이 있음을 보았다. 우리는 어렵거나 문제가 되는 하위인격들이 원상처에 반응하면서 생겨나는 것도 보았다. 그러한 하위인격들은 문제가 되는 통합을 구성한다. 그것들은 밑바닥에 있는 고통의 '채찍'에 의하여 움직이고 긍정적 선물인 혐오와 갈망을 나타내는 '당근'에 의하여 이끌린다. 그러나 상처가 크면 클수록 부분들은 더 분리되고 양극화된다. 그때 인격 체계는 상처에 대하여 다음과 같이 반응한다.

그것은 실제로 오랫동안 잘 지냈다. 우리들의 어떤 부분은 자기 확신과 정체성(높은 무의식)에 대한 느낌을 주는 기능을 담당하고 있었지만, 다른 부분들은 학대 국면을

(낮은 무의식) 갖고 있었다. 그러나 결국 그것은 작동하지 않았다. 거기에는 너무 많은 부분이 있어서 충분한 의사소통을 할 수 없었다. 우리가 기능을 향상시키기 위하여(높은 무의식) 더 가까이 갈 때 상처 입은 부분들도(낮은 무의식) 포함되도록 나타나기 시작한다.

극단적으로 분리된 다중성의 유형은 문제가 될 수 있지만, 사실은 원상처에 창조적으로 반응하는 것으로 보일 수 있다. 어떤 부분들은 기능적 체계를 형성하고 일상의 일들을 다루며 협력하지만, 어떤 부분들은 상처를 유지하는 과제를 수행한다. 기능하기 위한 의사소통이 충분히 이루어지고 기능하는 부분과 상처받은 부분들 사이에 거리가 유지되는 한 모든 것은 잘 작동한다. 전체 체계는 사실상 하나의 통합으로, 자기파괴적으로 될 때 고통스러운 통합으로 높은 무의식적 특성들을 구체화하면서 낮은 무의식의 고통을 다룬다.

자기애와 우울증

우리는 분명히 매우 다른 유형의 장애에서도 이와 똑같은 높은 무의식과 낮은 무의식의 상호작용을 볼 수 있다.

나는 일반적으로 특별한 사람이라고 느낀다. 때로는 순수하게 빛나는 빛이지만(높은 무의식, 긍정적 이상화) 내가 비판을 받거나 패배할 때마다 나 자신에 대하여 끔찍한 기분이 들고(낮은 무의식, 부정적 이상화) 그렇게 만든 사람이나 상황에 분노한다(낮은 무의식).

이것은 발달 과정에서 초기, 원초적, 자기애적 단계에 고착된 것이라고 말할 수 있을 것이다. 그러나 그렇다 하더라도 영혼에 끼쳐진 폭력의 영향을 받은 사람이 있다고 하는 중요한 사실과 비교하면 그것은 약간 부적절하다. 거기에는 원상처가 있어서, 그것은 높은 무의식적 에너지에 기초한 "나는 특별한 사람이야." 등의 이상화된 생존인격과 그리고 낮은 무의식적 고통이 접근하지 못하도록 기능할 수 있는 동일시를 요구한다.[7]

앞에서 말한 것과는 매우 다르게 보이지만 그와 유사하게 높은 무의식과 낮은 무의식의 양극성을 구체화하는 또 다른 장애는 다음과 같이 설명될 수 있다.

나는 중요한 타인들에 의하여 너무 큰 상처를 입어서 무가치하고 나쁜 사람이라는 느낌을 갖고 있었다. 나는 실패한 사람이고 살 가치가 없는 사람이다. 나는 나 자신을 증오하고 단지 우주의 공간을 낭비하고 있을 뿐이다(낮은 무의식적, 부정적 이상화).

여러 면에서 나는 이 고통스러운 정체성을 수용함으로써 중요한 타인들과 의미 있고 충실한 연합을(높은 무의식적, 긍정적 이상화) 유지하고 있는 것처럼 느낀다. 또 다른 방식으로 이 정체성은 나의 외상의 진실이 마침에 드러나고 타당화될 것이라는(높은 무의식) 희망을 갖고 외상을 유지하는 방식이다.

이 설명은 우울증과 연합될 수 있는 유형에 대한 것이다. 여기에서 우리는 극단적인 자기혐오라는 꽤 의식적인 느낌 속에 낮은 무의식적 역동이 지배하고 있음을 볼 수 있다. 그러나 그러한 느낌은 사실 자기 혐오가 아니라 낮은 무의식 속에 내면화된 억압자나 가해자로부터 오는 것이다.[8]

그러한 내면의 가해자는 그 사람의 삶 속에 있었던 실제적인 가해자(들)를 내면화한 것이고, 초기의 비공감적인 통합중심들의 본질을 내면화한 것이다. 이것이 고통스러운 만큼, 이 내면의 억압에 대한 노예나 희생자의 태도는 연합, 희망, 충성, 진실과 같은 높은 무의식적 특성들을 구체화한다. 이 부분이 그러한 조건을 개선하려 한다면 기억해야 할 중요한 지점이다.

경계선 장애와 양극성 장애

또 다른 장애는 무의식의 이 두 영역들의 높이와 깊이 사이에서 폭넓은 변화를 보여준다. 일반적인 증상은 다음과 같다.

나는 높음(높은 무의식)과 낮음(낮은 무의식) 사이에서 너무 빠르게 움직일 수 있다. 한순간 나는 다른 사람의 아름다움을 보지만(높은 무의식, 긍정적 이상화), 다른 사람이 나의 진실한 존재를 알지 못하는 것 같을 때 나는 너무 큰 상처를 받아서 갑자기 그것들이 나쁘게 보이고 화가 난다(낮은 무의식, 부정적 이상화).

여기에서 우리는 경계선 유형의 경험으로 보이는 것을 설명할 것이다. 그러나 이것은 가장 본질적으로 신경증과 정신증 사이의 경계에(그래서 경계선이라는 용어를 쓴다) 위치한 원초적 상태로부터 자아를 빼내는 데 실패한 것인가? 민감성과 분노는 통제되지 않고, 타고난 공격성이나 시기심을 나타내는 것인가?

우리는 이러한 유형의 경험이 원상처에 의하여 생긴 매우 취약한 상태라고 말할 수 있다. 여기에서 우리는 상처가 보호받지 못해서 아주 작은 공감적 실패에도 아주 고통스럽게 느껴지고 낮은 무의식적 경험에 자극을 받는 사람을 본다. 이것은 치료받지 못한 상처 주변을 맴도는 것 같아서 아주 작은 자극에도 고통과 분노를 일으키게 될 것이다.

높음과 낮음 사이를 극적으로 왔다 갔다 하는 또 다른 경험은 다음과 같이 설명될 수 있을 것이다.

나는 아주 잠깐 동안 경이로운 경험을 하며, 모든 것이 분명하게 보이고, 대단한 통찰력을 가지면서 열정적으로 영감을 받은 창조적 활동을(높은 무의식) 할 것이다. 그러나 곧 나는 추락하여 아주 적은 에너지밖에 없어서 우울해지고 절망적으로 되어 살고 싶지 않게 된다(낮은 무의식).

이러한 유형의 경험은 조울증 또는 양극성 장애, 덜 심각한 순환기질성 장애라고 일컫는 것의 특징을 나타내며 오랜 기간 높이에서 깊이로 순환을 한다. 그러나 이것은 유아의 과대성과 불안정성을 넘어서 성장하지 못했기 때문인가? 분명히 그러한 설명은 가장 근원적인 점을 놓치고 모호하게 한다. 그런 사람은 높은 무의식과 낮은 무의식 사이를 분리시키고 이렇게 분리된 두 경험 영역 사이를 왔다 갔다 하게 하는 외상을 입은 사람이다.[9]

악의적이고 반사회적인 폭력

또한 무섭게 파괴적인 심리 장애를 가지고 있는 사람은 다른 사람들과 공감적 연합을 느끼지 못하고 무자비한 폭력을 자행할 것이다. 우리는 종종 인간 악의 깊이에 충격을 받고 혼란스럽게 된다. 우리는 '무감각한 폭력 행위'라고 말하지만, 그러한 행동은 야수 같은 인격의 세계에서는 매우 합리적일 수 있다. 이러한 유형의 장애에는 학교에서 학급 친구들에게 충격을 가하는 아이, 무자비한 연쇄살인자, 광적인 테러, 고문과 집단학살을 지시하는 가학적 독재자가 있다. 그러나 그보다는 약하지만 누구에게나 증오, 분노, 복수에 의하여 생기는 비슷한 역동이 있다.

나는 생명의 위험을 당하고, 보이지 않게 짐승 취급을 받았거나(낮은 무의식), 폭력적인 교육을 받았기 때문에(중간 무의식), 그 결과 나의 분노는(낮은 무의식) 자연스럽게 폭력적으로 표현된다. 세계는 너무 위험해서 나는 폭력적으로 힘을 행사해야 되고(높은 무의식) 폭력적 억압을 이겨낼 만큼 고양된 자기감을(높은 무의식) 유지해야 한다.

더 나아가 내적 외적으로 중요한 타인들은(통합중심) 폭력 정신을 지지하고 나는 그들의 가치나 세계관과 도덕적으로 일치하는 행동을 한다.

그러면 이 폭력 행동은 타고난 공격성이 분출한 결과인가? 폭력적이고 원초적인 과거로부터 전해져온 원형인가? 아니다. 많은 사람들은 초기 폭력의 상처와 인간악 사이에 직접적인 관계가 있음을 지적하였다(Athens 1992, 1997; Goldberg 1996; Miller 1984a; Rhodes 1999; Winnicott 1984).

이 상처에 반응하여 세계에 대한 일차적 반응으로서 폭력을 사용하는 생존 인격을 발달시킨다. 그렇다. 사회는 이 상처가 일으키는 파괴적인 행동으로부터 스스로를 보호해야 한다. 그러나 우리는 동시에 극단적인 인간악의 근저에 있는 폭력의 심연의 소리를 들을 수 있는가?[10]

> 많은 폭력적인 환자들은 불공정한 일에 의하여 극도로 분노한다. 왜냐하면 그것은 과거에 그들에게 주어진 불공정성의 상징이기 때문이다.
>
> — 아사지올리

정신증

마지막으로 심리 장애에 대한 우리의 분석은 정신증이라 불리는 가장 신비한 장애로까지 확장될 수 있을까? 그것은 생각과 감정에 극심한 장애가 있어서 단순하게 전체 인격의 혼돈스러운 해체로 보인다.

나는 삶 속에서 많은 무시와 학대를(낮은 무의식) 받았다. 지금이나 그때나 아무도 나를 인정하지 않는 것 같다. 따라서 나는 나의 진실을(높은 무의식) 상징적으로 유지해야 할 필요가 있었다. 그것은 정상이 아닌 망상적 생각으로 보이지만 나에게 는 삶 속에서 발생하였던 것을 압축한 것이다.

정신증 경험은 유아 발달의 자폐적 단계나 상징적 단계를 넘어서 성장하지 못한 것, 환상과 환각적 소망 충족에 의하여 지배받는 원형적이고 융합된 상 태로부터 분리되지 못한 것으로 생각될 수 있다. 그러나 우리는 특별히 현대 발달 과정 연구가 그러한 일차적 융합 상태가 존재한다는 점을 무시했던 사실 에 비추어보면 그렇지 않다고 생각한다(Stern 1985).

표면적으로는 그러한 경험에 나타나는 세계관은 그 사람이 현실과 접촉하 지 못하고 내면세계와 외부세계를 혼동하는 것으로 보이는 것이 사실이다. 그 러나 분명하게 지적했듯이(Stolorow, Brandchaft, and Atwood 1987), 외견상 광 적인 세계관은 그 사람이 겪은 고통에 관한 더 깊은 진실을 담고 있을 수 있 다. 그것은 과거에도 현재에도, 그 사람은 삶에 고통을 받고 있다는 상징적 표 현이다. 그리고 이 상처는 마침내 인식되고 누군가 반응하게 될 것이라는 처 절한 소망을 담고 있는 것이다.[11]

정신증적 유형의 힘과 안정은 두 가지 요인에서 기인하는 것 같다. 하나는 높은 무의식을 추구하고, 확증, 실재, 진실을 추구하려는 것을 구체화하는 것이 다. 동시에 다른 하나는 상처로부터 고통을 다루려는 시도이다. 위니캇의 말에 의하면, "정신증을 실패로 생각하는 것은 옳지 않다. 그것은 원초적 고뇌와 관련된 방어 조직이다(1989, 90)." 정신증은 원초적이고 미분화된 상태로 퇴행하는 것이 아니라 높은 무의식과 낮은 무의식의 분리를 연결시키려는 또 다른 시도로 보인다.

다른 한편 정신증의 과정은 앞 장에서(제3장의 엘렌의 예) 논의했던 것과 역동적으로 유사한 커다란 변형의 위기로 보일 수 있지만, 그것보다는 훨씬 더 강하고 혼돈스럽다. 이때 정신증적 붕괴는 생존인격이 자신을 유지하는 데 완전히 실패하여 모든 수준의 무의식에 급진적으로 개방하게 하고, 마침내 보다 참된 인격을 점차 형성하게 할 것이다.[12]

갈등하는 사람들

우리가 위에서 살펴보았던 장애의 유형들은 원상처에 대한 다른 반응, 이 상처가 높은 무의식과 낮은 무의식을 분리시킨 것을 다루는 여러 가지 방법들을 포함하고 있다. 우리는 독자가 이 경험에 공감할 수 있기를 바란다. 아마도 당신 자신도 한두 번은 그러한 경험을 했을 것이다.

우리는 모두 어느 정도는 원상처, 그리고 분리의 고통을 겪었다. 우리의 존재에서 이렇게 크고 분리된 차원들과 투쟁하고 있다. 심리 장애로 진단받은 사람들은 정상적인 세계와는 전혀 다른 세계에 빠져 있는 것이 아니다. 그들은 단지 우리 모두가 공유하고 있는 경험 스펙트럼에서 특별한 지점을 강렬하고 고통스럽게 경험하고 있는 것이다.

이런 식으로 치유하려는 사람들은 우리들 대부분이 필사적으로 피하려는 집단적 원상처를 다루어줄 사람일 것이다. 아마도 그들은 우리를 위하여 투쟁하면서, 모든 삶에 은밀하게 나쁜 영향을 주며 집단적 영혼 안에 숨겨진 종기를 치유할 것이다. 아마도 크리스 미리암Chris Meriam(1999)이 짐작하듯이, 그들은 치

유 작업을 통하여 '합의된/집단적 정신을 유연하게 유지하며 성장할 것이다.'

이러한 관점으로 보면 우리의 집단적 상처에 너무 강하게 직면하는 사람들은 비극적이게도 정상성을 가질 수 없는 불행한 사람이 아니라 인간 성장 영역에 헌신한 사람들이다. 만일 삶의 진실을 찾아 고심하는 것이 영적 성장의 척도라면 이 사람들은 영적 성장의 초기 단계에 있는 것이 아니라 고급 단계에 있을 것이다.

> 우리들 각자 안에는 잠정적으로 인간 존재의 모든 요소들과 특성들이 있다.
>
> − 아사지올리

심리학과 영성

모두 다는 아닐지라도 대부분의 심리 장애는 어느 단계에선가 다양한 종류의 공감적 실패에 의하여 영향을 받았던 원상처에 반응한 것이라고 볼 수 있음을 주목하라. 이 상처는 우리의 존재의 근원으로부터 우리를 분리시킴으로써 우리의 경험 영역의 높이와 깊이를 분리하도록 만든다. 그리고 이 분리는 또 위에서 설명한 광범위한 장애 영역에 영향을 미치는 것 같다. 따라서 근원적 심리 장애는 우리의 영혼에 상처를 입혀, **영적 상처**spiritual wounding가 되는 것 같다.

우리는 그러한 장애가 단순하게 사회와 충돌하는 기본적 본능의 결과가 아니라는 것과, 강력한 욕동 사이의 내적 갈등의 결과가 아니라는 것, 그리고 집단 무의식의 심리적 동요의 결과가 아니라는 것과, 분리된 내적 대상들을 통합하기 어려운 결과가 아니라는 것을 받아들인다. 그러한 현상들 중 어떤 것은 원상처를 수반하는 것으로 보이지만, 우리는 육체와 영혼의 장애들이 그 모든 것들 아래에 있는 본질적인 영적 상처보다는 부차적인 것일 수 있다고 생각한다.[13]

치료적 함의

원상처가 심리 장애에 포함된다는 개념은 인도주의적 가치에 대한 의미 있는 가정이다. 만일 우리가 인간 영혼의 근원적 상처를 인정하지 않는 가정을 주장한다면, 상처를 기대하지 않을 것이고, 공감적 관심의 깊이를 알지 못할 것이다. 그리고 상처가 있음에도 불구하고 실현될 기술, 재능, 창조성에 대하여 충분히 인식하지 못할 것이다.

달리 말하자면 우리는 상처와 재능 안에 내재하는 본질적 인간, '나', 초월-내재하는, 즉 존재 안에서 이 분리를 경험하고 있는 인간의 영혼을 놓치게 될 것이다. 우리는 실제로 그들의 경험의 깊이를 무시함으로써 치유를 받으려는 사람들에게 다시 한 번 외상을 입힐 것이다. 다시 한 번 우리는 그들이 무시당하는 경험을 하게 할 것이다. 외상 연구자인 베슬 콜크Bessel A. Van der Kolk는 정신병적 장애의 다양성에 대하여 다음과 같이 말한다.

> 만일 임상가들이 이 진단을 받은 환자들의 과거 외상이 현재 당면하고 있는 문제를 촉발했다고 하는 점에 주의를 기울이지 않는다면 그들이 외상에 대한 기억, 생각나는 것들, 감정을 회피하다가 다시 그 삶을 사는 패턴을 반복한다는 것을 알지 못할 것이다. 만일 임상가들이 환자들의 경험의 본질적 진실을 거부한다면 환자들의 삶의 현실을 무효화함으로써 분노와 무기력한 느낌을 악화시킬 수 있을 뿐이다 (Van der Kolk, McFarlane, and Weisaeth 1996, 183-4).

심리 장애의 가능한 모든 원인을 찾으려는 연구는 중요한 관계 속에서 고통받았던 원상처가 있다는 가정, 그리고 이 장애 안에 자유를 구하는 본질적인 인간의 영혼이 있다는 가정을 받아들여야 할 것이다. 앞에서도 지적했듯이 많은 연구는, 사회심리적 요소들을 살펴볼 때에도, 심리 장애에서 외상의 역할을 밝힐 수 있는 질문을 하지 않는다(Herman 1992; Van der Kolk, McFarlane, and Weisaeth 1996을 보라).

이 모델에 대한 치료적 함의는 단순하지만 지대한 영향을 가져올 것들이다. 즉, 만일 공감적 실패가 영적 상처의 원인이라면, 궁극적으로 공감적 연합만이 치유할 수 있을 것이다. 공감은 치유 과정의 근원이다. 물론 이것은 우리가 이 책 전체를 통하여 설명해왔던 공감적 연합, 경청, 존중, 역동적 반응, 더 깊은 높은자기를 인정하는 것이다. 이것은 타인의 본질적 나-됨의 출현을 허용한다. 그러니까 이 공감은 단지 수동적 경청도 아니고, 반드시 '따뜻하고, 다정하며 멋있을' 필요도 없음에 유의하라. 이것은 상담사에 의한 개인적 작업과 지속적인 탈동일시를 요구하는 강력한 영적 공감이기 때문에, 이 본질적 공감은 그 사람의 생존인격으로부터 나오는 반응에 의하여 모호해지지 않을 것이다.

또한 분명히 이 영적 공감은 많은 것들 사이에서 하나의 기법이나 방법이 아니라, 모든 기법과 방법의 맥락이 된다. 대부분의 기법들은 수용적 경청에서부터 적극적 개입까지 공감적이든 아니든 전체 스펙트럼에 걸쳐 사용될 수 있다.[14]

심리학은 영적이다

인간 영혼과 영혼의 상처에 대한 이 견해는 아마도 심리학이 그 영역을 영성으로까지 확장하도록 격려하는 데 초점을 다시 맞출 수 있게 할 것이다. 예를 들어, 가치 있고 필요한 노력을 하더라도 영성을 단지 정신 장애에 대한 DSM 안에만 포함시켜 최근에 첨부된 '종교나 영적 문제, V62.89'로 분류하는 것은 잘못일 수 있다. 그보다 모든 장애는 영적 문제를 담고 있다. 왜냐하면 인간 존재와 존재의 상처는 본질적으로 영적이기 때문이다. 단순하게 영적 종교적 실제를 치료에 추가함으로써 영성을 심리치료 속에 넣어서 생각하는 것도 잘못된 것이다. 그것보다는 영성을 심리치료 자체의 핵심으로 이해해야 한다.

따라서 매우 실제적으로 영성을 심리학으로 가져올 필요가 없다. 영성은 이미 존재하며 그것도 바로 그 한복판에 숨겨져 있다. 영성을 심리학의 부속물, 즉 우리가 포함시켜 작업해야 할 어떤 것으로 보아서는 안 되고, 모든 인격, 임상, 발달 이론의 본질로 보아야 한다. 심리학은 영성을 무시하지 않았지만 어두움 속에서 영혼과 싸우고 있었다. 선구적 심리학자들의 가장 초기 통찰로부터 현대 심리학과 심리치료의 모든 것까지, 우리는 인간 영혼을 끊임없이 다루어왔다. 이 깨달음이 널리 확산되므로 현대 심리학에서 발생하게 된 변화를 숙고한다는 것은 흥미로운 일이다.

> 그럼에도 불구하고, 모든 개인과 집단의 다양성 근저에 존재하는 인간 본성의 본질적 일치라고 하는 사실에 근거하여 그러한 공감은 가능하게 될 것이다.
>
> – 아사지올리

제8장

높은자기실현

제8장

높은자기실현

개인적 의지가 존재하듯이 초개인적 의지도 존재한다. 그것은 개인적
자기, 또는 '나'에 의하여 '끌림pull'이나 '부름call'으로 감지되는 작용이다.
— 아사지올리

'나'와 높은자기의 근원적 중요성은 이 책 전체의 주요 주제였다. 공감적 통
합중심들에 의하여 가능하게 된 나-높은자기 관계는 최적의 인간 발달 축을
형성한다. 이 관계가 손상되지 않을 때 '나'가 잘 성장하고, 전 생애에 걸쳐 참
인격이 발달하면서 삶의 고유한 여정이 이어진다.

반대로 이 관계가 환경으로부터 오는 비공감적 반응에 의하여 방해를 받을
때, 원상처가 생겨난다. 이 상처는 높은 무의식과 낮은 무의식의 분리, 자연스
러운 인격의 다중성 안에 생기는 양극화와 갈등, 삶의 의미 없음, 여러 유형의
심리 장애를 갖게 한다.

이번 장에서는 '나'와 높은자기의 본성을 보다 면밀하게 검토하고 그들 사

이의 역동적 관계나 자기실현에 특별히 초점을 맞출 것이다. 자기실현은 의식의 단계, 발달 단계, 변형적 순간, 특별한 경험 양식을 나타내는 것이 아니라, 어떤 경험을 하더라도 높은자기와 지속적으로 관계를 맺는 것이다. 이 관계를 보다 분명하게 구별하기 위하여 자기실현을 **개인적 정신통합**과 **초개인적 정신통합**의 두 차원으로 나누어 검토할 것이다.

'나'와 높은자기

앞에서 살펴보았듯이 인간 영혼이나 '나'는 가슴 뛰는 다양한 경험들을 가질 수 있다. 즉 내면의 혼돈과 심리적 위기를 극복하고, 하위인격과 다른 인격 구조들로부터 탈동일시하여, 정신과 육체의 지속적인 사건을 겪으면서, 고양된 일치 경험을 수용하고, 무아(無我, no-self)와 공허를 경험하며, 원상처의 계곡을 통과해간다.

계속해서 '나'는 모든 에너지, 패턴, 내용, 과정, 이미지, 감정, 생각, 욕동, 높이와 깊이 이 모든 것과 구별되지만 분리되어 있지 않다. 즉, 그 모든 것을 초월하지만 그 안에 내재되어 있다. '나'는 경험을 초월하지만 그 안에 내재되어 있는 경험자이다. 우리 존재의 본질은 우리의 육체, 감정, 마음, 역할, 또는 인간 존재의 어떤 상태와도 혼동되어서는 안 된다.

'나'의 이러한 본성에 비추어볼 때 '나'의 원천에 대하여 무엇이라고 말할 수 있을까? 분명히 '나'는 본능적 욕동, 육체적 감각, 정서의 역동, 사고 패턴, 사회적 조건에서 비롯될 수는 없다. 왜냐하면 '나'는 궁극적으로 이 모든 것과 구별되기 때문이다. 그러면 그렇듯 신비한 영혼의 근원은 무엇일까? 이 놀라운 초월-내재된 나-됨I-amness의 원천은 훨씬 더 놀랍고, 더 깊은 초월-내재된 나-됨이라고 말하는 것이 맞을 것이다. 높은자기는 바로 '나'의 더 깊은 원천이다.

> 반영된 '나'는 스스로 존재하는 것처럼 보이지만 실제로는 자동적 실체를 갖고 있지
> 않다. 달리 말하자면 그것은 새로운 다른 빛이 아니라 빛의 근원인 '높은자기'가
> 투사된 것이다(Assagioli 1965a, 20).

초월-내재된 개인적 자기, 인간 영혼, '나'는 초월-내재된 높은자기, 신성한
영혼, '신성한 나'의 반영이거나 직접적인 투사이다. 고유한 인간의 자기됨은
우주적 실수나 망상에 빠진 소외된 자아가 아니라, 높은자기에 의하여 선택되
고 유지되는 훨씬 더 본질적인 것이다.[1]

더 나아가 '나'가 많은 감각, 감정, 생각, 하위인격들 안에 초월-내재될 수
있듯이, 높은자기가 전체 인격의 모든 내용과 과정 안에, 그리고 아마도 그것
을 넘어서 초월-내재되어 있음을 추측할 수 있다(이어지는 논의를 보라). 높은
자기는 낮은 무의식, 중간 무의식, 높은 무의식 어디에나 있고 거기에서 활동
할 것이다. 그렇기 때문에 우리는 어떤 단계에서도 높은자기를 만날 수 있고,
높은자기는 우리를 어떤 단계로도 초대할 수 있다.

이 초월-내재된 높은자기의 편재는 많은 사람들이 높은자기실현의 여정을
따를 때, 경험의 모든 수준을 횡단하고 있는 자신을 발견하면서 단순하게 높
은 무의식으로 올라가는 것이 아니라는 사실을 이해하게 한다. 높은자기는 어
디에서나 우리를 만날 수 있고 우리를 어느 곳에나 초대할 수 있다. 그렇기
때문에 높은자기가 타원형 그림 안에 있지 않고 높은자기가 그림 전체에 초월-
내재되어 있다고 가정하는 중요한 이유도 바로 그것 때문이다(제2장의 '자기와 타
원형 그림'을 보라).

근원으로서의 높은자기

높은자기는 모든 단계 안에 초월-내재되어 있기 때문에 그것은 단순한 전체성도, 이 단계들의 요약도 아니다. 높은자기는 집단도 아니고 전체성도 아니다. 개별성을 획득하기 위하여 분리되어야 할 미분화된 융합도 아니다. 이와는 아주 대조적으로 높은자기는 우리들에게 개별성을 부여하고 우리의 나됨을 선택한다. 높은자기와의 연합을 상실한다는 것은 개별성을 획득하는 것이 아니라, 오히려 상실하는 것이다. 제2장에서 높은자기를 촛불로 비유하여, 촛불의 이미지인 '나'는 높은자기인 촛불이 거울 속에 반영된 것과 같다고 했다. 높은자기와의 연합을 상실하는 것은 촛불(높은자기)과 거울 속에 비친 촛불의 반영('나') 사이에 장애물이 있어서 이미지가 영영 사라져 비존재, 원상처의 원인이 되는 것이라고 할 수 있다.

반대로 우리가 높은자기와 조화를 이루고 교감을 하면 할수록 반영된 이미지는 더 밝아지고 분명해질 것이며, '나'는 꽃을 피울 것이다. 이것은 공감적 반영의 현상에서 매우 분명해진다. 우리가 높은자기의 전달자인 참된 통합중심들을 통하여 보면 볼수록 '나'는 더욱 분명해진다.

개인적 개별성의 기원에 대한 이 견해는 정신분석, 융 심리학, 심지어는 초개인 심리학에서 말하는 일반적인 견해와도 다르다. 이 접근법들을 지지하는 몇몇 사람들은 개별성이 일종의 원초적 일치와는 다르다고 주장한다. 이것을 이드(Freud), 자기(Jung), 영적 근원(Nelson 1994)이라 하든지, 혹은 역동적 근원(Washburn 1988)이라 하든지 현대의 많은 유아 연구는 유아가 분리되어야 하는 원초적 일치의 존재에 대한 의문을 강하게 제기한다(Stern 1985를 보라).

여하튼 높은자기는 개별성을 위하여 분리되어야 하는 미분화된 융합이 아니다. 높은자기는 결코 개별성에 해로운 것이 아니라, 매 순간 직접적이며 즉

각적인 개별성의 원천이다. 높은자기로부터의 분리는 우리의 존재를 약화시키고, 높은자기와의 연합은 우리에게 존재를 부여한다. 심리 장애는 높은자기와 분리될 수 없는 무능 때문이 아니라 원상처에 의하여 야기된 높은자기와의 분리 때문이다. 물론 높은자기와의 관계는 '나'에게 힘을 더해주기 때문에 생존인격에게는 위기일 수 있다. 그렇다. 정체성에 위협이 될 수 있다(제3장의 엘렌을 기억하라).

나-높은자기의 연합

'나'를 높은자기의 투사로 본 아사지올리의 개념에서 우리는 '나'와 높은자기가 심오하고 단단한 연합 속에 존재한다는 것을 알 수 있다. 다시 한 번 거울 속에 반영된 이미지를 생각해보라. 그 이미지는 이미지를 만들어준 대상과 완전한 일치를 이루고 있으며 '빛의 원천'과 일치되는 '투사'이다. 더 나아가 '나'와 높은자기는 초월-내재되어 있기 때문에 그것들의 일치도 초월-내재되어 있음이 분명해 보인다. 나-높은자기 일치는 모든 것들을 넘어선 깊이에 존재한다. 사실상 이 관점에서 보면 원상처, 즉 나-높은자기 연합을 확실하게 한다는 것은 망상이다.

나-높은자기 연합은 실제로 깨지거나 개선될 수 없다. 왜냐하면 그것은 파괴되거나 개선될 수 있다고 생각되는 어떤 것에도 초월-내재되어 있기 때문이다. 위대한 신비주의자 마이스터 에크하르트Meister Eckhart는 "영혼에 있는 무엇인가는 하나님과 너무 가깝게 있어서 그것은 이미 하나님과 하나이므로 결코 하나님과 연합될 필요가 없다."라고 말한다(Blakney 1941, 205). 물론 우리는 삶에서 공감적 실패를 통하여 파괴를 경험한다. 그리고 우리가 보아왔듯이 우리는 영혼에 인식되는 위협을 다루기 위하여 엄청난 변화를 많이 경험한다.

나-높은자기 연합의 초월-내재는 원상처가 마침내 어떻게 치유되는가를 설명하는 데 도움이 된다. 그러한 치유는 높은자기실현을 하는 동안 우리 자신 안에 있는 상처의 층들과 공감적 연합을 재확립하고, 우리의 공감은 비존재의 밤을 몰아낸다. 그러나 이 어린 부분들의 상처, 두려움, 외로움을 깊이 느끼는 사람들은 종종 놀랄 만한 일을 발견한다. 그들의 본성은 사실상 결코 상처를 입지 않았으며, 결코 홀로 있지 않았으며, 그리고 결코 소멸될 위험 속에 빠지지 않았다.

나는 하나님이 이 폭력적인 가족 안에 나를 버렸다고 화를 냈다. 그것은 공평하지 않았다. 나는 하나님에게 크게 소리를 지르고 배신감에 분노했다. 그러나 점차 나는 놀라운 무엇인가를 알기 시작했다. 만일 하나님이 나를 버렸다면 나는 지금 어떻게 살아서 그 이야기를 할 수 있을까? 나에게 어떤 단계에서, 무슨 일이 일어났는지를 나는 알 수 있고, 또한 나 자신에 대한 동정심을 가질 수 있는 깊은 수준에서는 상처를 입지 않고 여기에 존재하고 있다. 하나님은 내가 그것을 견디도록 하셨다. 그때는 그렇게 느꼈다 하더라도 실제로 하나님은 나를 버리지 않았다.

우리 자신의 외상 층에 공감할 때, 거기에는 높은자기가 사실상 영원히 존재하고, 우리를 존재하게 하며, 우리의 영혼을 구원하는 높은자기실현이 있는 것이다. 그때 학대나 무시는 단순히 높은자기와의 의식적 만남을 단절시켰을 뿐이다. 치유는 종종 이 순간으로, 즉 우리의 그 부분들로 돌아가게 한다. 그리고 높은자기와 단절되지 않고 연결되어 있는데도, 높은자기가 부재하다는 상을 가지고 있음을 간파하는 것이다.

공감하는 높은자기

'나'와 높은자기의 초월-내재된 연합은 이 관계가 본질적으로 공감적인 이유를 분명하게 보여준다. 높은자기와의 지속적인 일치 속에서, 우리는 높은자기의 직접적인 반영이기 때문에, 높은자기는 우리를 가장 친밀한 방식으로 알게 된다. 사실 우리가 다양한 역할과 동일시에 사로잡혀 있거나 일상의 삶 속에 빠져 있을 때, 우리 자신은 우리의 존재에 대하여 분명하지 않을 수 있을지라도, 높은자기는 계속해서 영혼의 수준, '나'의 수준에서 우리를 알고 있다. 다음의 설명은 참된 통합중심들을 통하여 작용하는 영적 공감을 보여준다.

나의 할머니는 실제로 나를 알고 있었다. 그녀는 내가 실제로 필요로 했던 것을 언제나 나보다 먼저 아는 것 같았다.

나의 고등학교 코치는 나의 의심과 두려움을 수용했다. 그리고 그것을 통하여 내 안에 존재하는 선수를 보았다. 나는 나의 꽃을 피웠다.

그녀는 대단하다. 나는 그녀를 속일 수가 없다. 그녀는 나를 너무 잘 안다. 그녀는 나의 속셈을 간파한다. 그리고 내가 웃음을 자아내게 한다.

내가 10살이었을 때 몇 시간동안 앉아 있었던 나무가 있었다. 그 나무의 영혼 외에 아무도 나의 외로움을 알지 못하는 것 같았다.

그리고 훨씬 더 분명하게는

나는 태어나기 전부터, 내 삶의 모든 순간마다, 심지어는 하나님이 거기에 없는 것 같았을 때도, 하나님이 언제나 나를 아는 것처럼 느낀다.

이 말들은 우리의 본성에 닿을 수 있는 초월-내재된 공감의 작용을 보여준다. 우리의 삶 속에 있는 많은 것은, 심지어는 우리 자신조차도 우리를 보고 이해하지 못하지만, 공감적 높은자기는 우리가 실제로 누구인가를 분명하게 안다. 성 어거스틴의 말을 바꾸어 말하자면, "하나님은 우리가 우리 자신과 친밀한 것보다 더 우리와 친밀하다."

초월-내재된 공감은 나-높은자기 관계의 근원적 국면이다. 우리가 보아왔듯이 발달 과정에서 통합중심이 공감하는 정도에 따라, 우리는 삶 속에서 일어나는 것은 무엇이나 경험할 수 있고, 이 경험들을 의미 있게 유지할 수 있으며 자기를 공감하게 된다. 이 공감의 빛 안에서 우리의 초월-내재된 나-됨의 감각은 꽃을 피우며, 우리는 참된 인격으로 우리의 삶 속에 그 모습을 드러낸다.

그의 영적 높은자기는 이미 자신의 문제, 위기, 당황스러움을 안다.

− 아사지올리

보편적 높은자기

가장 깊은 관점에서 보면, 높은자기는 아트만이나 도Tao처럼(Jung 1964, 463), 내 안에 있을 뿐 아니라 모든 존재 안에 있다는 융의 주장과 매우 흡사하게 보편적인 것으로 개념화될 수 있다. 혹은 윌버Wilber가 신성한 영Spirit이라고 말한 것을 다음과 같이 설명한 것과 같다.

영은 모든 것을 초월한다. 그렇기 때문에 모든 것을 포함한다. 그것은 이 세계를

완전히 초월하지만 이 세계 안에 모든 홀론holon(생물과 환경의 종합체로 부분적
전체)을 완전히 포용한다. 그것은 나타난 모든 것에 스며들어 있지만 단순하게
나타난 것이 아니다. 그것은 모든 수준 또는 차원에 영원히 존재하는 것이지 단순하
게 특별한 차원의 수준에 있는 것이 아니다. 근원이 없는 근원 또는 만물의 텅빔처
럼 모든 것을 초월하고 모든 것을 포함한다(1996, 38).

윌버가 말하는 '초월과 포함'은 우리가 초월-내재라고 말하는 것이다. 그리
고 높은자기의 보편성 속에 이 초월-내재는 '나타난 모든 것을' 포용할 것이다.
이 보편성은 높은자기가 바다와 산, 동물과 식물, 담요와 곰 인형, 사람들, 실
제와 허구, 상징과 신념 등 그렇게 다양한 통합중심들을 통하여 나타날 수 있
다는 사실에 대한 설명이 될 수 있을 것이다.

물론 아사지올리(1973a, 125-26)가 지적하듯이, 그렇게 심오한 높은자기의
편재는 인간의 마음이 이해할 수 있는 것을 넘어서기 때문에, 높은자기의 보
편성은 결국 지적으로 증명되거나 부인될 수 없을 것이다. 그러나 그는 우리
가 '궁극적 실재Reality와 연합하는 직관적이고 직접적인 경험을(125)' 할 수 있
으며, 이러한 경험은 관찰할 수 있는 사실이라고 말할 것이다(Bucke 1967;
Laski 1968; Maslow 1971을 보라). 이것은 '하나님은 물리적인 사실이 아니라 정
신적인 것이다. 즉, 정신적으로 알 수 있는 존재이지 물리적으로 알 수 있는
존재가 아니다.' 라는 융의 말과 유사하다(Jung 1969b, 464).

높은자기가 인격의 모든 수준, 집단 무의식, 그리고/또는 우주 전체에 스며
들어 있는 것이라면, 우리는 높은자기실현이 '높은자기와의 동일시' 또는 '높은
자기 되기becoming Self'를, 때로는 그것을 주장하기도 하지만, 필요로 하지 않는
다는 것을 알 수 있다. 만일 이것이 사실상 가능하다면, 그것은 모든 수준의

무의식에 있는 아마도 그것을 넘어서 있는 모든 내용과 과정을 직접 자각하게 된다는 것을 의미할 것이다. 동시에 건강한 인간의 기능과 일치하지 않는 경험을 압도할 것이다. 그보다는 오히려 높은자기실현은 우리의 일상적인 삶에서 높은자기와 점차 의식적 연합을 발달시키는 것, 즉 참된 인격을 발달시키는 것으로 볼 수 있다.

> 지고의 가치, 우주적 마음, 지고의 실재는 초월적이고 내재적이다.
> — 아사지올리

높은자기실현을 어떻게 설명할 수 있을까?

나-높은자기 연합은 낮은 무의식 내의 고통의 깊이, 중간 무의식에 더 가까이 갈 수 있는 구조, 높은 무의식과 일치와 절정 경험, 그리고 그 이상의 경험을 포함하여 인간 경험의 전체 영역 안에 초월-내재되어 있다. 높은자기실현을 이렇게 엄청나게 광범위한 인간 경험의 스펙트럼에 있는 특별한 지점과 혼동하지 않으려면, 어떻게 그것을 설명할 수 있을까?

정신통합의 단계들을 논의한 제2장에서는 중간 무의식, 높은 무의식, 낮은 무의식을 설명하고 작업함으로써 높은자기실현이 이루어지는 과정을 살펴보았다. 높은자기실현이 이 단계들로 축소될 수는 없지만, 이 단계들은 분명히 높은자기실현의 고유한 여정이 통과하게 될 심리영적 영역이다. 다르게 말하자면 높은자기는 무의식적 부분들을 초월하면서 그 안에 내재되어 있기 때문에, 높은자기실현은 언제나 모든 영역이거나 또는 그 영역들로부터 나온 자료에 참여할 것을 요구한다.

높은자기실현을 보다 선명하게 설명하기 위하여 여러 단계의 무의식과 작

업하는 것을 검토해보자. 이 작업은 개인적 정신통합과 초개인적 정신통합이
라는 두 가지 발달 과정을 따라 일어나는 것으로 이해할 수 있다.

개인적 정신통합

개인적 정신통합은 중간 무의식 또는 낮은 무의식을 다루어 인간을 치유하
고 성장하게 한다. 아사지올리는 다음과 같이 말한다.

이 '개인적 정신통합'은 인간의 구조에 대한 그림에서 낮은 영역과 중간 영역의
모든 수준에 있는 기능과 잠재력의 발달과 조화를 포함한다(1973a, 121).

이 인용문에서 아사지올리는 타원형 그림을 언급하고 있으며 중간 무의식
과 낮은 무의식을 개인적 정신통합에 포함된 영역으로 나타내고 있다. 물론
삶의 여정은 모든 수준의 무의식으로부터 나온 자료를 포함하지 않는 경우가
거의 없다. 낮은 무의식과 중간 무의식의 내용들과 관련 있는 정신통합은 분
명히 높은 무의식 자료도 포함할 것이다. 예를 들어 초기 외상을 작업할 때
높은 무의식 내용을 종종 만나게 된다. 실제로 우리는 낮은 무의식과 높은 무
의식 사이의 분리에 대한 치유에서 현재 초점을 맞추는 것이 개인적 정신통합
이라고 생각할 수 있다.

개인적 정신통합은 반드시 교육, 상담, 치료의 형식적인 방법들을 적용할
필요는 없다. 그것은 매우 자주 단순하게 일상적인 삶 속에서 일어난다. 개인
적인 그리고 전문가적 삶에 도전하는 과정에서 건강하지 않은 죄책감과 수치
심을 극복하고, 두려움과 불안을 변형시키며, 우리의 인격 안에 보다 더 조화

로움을 발달시킨다. 참된 삶을 살기 위하여 노력한다면 우리는 옛 상처가 치유되고 개인적 전인성이 꽃피어나는 것을 발견할 것이다. 많은 경우에 훈련받은 전문가와 더불어 개인적 정신통합을 의식적으로 작업함으로써 많은 시간과 노력을 절약할 수 있다.

과 정

마크의 하위인격이었던 사랑하는 사람과 일하는 사람으로 첫 작업을 할 때 (제4장), 우리는 중간 무의식의 수준에서 일어나는 개인적 정신통합의 예를 보았다. 그의 경우에 다소간 인격의 의식적 국면인 일하는 사람과 사랑하는 사람이 더 분명하게 의식 속으로 들어와 인식되었다. 물론 이런 유형의 작업은 오늘날 유용한 치료와 성장을 위하여 사용하는 다양한 기법과 방법이기도 하다.

마크가 이 두 하위인격 밑에 있는 초기 학대, 수치심, 슬픔을 드러낼 때, 개인적 정신통합의 더 깊은 국면을 볼 수 있다. 낮은 무의식 자료가 의식적 인격으로 통합되고 치유될 수 있다. 여기에서 우리는 하위인격들만 다루는 것이 아니라, 인격 전체에 영향을 미치는 인생 각본, 경험, 태도, 동기를 구성하는 더 깊은 구조도 다룬다.

더 깊은 수준이 나타나는 것에는 강박, 중독, 역기능적 애착 등의 자기 파괴적 유형, 그리고 우울, 불안, 격노, 초기학대와 무시 등의 고통스러운 경험이 있다. 보다 초기 수준에서의 개인적 정신통합은 장기 과정이 될 것이고 다음과 같은 일이 일어날 것이다.

1. 문제가 되는 삶의 태도와 행동들이 일상의 삶에 영향을 미칠 때 그것들을 점점 더 자각하게 된다. 그리고 이러한 태도와 행동들의 해로운 영향

을 숨기고 있었던 만성적인 생존 전략을 자각하게 된다.

2. 이 만성적인 태도와 행동은 쉽게 변형되지 않고 또한 극적인 돌파구 경험을 통하여 사라지는 것이 아니라 시간과 에너지를 필요로 할 것이라는 것을 점점 더 수용하게 된다.

3. 인격에서 보다 초기 외상화 수준의 생각과 감정을 점점 더 인식하고 수용한다.

4. 지속적으로 나타나는 자료는 우리의 참된 개인적 잠재력이 세계에 실현되는 삶을 살게 한다.

그러한 성장은 종종 우리 자신이나 타인과 관련된 습관적인 방식과 삶 자체의 방식에 점점 더 많은 변화가 나타난다는 것을 의미할 것이다. 개인적 정신통합은 훨씬 더 낮은 무의식을 작업하는 것이기 때문에 상담과 심리치료, 정신통합 치료, 지속적인 지지 그룹, 가족과 친구의 공감적인 연대와 같은 참된 통합중심들의 안전하고 안정된 삶의 구조의 맥락 안에서 가장 잘 이루어진다.

높은 무의식

중간 무의식을 다루거나 낮은 무의식을 다룰 때 개인적 정신통합은 다음과 같이 나타난다. 갈등이 인격 안에서 심신을 덜 약화시킨다. 육체적 정서적 정신적 경험 국면을 점점 더 자각한다. 자유와 자발성을 느낀다. 자기비판이 덜 해롭다. 더 현실적인 자기 수용을 한다. 개인적 선택과 책임감을 갖는다.

개인적 정신통합은 높은 무의식 내용의 통합도 포함한다는 것에 주의하라. 창조성, 자유, 자기 확신, 자발성과 같은 높은 무의식의 특성들은 의식적 기능에 포함된다. 예를 들어 우리는 어느 정도의 공감적 연합을 한 후 놀이와 창조성을 나타내기 시작하는 고립된 하위인격과 불안을 작업할 수 있다. 여기에서

우리는 처음에 낮은 무의식으로 갔다가 높은 무의식으로 이동하여 마지막에
는 중간 무의식 안에 건강하고 새로운 구조를 형성하기 시작한다. 따라서 우
리는 개인적 정신통합과 초개인적 정신통합을 완전히 별개로 생각할 필요가
없다. 각각은 궁극적으로 서로를 내포한다. 왜냐하면 각각은 우리의 성장에
대한 상호보완적인 차원들을 다루기 때문이다.

더 나아가 많은 사람들이 발견했듯이 개인적 성장은 매우 자연스럽게 보다
분명한 초개인적 성장의 강화로 옮겨간다. 심리적 치유를 작업하는 사람들은
예기치 않게 깊은 고요, 황홀한 기쁨, 영적 통찰의 순간들을 만나거나, 깊은
심리적 외상을 탐색한다. 그들은 언제나 엄청나게 깊은 소외와 고통 속에서도,
그들을 붙잡고 있었던 더 깊은 현존을 발견할 것이다.

다른 한편 우리가 개인적 차원을 따라 갈 때 실존적 위기라 불리는 변형의
위기 —우리의 삶을 갉아먹는 공허와 지루함을 발견할 것이다(Firman and
Vargiu 1977; Firman and Gila 1997; Firman and Vargiu 1980을 보라). 그러한 위
기는 우리의 개별적인 삶을 넘어서 의미 있는 어떤 것을 추구하게 하여 결국
우리를 초개인적 수준의 성장으로 인도할 것이다. 따라서 기쁨으로 놀라거나,
기쁨이 없어서 놀라거나, 우리는 자주 개인적 정신통합의 여정이 초개인적 정
신통합의 여정과 교차한다는 것을 발견할 것이다.

초개인적 정신통합

개인적 정신통합이 중간 무의식과 낮은 무의식의 자료를 통합하는 것인 반
면 초개인적 정신통합 또는 **영적 정신통합**은 높은 무의식의 자료를 통합하는
것에 목표가 있다. 아사지올리는 다음과 같이 말한다.

특별한 치료 과제는 초의식적 에너지의 유입을 적절하게 흡수하여 조화로운 적응에 이르게 하는 것, 그리고 이전부터 있었던 인격의 국면들을 통합하는 것, 즉 개인적 정신통합뿐 아니라 영적 정신통합도 성취하는 것이다(1965a, 53).

개인적 정신통합에서처럼 초개인적 정신통합도 종종 의식적 주의나 작업을 하지 않고도 우아하게 일어날 수 있다. 눈에 띄는 절정 경험에서든 점진적인 의식의 변화에서든 높은 무의식은 나타난다. 그리고 우리는 이 영역에 적극적으로 참여하기 시작한다. 명상, 기도, 의식, 음악, 예술, 봉사, 공동체를 통하여 우리는 이 실존의 차원을 만나고 표현하고자 한다.

우리가 높은 무의식적 에너지에 더 익숙하게 되면, 자동적으로 우리의 태도와 행동을 변화시켜 우리의 일상적인 삶 속에 이 에너지를 나타낼 것이다. 우리는 점점 더 동정심을 갖고 현명하며 포용적으로 되어 욕심, 분노, 시기심과 같은 분리된 태도의 통제를 덜 받게 된다. 아마도 자연 세계에 대한 새로운 감사, 다른 사람들과의 연대 경험이나 신성한 사랑은 개인적 평안을 방해하는 것이 우리의 삶에 영향을 미치지 못하게 할 것이다.

그러나 높은 무의식적 경험은 때때로 통합하기 어려울 수 있다. 예를 들어 우리가 모든 인류에 대한 연대감과 동정심을 강하게 경험한다면, 이것은 나중에 동정심을 방해하는 증오나 복수 감정의 자각을 고조시킬 수 있다. 또는 자연과 연합하는 강한 경험은 과거에 이 일치를 침해했던 개인적 태도와 신념, 즉 자연과의 올바른 관계를 맺지 못하게 한 태도와 신념을 드러낼 수도 있다. 그것은 마치 새로운 경험의 구체적인 경험을 방해하는 옛 습관, 태도, 감정이 경험 자체로 볼 때 삭막한 위안 속으로 던져지는 것과 같다.

기분이 고조된 상태에서 감추어져 있었던 온갖 쓰레기들은 언젠가는 다시 나타난다.
－ 아사지올리

성장의 장애물이 성장의 잠재적 단계에 의하여 힘을 얻는 이 역동을 귀납
induction이라 하는데(Firman 1991; Firmand and Gila 1997), 귀납의 개념은 성장
단계의 에너지가 높은 무의식과 낮은 무의식 둘 다를 활성화시켜 새로운 잠재
력을 나타내게 한다는 의미이다. 귀납은 사실상 전인성의 부름이고 종종 높은
무의식과 낮은 무의식이 분리된 하나의 두 면이라는 것을 드러내기 때문에,
한 부분에 참여하는 것은 종종 다른 면에 참여할 것을 초대하거나 요구할 것
이다. 그 모든 경우에 문제의 반응에 대한 적극적이고 의도적인 심리적 작업
은 종종 매우 큰 도움이 될 수 있다.

낮은 무의식

높은 무의식이 낮은 무의식에 뿌리하고 있는 심리 유형에 힘을 주거나 그
것을 유도할 때, 초개인 정신통합은 낮은 무의식에 대한 작업을 하게 될 것이
다. 예를 들어 증오와 복수의 감정, 자연 세계에 대한 무례한 태도 등에서 언
급한 반응은 이미 어린 시절에 경험했던 근본적 분노로부터 나올 것이다. 아
마도 그것은 버림받음과 수치심의 강한 감정을 낮은 무의식 속에 남긴 성적
또는 정서적 학대의 기억일 것이다. 분노의 층은 이 초기 사건들로부터 생긴
상처를 보호하는 데 사용되었다.

여기에서 초개인 정신통합은 보다 초기의 상처를 밝히고 치유하기 위하여
어린 시절 사건들을 심리적으로 탐색한다. 이런 방식으로 위에서 언급한 증오
와 무례함의 태도는 결국 개선될 것이고 인간에 대한 동정심 또는 자연과의

친밀함에 대한 처음 경험이 삶 속에 표현되기 시작할 것이다. 따라서 절정의 순간에 잠깐 보았던 인식 양식들은 단순하게 일시적인 경험의 이상적인 특성이 아니라 전 생애 동안 나타날 수 있는 태도, 가치, 행동 패턴이 된다.

장엄함에 매료됨

초개인적 성장은 높은 무의식적 에너지를 통합하는 데 장애물로 보이는 유형을 다룰 것이지만 또한 이 에너지를 과대평가하는 유형도 작업할 것이다. 그러한 과대평가는 우리가 높은 무의식의 이상화된 본성과 관계를 맺을 때, 그리고 재미없는 일상적인 삶이 중요하지 않게 되거나 실제로 그러한 경험에 비추어서 환상에 불과하다고 느끼기 시작할 때 생길 수 있다. 아사지올리는 (1973c) 우리가 '모든 것이 환상이라고 하는 환상'에 사로잡히게 될 것이라고 말하였다.

만일 우리가 높은 무의식적 에너지에 사로잡히게 되면 높은 경험이나 '깨달음'을 위한 강박적인 노력이 시작되고, 개인적 관계의 문제가 많은 세계, 삶의 책임, 참된 인간 성장을 회피하려는 시도를 할 것이다. 이러한 현상은 매슬로우의 양극화된 신비주의(1971), 헤로니안Haronian의 **장엄함에 대한 매료**(1983), 웰우드Welwood의 **영적 우회**spiritual bypassing(2000), 퍼만Firman의 **이중 부정**dualistic denial(1991)으로 알려져왔다.

그러한 매료가 우리의 삶을 구성할 때 우리는 그것에 근거한 동일시를 발달시키기 시작한다. 제5장에서 우리는 그것을 초개인적 동일시라고 했으며, 사실상 그때 높은 무의식에 중독된다. 그리고 우리가 초개인적 특성을 표현하는 것은 인격의 다른 국면들과 분리된 것이다. 우리는 행복, 기쁨, 자유를 느끼지만 어떤 사람들은 이 정서 밑에 숨겨진 낮은 무의식적 자료인 슬픔, 고통,

분노를 자각할 것이다.[2]

우리는 개인적 정신통합에서 초개인적 차원으로 나아가게 하는 변형의 위기, 실존적 위기를 만날 것이라고 말했다. 반대로 초개인적 정신통합에서 우리는 바규Vargiu의 **이중성의 위기**crisis of duality라 불리는 개인적 차원으로 우리를 초대하는 변형의 위기를 만날 것이다(Firman and Vargiu 1977; Firman and Gila 1997; Firman and Vargiu 1980을 보라).

이 위기에서 우리는 깨달음을 추구할 때 타고난 이중성, 메울 수 없는 깊은 간극에 직면한다. 우리는 '여기에서 거기로 갈 수 없음'을 발견한다. 즉, 우리는 아름다움에 대한 우리의 숭고한 느낌, 그리고 삶의 기쁨이 순수하고도 이상화된 상태로 유지될 수 없으며, 삶의 고통이 수용되어야 한다는 것을 발견한다. 그리고 참된 삶은 우리 자신과 세계 속에 있는 붕괴에 적극적으로 참여한다는 것을 의미할 것이다.

> 그러나 그들은 의존이나 절망의 깊이에 다다랐을 때 거기에 새롭고 강렬한 생산적 활동의 기간이 시작되는 영감이 갑자기 흘러들어올 것이다.
>
> — 아사지올리

물론 우리가 이 위기를 겪을 때 높은 무의식의 에너지는 자연스럽게 표현하는 방식을 자유롭게 발견할 수 있다는 것을 알게 될 것이다. 초개인적 특성은 더 이상 이상화되지 않기 때문에 인간 실존을 특징짓는 빛과 어두움이 신비하게 혼합된 것의 한 부분이 될 것이다. 이 에너지는 궁극적으로 세계로부터 분리된 이상적인 형태가 아니라 세계와의 관계에 대한 정상적이고 일상적인 양식들이다.

중간 무의식의 확장

　개인적 정신통합과 초개인적 정신통합은 높은 무의식과 낮은 무의식이 단순히 광범위하게 연결되어 그 안에 있는 특별한 초점들이라는 것을 다시 한 번 지적해두자. 개인적 정신통합은 '바닥bottom'에서 시작하여 '정상top'을 향하지만, 초개인적 정신통합은 '정상'에서 시작하여 '바닥'을 향한다는 것을 의미한다.

　예를 들어 개인적 정신통합과 초개인적 정신통합은 중간 무의식의 하위인 격들, 낮은 무의식의 초기 외상, 높은 무의식 경험의 높이를 작업할 것이다. 숭고함의 억압조차도 단순하게 높은 무의식적 역동이 아니다. 왜냐하면 여기에서 저항은 변함없이 높은 무의식과 접촉하면 변함없이 밝혀지게 될(즉, 유도될) 초기 외상 사건, 예를 들어, 통제의 상실, 압도당함, 정체성 상실을 경험하는 것에 대한 저항이기 때문이다. 우리들 각자는 자신의 고유한 여정을 밟아갈지라도, 이 여정은 존재의 높이와 깊이 사이의 관계를 치유하는 방향으로 나아가는 것 같다.

　종합해보면 결국 이 두 차원은 **중간 무의식의 확장**이 된다. 즉, 높은 무의식과 낮은 무의식에 의하여 나타난 경험 영역이 우리들 안에 확장된다면, 우리는 우리 자신과 세계의 높이와 깊이에 더 많이 개방하게 될 것이다. 우리의 의식은 더 광범위한 경험 영역에 우리를 개방시키기 때문에, 의식으로 쉽게 들어올 수 있는 경험을 담고 있는 중간 무의식이 확장되었다고 말할 수 있다. 우리는 아름다움과 고통에 더 민감하게 되고, 선을 기뻐하며 상실을 슬퍼하고, 신의 영감을 받으며 세계의 고통에 관심을 갖게 된다. 우리는 다양한 신비 속에서 생명의 감동을 받는 것에 점점 더 개방하게 된다.

　그렇긴 해도 확장된 중간 무의식에 의하여 나타난 인간성의 더 깊은 감각과 높은자기실현을 동일시해서는 안 된다는 것을 기억해야 한다. 나-높은자기 관계는 초월-내재되어 있기 때문에, 지속적인 관계는 우리가 설명해왔던 확장된 공감이 있거나 없어도 생겨날 수 있다. 높은자기실현의 다양한 여정들은 경험 영역의 높은 영역과 낮은 영역에 참여하거나 참여하지 않는 다른 많은 유형을 포함할 것이다. 다시 한 번 앞 장에서 개괄적으로 설명한 극단적 심리장애조차도 반드시 의미 있는 나-높은자기 관계를 막지 못한다. 우리는 육체와 영혼의 상태가 어떠하더라도 높은자기로부터의 초대를 받고 반응할 것이다. 높은자기실현은 이러한 만남과 반응이다.

높은자기실현

만일 '나'와 높은자기가 경험의 모든 수준으로부터 구별되지만 분리되지 않는다면, 나-높은자기 관계는 특별한 경험 유형과 동일시될 수 없다. 따라서 '나'와 높은자기 사이의 지속적인 관계나 높은자기실현은 어떤 특별한 수준의 경험과는 상관이 없으며, 그 내용이 낮은 무의식에서 나온 것이든 중간 무의식이나 높은 무의식에서 나온 것이든 이루어질 수 있다. **높은자기실현은 개인적 정신통합과 초개인적 정신통합 둘 다와는 구별되지만 둘 다에서 일어날 수 있다.** 따라서 만일 우리가 수직 축에 의하여 나타난 초개인적 정신통합과 수평 축에 의하여 나타난 개인적 정신통합으로 높은자기실현의 여정을 그림으로 나타낼 수 있다면 그것은 그림 8.1과 같을 것이다.[3]

달리 말하자면, 높은자기실현은 우리를 그림의 어디로라도 데려갈 수 있다. 거기에는 우리가 어디로 가야 할지 말해줄 수 있는 높은자기실현의 지도도 기준도 없다. 우리는 단지 우리 자신의 고유한 소명을 듣고 그것이 우리를 어디로 인도하든지, 그것을 따를 준비를 해야 한다. 높은자기실현은 경험의 내용이나 특성, 인격의 구조화, 특별한 성장의 단계에 대한 문제가 아니라, 우리의 삶에서 높은자기의 초대에 반응을 하는지 하지 않는지와 관련이 있다. 높은자기실현은 경험 유형이 무엇이든, 의식의 상태가 어떠하든, 우리의 성장 단계가 어디이든, 높은자기와의 근원적 일치에 반응하며, 높은자기와 관계를 맺는 것이다.

이렇게 볼 때 높은자기실현은 진실의 가장 깊은 의미와 삶의 의미와 순간 순간 지금 여기에서 관계를 맺는 문제이다. 그것에 대하여 융(1954)은, '자신의 존재의 법에 대한 서약을' 준수하는 것이라고 말하였다. 우리는 한순간에는 더 깊은 진리를 배신할 수 있지만 다음 순간에는 재조정할 수 있다. 즉, 우리는 한순간에는 높은자기 깨달음을 얻을 수 있지만 다음 순간에는 높은자기 깨달음에 도달하지 못할 수도 있다. 높은자기실현은 여정의 정점이 아니라 여정 그 자체이다.

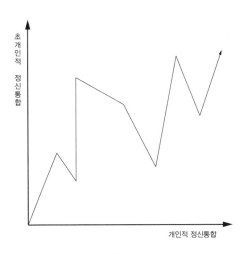

그림 8.1

예를 들어 우주와 형언할 수 없는 일치를 느낄 때에도 높은자기 깨달음에 도달할 수 없었던 우리가 극심한 소외와 분열을 느낄 때에 높은자기 깨달음에 도달할 수 있다. 또는 초개인적 정신통합이 되었을 때에도 높은자기 깨달음에 이를 수 없었으나, 실제로 개인적 정신통합에서 작업할 때 높은자기 깨달음에 이를 수 있다. 실제로 모든 경험은 높은자기 깨달음에 이르게 할 수도 있고 이르지 못하게 할 수 있다. 결정적인 요소는 경험의 내용이나 질이 아니라 우리가 존재의 더 깊은 원천에 반응을 하느냐 안 하느냐이다.

높은자기의 부름

높은자기의 부름을 듣고 그것에 반응하는 것은 높은자기실현의 근원적인 국면, 즉 우리가 정신통합의 접촉과 반응 단계에서 이미 검토했던 쌍둥이 현상이다. (제3장) 높은자기는 단순하게 우리를 수동적으로 붙잡고 있는 것이 아니라 우리의 삶 속에서 활동하는 것이다. 높은자기실현은 '나'와 높은자기 사이의 지속적인 관계, **개인적 의지와 초개인적 의지** 사이의 상호작용 또는 대화이다.

부름과 반응을 설명하는 많은 이야기들이 있을 수 있다. 아마도 우리는 즉시 역사를 통하여 강력한 부름에 반응하여 위대한 과업을 수행했던 유명한 사람들을 생각할 것이다. 우리는 부름을 받고 이스라엘을 이집트에서 구하고, 불타는 숲에서 하나님을 만난 모세, 부와 특권 생활로부터 고된 여정을 통하여 붓다로 변형된 싯다르타 고다마, "나의 뜻이 아니라 당신 뜻대로 하소서."라고 말하면서 십자가의 죽음을 받아들인 나사렛 예수, 깊은 동굴에서 무함마드에게 말하여 그를 세계의 메신저로 보낸 알라신을 생각할 것이다. 제한된 개별성을 넘어서 더 깊은 중심의 목소리의 인도를 받아 힘을 얻은 잔 다르크, 마하트

마 간디, 마더 테레사, 마틴 루터 킹과 같은 수많은 사람들이 떠오를 것이다.

> 영적 의지와, 높은자기와의 직접적인 관계를 확립하는 것이 정신통합의 목표이다.
> － 아사지올리

그러나 유명하지 않은 우리들도 학교로 돌아가 새로운 직업을 찾든 잠재된 예술적 재능을 발달시키든, 우리 자신과 세계에 대한 더 큰 의미로 우리를 인도하는 그러한 부름을 따라 산다고 볼 수 있다. 그러한 부름에 대한 많은 예들을 보여주는 책이 있는가 하면(Levoy 1997), 부름, 소명, 진리의 주제는 심리학 문헌에도 있다(Bogart 1994, 1995; Bollas 1989; Fleischman 1990; Hillman 1996; Jung 1954; Levoy 1997).[4]

초월-내재적 부름을 듣고 거기에 반응하는 한 예는 제2장의 엘렌의 사례에서도 볼 수 있다. 생존인격을 극복하는 것으로 시작한 그녀는 새로운 삶을 위하여 직장을 떠나는 것이 옳은가를 구별하기 위하여 많은 경험을 하게 되었다. 그녀는 그 방법을 따라 많은 내면 작업을 했으며 다양한 참된 통합중심인 기도 모임, 매일매일의 명상, 영성 서적, 강의, 워크숍, 꿈, 공감적 친구들을 통하여 높은자기에게 개방하였다. 여기에는 그녀의 삶 속에서 전개되는 높은자기로부터의 초대가 있었다.

제6장의 제이미Jamie 이야기도 높은자기실현을 잘 설명해준다. 제이미는 자신의 목적을 이루기 위하여 강박적으로 노력했고, 낭비와 무가치의 근저에 있는 감정들을 보상하기 위하여 '인생의 최고의 목적'을 강박적으로 추구했었다. 그녀가 이것을 작업할 때 참된 소명은 초기 상처를 치유하여 강박적 추구로부터 자유하게 되는 것임이 드러났다. 이것은 또 그녀가 보다 깊고 현실적인 부

름을 듣고 그녀의 예술적 재능을 발달시킬 수 있게 하였다. 분명히 높은자기실현의 여정은 다양한 유형의 경험을 포함할 것이다.

유명한 삶이든 유명하지 않은 삶이든 중요한 것은 삶의 변화를 가져오는 부름에 응답하는 것이다. 삶의 주요 변화에는 매우 즉각적인 차원의 부름이 있다. 나-높은자기 관계는 영원히 존재하기 때문에, 부름을 듣고 거기에 응답하는 것은 매일 매 순간마다 일어날 수 있음을 기억하라. 이러한 높은자기의 즉시성은 우리의 가장 높은 가치, 가장 소중한 원리, 가장 깊은 진실로부터 행동하기 위한 초대로 경험될 수 있다. 그러한 부름을 사라Sara의 사례에서 찾아볼 수 있다.

진리에 대한 사라의 부름

사라와 에드Ed는 데이트를 하면서 멋진 식사와 와인, 훌륭하게 이어지는 대화를 하였다. 에드가 잠깐 인종적 고정관념이 들어 있는 말을 할 때까지는 모든 것이 좋았다. 사라가 그 말에 충격을 받았지만 그들의 즐거운 대화는 빠르게 회복되었고 시간이 흘러갔다.

> 본질적으로, 그것은 우주적 생명의 리듬과 조율되는 것이며, 거기에 기꺼이 참여하는 것이다.
>
> — 아사지올리

그녀는 혼란스러웠다. 그녀는 그 고정관념 안에 있는 인종주의에 대하여 말해야 했을까? 에드는 여러 면에서 멋진 사람이었고 분명히 의식적으로 인종주의자는 아니었다. 그녀는 최근에 학교에서 몇 가지 훈련에 참가했었다. 그리고 그녀의 개인적 삶에서 인종주의와 성차별주의에 직면하는 것이 옳다고 느꼈다. 그러나 그것은 먼 과거의 일인데 지금 그때로 돌아간다는 것은 얼마나 우습고 불쾌한 일인가를 의미했다. 과거에 그런 일이 다시 일어났다면 왜 그것을 넌지시 말하지 않았을까? 그것이 우리를 어색하게 하고 관계를 깨뜨릴 수 있는 바로 지금 왜 그것에 대하여 큰 소란을 피워야 하는가? 잠정적으로 폭발할 수 있는 주제에 접근하기 전에 그와 더 가까운 관계를 맺는 것이 더 낫지 않을까?

엘렌이 직장을 그만두어야 할지 말아야 할지를 결정할 때처럼(제3장) 사라도 그녀의 이성적인 마음에서 궁극적인 결정을 할 수가 없었다. 어떤 쪽에 있든 이성적일 수 있다. 아무 말도 하지 않고, 더 가까워진 다음 인종주의 문제가 생길 때 그것에 부드럽게 직면하여, '건설적 참여engagement'로 알려진 정책을 따를 수 있다. 아니면 우습게 되더라도 그것을 지금 말할 수 있다. 왜냐하면 그것이 그녀의 가치를 일찍 분명하게 보여줄 것이고, 관계는 이러한 것들을 포함시킬 때만 발전할 수 있기 때문이다.

더 나아가 그녀는 나중에 그것을 깨달았을 때, 다음과 같은 여러 가지 감정들이 교차했다. 아버지를 실망시키고 싶지 않은 어린 소녀, 사랑하는 사람과 로맨틱한 분위기를 깨고 싶지 않은 마음, 에드가 '올바른 사람Mr. Right'인지 궁금한 꿈 많은 십대 소녀, 이러한 판단에 직면하여 나쁘고 작은 그리고 움직일 수 없는 감정, 그녀가 원하지 않는 것은 어떤 것이라도 할 필요가 없다고 말하면서 죄책감을 거절하며 화내는 반항아, 그리고 마지막으로 그냥 내버려두면 더 큰 계획 속에서 그녀가 하는 것은 무엇이든 문제가 되지 않는다고 말하는 영적인 목소리 같은 것.

진리에 대한 사라의 반응

사라는 저녁 식사 시간에 결국 그녀의 관심을 말하지 못했지만 그다음 날엔 혼란스러웠다. 진실성의 부름 앞에서 그녀는 에드의 행동이 불편하다는 사실을, 그리고 에드의 행동에 대하여 그녀가 그렇게 지각하고 있다는 점을 무시할 수 없었다. 다양성 훈련에서 얻은 지식과 삶의 경험에서 얻은 가치로(통합중심들), 그리고 올바름과 진실에 대한 그녀의 감각이 그녀를 불러낸 것이다. 즉, 그녀는 높은자기로부터 초대를 받은 것이다.

> 스토익 학파와 스피노자에게 있어서 그것은 자신의 '운명'을 기꺼이 받아들이는 것이었다.
>
> — 아사지올리

사라는 짧은 시간에 정신통합의 단계들을 다 거친 것이다. 그녀는 불편한 상황을 무시하는 옛 습관을 선택하지 않음으로써 단계 0의 생존 단계로부터 나와서, 남은 단계를 밟게 되었다. (1) 인격 탐색에서 그녀는 학술지에 글을 쓰고 친구들에게 말을 함으로써 내면의 많은 감정과 생각을 의식하게 되었다. (2) '나'의 출현에서 그녀는 이 많은 부분들과 구별되고 그것들로부터 자유롭게 되어서 그것들 사이에서 선택할 수 있거나 전혀 선택하지 않을 수 있었다. (3) 높은자기와의 만남에서 그녀는 옳은 일에 관하여 그녀의 마음을 보다 절실하게 듣기 시작했다; 그리고 마지막으로 (4) 높은자기에 반응하면서 그녀는 에드에게 전화하여 그 일에 관하여 이야기를 나누었다. 다행히도 그것은 그들 사이에 더 깊은 친밀함과 존중감을 가져다주었다.

나중에 사라는 '나'와 높은자기의 친밀한 관계에서 일어날 수 있는 역설을 보고하였다. 그녀는 결국 어쩔 수 없이 에드에게 전화를 했던 것 같다고 말했다. 마지막 결정을 위하여 그녀가 노력한 의식적 여정을 고려해볼 때 이것은 이상한 생각으로 보일 수 있다. 그러나 이것은 우리 자신과 높은자기 사이의 궁극적이고 신비로운 연합을 말해준다. 여기에서 "나는 어쩔 수 없었다."라는 말은 "나는 옳았다. 진실했다. 그리고 명백하였다. 그러므로 나는 그렇게밖에 할 수 없었다."라는 의미이다. 이 경험은 우리가 보통 의도적인 행동을 위하여 받아들인 것보다 더 자연스러운 발견이고 계시이다. 그것은 마틴 부버Martin Buber(1958)가 '나를 목적으로 하는 행동'이라고 했던 것과 우연히 일치한다. 정신통합 용어로 이것은 개인적 의지와 초개인적 의지가 연합된 것이기 때문에 두 가지는 구별할 수 없다.

우리는 부름calling이란 삶의 과정을 변화시키는 것이라고 설명하였다. 그리고 그 부름은 24시간 동안 사라가 투쟁한 것이다. 그러나 부름은 또한 그 순간에 일어나서 그 순간 응답될 수 있다.

순간의 부름: 데이비드David

그 순간에 즉각적인 응답을 초대하는 부름을 받은 데이비드는 다음과 같이 말했다.

나는 사랑하는 친구의 결혼식에서 신랑의 들러리였다. 오후 내내 나는 그를 생각하면서 그의 긴장, 흥분, 두려움 등 세부사항을 도왔다. 7시 10분이 되었지만 성가대 독창자가 오지 않았다. 그녀는 10분이 지나도 나타나지 않았다. 손님들은 모두 식이 시작되기를 기다리면서 자리에 앉아 있었다. 10분을 더 기다렸지만 그녀는 오지 않았다. 나는 친구와 신부에게 미안한 마음이 들었다. 성가대 독창자가 오기만을 기다렸다. 그녀는 전화번호나 주소도 없었다. 너무 이상했지만 그랬다. 나는 오늘은 분명히 안 좋게 끝날 것이라고 생각하니 두려웠다. 나의 친구는 아버지를 보았다. 아버지는 "결혼식을 진행하자. 법적인 결혼식은 월요일에 할 수 있으니." 의 태도는 가볍고 매우 지지적이었다. 나의 친구는 웃으면서 나를 보고 "데이비드, 결혼식을 올리자."라고 말했다. 나는 불안하고 의심스러웠지만 내 안에서 용기와 흥분, 그리고 친구에 대한 사랑 이 모두가 혼합된 무엇인가 요동을 쳤다. 나는 위기에 대처하였고 결혼식은 진행되었다. 놀랍게도 모든 사람이 감명을 받았고 결혼식은 아주 멋졌다. 그것은 나의 가슴을 세 배나 벅차오르게 했다.

앞의 사례에서처럼, 높은자기실현에 대한 데이비드의 여정은 분명히 더 없이 행복하고 연합된 의식 상태가 아니었다. 그는 거기에 불안, 자기 의심, 불안정에 부딪혀야 했지만 또한 용기, 사랑, 흥분도 느꼈다. 그가 거기에 존재하고 있었기 때문에 그는 깊이에서 높이까지 부름에 응답하는 경험의 완전한 영역을 유지할 수 있었다. 그러나 요점은 그가 그 순간의 부름에 응답하여, 친구를 위하여, 그리고 자기 자신보다 더 큰 무엇인가를 위하여 자신을 내어줄 수 있었다는 것이다.

> 중국 사람들은 이 태도를 무위(無爲), 또는 도(道)와의 동일시라고 말한다.
>
> – 아사지올리

순간의 부름: 앤Anne

친구의 충고를 듣고 생강차 한 잔을 마시면서 앤이 받은 또 다른 순간의 부름은 다음과 같다.

나는 나의 중심, 하나님, 높은자기와 만나면서 당황스러웠다. 그 욕구는 컸지만 글쓰기, 명상, 호흡하기, 강가를 걷기 등 나의 일상적인 여정은 소용이 없었다. 나는 그때 아팠고 심하게 메스꺼웠다. 절망 속에서 내가 불렀던 친구는 나에게 이 높은자기에 이르기 위하여 그렇게 애쓰지 말고 오히려 메스꺼움과 피로를 완화 시키기 위한 것을 하라고 말했다. 난 뭘 할 수 있을까? 나는 뭔가에 집중하면서 생강차를 생각했다. 나는 그것을 준비해서 (뜨거웠기 때문에) 천천히 마셨다. 그러 자 기분이 좋아지기 시작했다. 갑자기 나는 집중되는 느낌을 자각하면서 높은자기 와 만나고 하나님, 그리고 우주와 재연합되는 것을 느꼈다. 그것은 내가 순전히 일상적인 일을 했을 때 일어났다. 나는 만족스러운 기도를 했을 때만큼 감명을 받았다. 나는 다시 평정을 찾았고, 그것은 나를 위하여 높은자기와 함께할 수 있는 것이었다.

우리는 앤이 자신의 분리된 느낌, 연합하려는 의지, 친구의 현명한 충고, 생강차에 대한 그녀의 직관, 차를 마시는 단순하고도 실용적인 행동을 통하여 부름에 응답했을 때, 이 부름과 연결되는 것을 볼 수 있다. 제이미처럼 앤도, 그녀가 추구하고 있었던 바로 그 높은자기의 부름을 받았다. 이 부름은 결국 경이로운 느낌을 주었지만, 높은자기 깨달음은 언제나 일어나는 것이었다. 높 은자기와의 관계는 여러 가지 사건들과 경험들 모두를 통하여 언제나 있었고 활동하고 있었다.

분명히 우리는 높은자기와 분리된 느낌이 들 때조차도, 여전히 높은자기와 의 관계 속에 있다. 우리가 연합을 하든 거리를 두든, 개방되었든 폐쇄되었든, 의식적이든 무의식적이든, 높은자기와의 관계는 존재하고 이 모든 것보다 더 깊은 수준, 초월-내재된 수준에서 작용하는 것 같다.

그것은 마치 우리가 높은자기와 결혼한 것과 같다. 우리가 이 결혼을 잊거나, 충만함을 느끼거나, 소외감을 느끼거나 이 연합은 지속적으로 남아 있다. 실제로 결혼은 나-높은자기 관계에 대한 가장 정확한 비유들 중의 하나일 것이다. 어떤 헌신된 관계에서도 이 관계는 아무리 경이로울지라도 어떤 한순간이나 특별한 사건으로 제한될 수 없다. 그것은 좋은 나쁘든, 아플 때나 건강할 때나 모든 삶의 사건들 속에 살아 있다.

부름과 정신통합 치료

'나'와 높은자기 사이의 이 영적 결혼은—또는 최소한 영적 구애는—정신통합 치료에서도 인식되고 촉진된다. 내담자는, 암묵적일지라도, 변함없이 원하는 방향 감각을 구체화한다. 거기에는 지금보다 더 나은 것이 있을 수 있고, 더 좋은 것이 드러날 것이라는 느낌이 있다. 정신통합 치료에서 '더 좋은 무엇 something more' 또는 방향 감각은 높은자기의 초대로 볼 것이고 그것은 치료사가 공감적일 때 다양한 모습으로 인식될 것이다.

예를 들어 이 방향은 삶이 이전처럼 고통스러울 필요가 없다는 느낌으로, 더 나은 대인관계를 위한 필요로, 삶 속에 영성을 보다 충분하게 통합시키고 싶은 소망으로 감지될 수 있다. 부름의 문제는 또한 다음과 같은 말에서도 분명하게 나타난다. "나는 죽기 전에 나의 참소명을 놓쳤다는 것을 발견할까봐 두렵다.", "나는 삶에서 이룰 것이 있다고 느끼지만 그것이 무엇인지 모르겠다." 때때로 우리는 찾고 있는 것이 무엇인가를 명료화하도록 우리를 돕는 지침이 필요하다.

내담자: 일은 엉망이에요. 나는 그 모든 일 때문에 녹초가 되었어요. 너무 해요.
치료사: 일터에서 어떻게 되기를 원하나요? (방향을 묻는다.)

내담자: 모르겠어요. 그냥 평화, 넉넉함을 느끼고 싶어요.

치료사: 그런 평화와 넉넉함을 전에 느껴본 적 있나요? (방향을 명료화한다.)

내담자: 오랫동안은 아니지만 아내와 빅서Big Sur로 캠핑 가곤 했을 때 그런 느낌이 들었어요.

치료사: 이것을 좀 더 탐색해보고 싶은가요?

내담자: 네.

치료사: 그럼 지금 당신이 빅서에 있다고 상상하는 시간을 가져 봐요. 어떻게 느껴지나요? 그것을 몸으로 경험해보세요. (내담자가 찾고 있는 상태가 활기차게 되도록 허용한다.)

내담자: (눈을 감고 오래 있음) 기분이 아주 좋아요. 직장에서도 이런 느낌을 원해요.

치료사: 일을 하면서도 이런 느낌을 가질 수 있다고 상상할 수 있나요?

내담자: 아니요. 그건 불가능한 것 같아요.

치료사: 노력하면 어떤 일이 일어나나요?

내담자: 어떤 것도 이루지 못할까봐, 내가 무책임해질까봐 두려워요. (그 방향에 있는 장애물이 건드려지거나 활성화되어, 즉 방향성을 유도한다.)

치료사: 두려워하는 사람을 상상할 수 있나요?

내담자: 네. 어린아이에요. 그건 나예요. 학교에서 일을 두려워하고 있어요. 압도당하고 외로운 느낌이에요. 리치 씨Mr. Rich에게 야단맞고 있어요.

치료사: 그 어린아이는 당신에게서 뭘 원하나요?

내담자: 그 아이는 내가 자신의 이야기를 들어주기를 원해요. 너무 많은 일이 그를 짓누르지 않고, 선생님이 그에게 소리치지 않기를 원해요.

우리가 앞 장에서 보았듯이 이러한 유형의 작업은 다양한 방식으로 나타날 수 있고 상처 입은 국면과의 연합이 치유한다는 것을 의미할 것이다. 이런 일이 일어날 때 내담자는 보다 자유롭게 느끼게 될 것이고 일에서 평화와 넉넉함의 특성을 표현할 것이다. 그렇다. 이것은 일에서 그를 꾸짖었던 내면의 인물과 외부의 인물과 적극적으로 관계 맺는다는 것을 의미할 것이다(제3장의 엘렌의 사례에 나왔던 적극적인 참여를 회상하라).

여기에서 평화와 넉넉함의 느낌은 아사지올리(1965a, 1973a)가 **이상적 모델** ideal model이라고 말했던 것, 즉 다음 단계의 성장을 나타내는 것으로 작용한다. 이렇게 성장하는 존재의 새 방식, 여기에서는 평화와 넉넉함은 그것에 대하여 글을 씀으로써, 그것을 실현하는 우리 자신을 시각화함으로써, 우리가 그것을 실현시키고 있는 '것처럼 행동함으로써', 미술과 음악과 같은 창조적 표현을 함으로써, 그리고 그것을 나타내고 지지하는 통합중심들을 찾음으로써 탐색될 수 있다.

정신통합 치료에 높은자기실현의 예가 있다. 평화와 넉넉함을 더 많이 가지려는 의도는 소명이나 부름에 대한 반응, 그리고 보다 참된 삶에의 초대를 수용하는 것을 나타낸다. 꽤 자주 부름과의 접촉에서 생기는 장애물은 반응해야 할 필요가 있는 인격의 국면들을 구체화한다. 예를 들어 이 내담자는 자신의 어린아이 부분을 그의 삶 속에 포함시켰을 때, 평화와 넉넉함을 느낄 수 있는 능력이 생겼음을 발견하였다.

더 나아가 더 깊은 방향과 접촉하도록 내담자를 도우면 치료 작업은 긍정적인 상황에 머무르도록 할 수 있다. 우리는 치료에서 단순하게 '문제를 작업하는 것'이 아니라 우리가 가장 많은 관심을 갖고 있는 것을 명료화하고 그것에 가까이 다가가려는 것이다. 치료에서 이러한 방향 감각을 발달시키는 것은 내담자에게 엄청난 동기와 힘을 부여한다. 정상성이나 적응의 개념으로 내담자를 데려가려는 치료사의 어떤 욕구도 사라진다.

이러한 방향 감각은 아무리 불완전하고 깊이 감추어져 있거나 때로는 심지어 왜곡되어 있어도 분명히 어느 누구에게나 있을 수 있다. 대부분의 사람들은 현재에 과거의 개념을 포함하는 정체성 감각과, 그리고 새로운 가능성이 아무리 잘못 정의되어 있고 무의식적일지라도, 새로운 것을 향한 방향 감각을 갖고 있는 것 같다. 부름에 대한 가장 연약한 '싹'도 치료사의 공감적 관심 속에 있으면, 내담자를 위하여 보다 의식적이고 의미 있는 방향으로 꽃피어난다.

부름과 참된 통합중심들

부름이나 방향을 작업하는 보다 구조화된 방식은 지혜롭고 사랑스러운 사람이나, 또는 내담자가 대화할 수 있는 지혜와 사랑의 상징을 상상하도록 요청하는 것이다. 이것은 앞에서 설명한 하위인격들과의 대화 작업처럼 촉진될 수 있다. 그러한 내면의 인물과 관계를 발달시키는 것은 오랫동안 정신통합 실제의 기법이었다(Assagioli 1965a, Brown 1983, 1993; Ferrucci 1982; Miller 1975; Whitmore 1991).

우리가 참된 통합중심들의 다양한 유형을 논의했던 것을 기억한다면 이 중요한 인물들을 언급하는 것은 매우 효율적일 수 있다. 예를 들어 치료사는 내담자가 할머니와 공감적이고 좋은 연합 관계였음을 알면 "할머니는 그것에 대하여 당신에게 뭐라 말씀하실까요?"라고 물을 수 있다. 어린 시절에 소중했던 애완동물에서부터 사랑하는 선생님, 좋아하는 자연까지, 어떤 참된 통합중심이라도 이런 식으로 작업할 수 있다.

한 내담자는 그녀가 어릴 때 여름을 보냈던 산과 숲과의 관계를 새롭게 함으로써 내면의 지지와 지혜를 엄청나게 많이 받았다. 그러한 참된 통합중심들과의 지속적인 관계를 발달시키는 것은 높은자기와의 관계를 촉진시키는 유력한 방법이다. 이 접근법은 내담자가 내면의 지혜와 방향 감각을 발달시키고 그것을 작업하는 방법을 배울 때 내담자에게 큰 힘이 된다.

방향 감각, 부름, 높은자기로부터의 초대에 대하여 말한다는 것은 앞으로 어떻게 될 것인가에 대한 이상적인 비전을 의미하는 것도 아니고, 의식적 인격의 소망 충족적 환상을 의미하는 것도 아니다. 반드시 삶의 의미를 더 많이 인식하거나 초개인적 특성에 더 많이 개방하는 것을 함축하고 있을 필요는 없다. 훨씬 더 단순하고 직접적으로, 이 방향성은 그것이 아무리 하찮아보여도, 어떤 삶이 그 사람에게 펼쳐질까에 대한 최선의 느낌이다. 이 방향성은 물론 높은자기실현이 보다 의식적으로 될 때 변화되고 명료화된다. 나-높은자기 관계는 언제나 역동적으로 변화하는 상호작용이다.

> 그러므로 심리치료사는 기법뿐만 아니라 소명감도 가져야 한다.
> — 아사지올리

높은자기실현에 대한 이 논의를 요약하자면 그것은 모든 삶의 경험을 통하여 이루어지는 '나'와 높은자기 사이의 지속적이고 역동적인 관계라고 말할 수 있다. 이 관계는 실제로 심오한 일치 경험, 즉 '나'와 높은자기 사이의 어떤 구별도 일시적으로 희미해지는 연합 경험일 수 있다. 그 안에서 개인의 정체성은 희미해지고 일시적으로 사라지는 것 같을 수도 있다(Assagioli 1973a, 128). 그러나 높은자기실현의 여정은 심연을, 즉 소외와 분열과 고통의 기간을 뚫고 나아갈 수 있다. 어떤 경험에서도 높은자기는 존재하고 관계 맺을 수 있다. 어떤 경험에서도 높은자기실현은 경험의 유형이나 내용과 구별되지만 분리되지는 않는다. 어떤 경험에서도 '나'와 높은자기의 친밀한 관계는 유지된다.

결 론

이 책에서 우리는 정신통합의 광범위한 개요를 탐색하려고 노력하였다. 정신통합 인격 이론은 타원형 그림, 하위인격, 참된 인격, 생존인격, 심리 장애, 그리고 '나'에 대한 논의에서 설명되었다. 발달 이론은 정신통합 단계, 인격 조화의 단계, 인간에 대한 동심원 모델, 개인적 정신통합, 초개인적 정신통합, 그리고 높은자기실현에서 설명되었다. 그리고 임상 이론은 다양한 유형의 작업이 설명되었던 사례를 포함하여 이 책 전체를 통하여 제시되었다.

그러나 이 논의를 통하여 특별한 기법이나 방법론을 강조하지는 않았음을 유의하라. 우리는 여행을 위한 특별한 많은 방법들을 탐색하지 않고 인간 여정의 영역을 설명하였다. 그 이유는 정신통합이 근원적으로 전체 인간 존재에 대한 일반적인 접근법이고 방향성이기 때문이다. 그리고 그것은 특별하고 구체적인 적용과는 별개로 존재한다. 아사지올리는 다음과 같이 말한다.

이제 우리가 정신통합을 전체적으로 생각해보면, 그것이 함의하고 있는 것들이 많고 또 많은 발전을 이루었음에도 불구하고, 그것을 특별한 심리 이론, 또는 하나의 기법적 절차로 보아서는 안 된다.
그것은 우리의 심리적인 삶에서 가장 중요한 하나의 역동적이고 극적이기까지 한 개념이다(1965a, 30).

정신통합은 개인적 차원에서 초개인적 차원까지, 개인에서 더 넓은 세계까지, 인간 드라마의 광범위한 관점을 제공한다. 그리고 이 관점은 현상학적 관찰에 기초하고 있다. 또한 전반적인 관점으로서 정신통합은 특별한 기법과 방법을 제안할 수 있지만 그럼에도 불구하고 그러한 기법과 방법들과는 구별된다.

이러한 사실은 상상으로 인도하기, 꿈 작업, 최면에서부터 예술치료, 모래 놀이치료, 신체 작업, 개인 심리치료와 집단 심리치료, 명상, 영성 지도, 목회 상담, 학습, 부모 되기, 의학, 종교, 생태심리학, 환경 교육, 생태학적 행동주의 까지 매우 다양한 접근법을 통하여 정신통합을 알 수 있게 한다. 실제로 정신 통합의 관점이 유용하게 사용될 수 없는 영역을 생각하기는 쉽지 않다.[5]

그러나 더 중요한 것은 정신통합 관점의 폭넓음으로 인하여 우리가 인간 경험의 광범위한 영역을 인식하여 타당화할 수 있다는 것이다. 발달 과정에서 우여곡절을 겪게 하는 문제와 초기 외상, 실존적 정체성, 선택, 책임을 직면하기, 영감을 받은 지고한 창조성, 절정 수행, 영적 경험, 삶의 목적과 의미 추구. 이 경험의 중요한 영역들 중 어떤 것도 다른 것으로 축소될 필요는 없다. 각각의 영역은 전체 속에서 올바른 장소를 찾을 수 있다. 이것은 어떤 유형의 경험에 참여하든, 성장 단계가 무엇이든, 어떤 성장 단계를 거쳤든, 개인적 인간의 복잡성과 고유성이 존중받게 될 것이라는 의미이다.

> 치료사와 환자 사이에는 생생한 대인관계와 핵심적이고 결정적인 인간적 요소의 중요성이 있다.
>
> — 아사지올리

> 그것은 동정심, 존경심, 심지어는 경이로움을 갖고 그 사람에게 다가가 그 사람을 '너'로 만나 깊은 내면의 관계를 맺는다는 것을 의미한다.
>
> — 아사지올리

미 주

들어가는 글

1 정신분석 또는 초기 어린 시절 관점에 초점을 맞추지 않은 것은 그 영역 안에서 인식되었지만 (Firman 1991; Friedman 1984; Haronian 1983; Kramer 1988), 그 영역 밖에서도 알려졌다. 초개인 심리학 연구자이면서 사상가인 Stanislav Grof에 따르면,

> 아사지올리가 정신의 창조적이고, 초의식적이며 빛나는 잠재력을 강조했고, 나도 그것에 동의하지만, 내가 경험했던 것은 정신의 어두운 면이 자기-노출 과정에서 드러날 때마다 그것을 직접 직면하는 것이 유익하다는 것이었다(1985, 194).

이러한 비판은 system으로서의 정신통합에 초점을 맞춘 것이지 반드시 개인 상담사들의 상담에 초점을 맞춘 것이 아님을 강조하는 것이 중요하다. 상담사들은 종종 초기 어린 시절 역동을 알고 있다. 그러나 그것을 다룰 때에는 정신통합이 아닌 다른 이론을 이용해야 할 필요가 있다.

2 물론, 이 모든 주제를 철저하게 탐색하는 것은 한 권의 책의 영역을 넘어선다. 더 많은 연구를 위하여 아사지올리의 저서와 정신통합 문헌을 참고하기 바란다.

제1장

1 정신통합의 조직적 발전에 대한 아사지올리의 자유방임적 태도에는 유익한 점도 있고 문제점도 있다. 중심조직이 없는 정신통합은 자유롭게 다양한 형태를―매우 혁신적이고 창조적인 발달을 이루는 건강한 다양성을―취하고 적용할 수 있다.
다른 한편, 정신통합은 광범위하게 수용되는 훈련 커리큘럼과 규정이 없어서 공적이고 전문적인 공동체에서 수용되지 못하였고 널리 보급되지 못하였다. 기술과 훈련에서 다양한 수준에 있는 상담사들은 그 영역에 대한 혼란과 오해를 사면서, 정신통합 전문가로 표명하였다. 더 나아가 국제 훈련 학교와 같은 조직이 없어서 연구, 이론적 발달, 임상을 유지할 수 없었고, 그리고 심리학 영역에 일관성 있고 지대한 영향을 미치는 데 필요한 출판을 할 수가 없었다.

2 다음에 나오는 대부분의 정보는 Roberto Assagioli(1965a), Eugene Smith(1974), Jean Hardy (1987), 그리고 Allesandro Berti(1988)의 글에서 인용된 것들이다.

제2장

1 Assagioli(1967)는 높은 무의식과 낮은 무의식의 개념을 사용함으로써 집단 무의식의 퇴행적이고 진보적인 요소들이라고 생각했던 것 사이를 분명하게 구별하려고 시도하였다. 그는 비록 높은 집단 무의식, 그리고 낮은 집단 무의식이라는 용어를 분명하게 사용하지는 않았지만, 우리는 그것들을 유용한 개념으로 생각해서, 그림 2.1의 수평선이 개인 정신을 넘어서 집단으로 움직일 수 있게 한 것이다. 높은 집단 무의식과 낮은 집단 무의식 그림은 정신통합(Synthesis) 학술지의 첫 번째 주제에서 Vargiu(1974a)가 처음으로 만든 것이다. 그 주제는 Assagioli가 죽기 바로 전에 진심으로 환영했던 것이다.

우리는 높은 집단 무의식과 낮은 집단 무의식이 과거의 원상처와 집단정신에서 분열된 결과라고 본다. 따라서 우리가 종으로서 치유하는 것과 개인으로서 치유하는 것은 두 영역 모두에 참여하는 것이고 일반적으로 그것은 두 가지를 통합해가는 것이 될 것이다. 이 통합은 중간 집단 무의식 수준에서 집단적 잠재력을 자연스럽게 펼치고 표현하는 것과 함께 일어날 것이다.

2 내적 구조화 혹은 조직의 적극적인 과정은 조직을 하고 있는 자기를 내포한다. 생애 초기 몇 달 동안[우리가 '나(I)'라고 부르는] 자기가 있는데, 그것은 조직이 새로 만들어지는 것을 혹은, 유아 연구자 Daniel Stern(1985)이 '출현하는 자기감(a sense of emergent self)'이라고 말했던 것을 경험한다. Stern에 따르면, 현대 유아 연구는 유아가, 정신분석 분야에서 종종 이해되는 것처럼, 일차적 자기애의 미분화된 상태에서 상실되는 것이 아니라, 환경과 의미 있고 현실에 기반한 상호작용에 적극적으로 참여한다고 말하였다.

3 Assagioli는 구조화된 무의식(structured unconscious)이라 불리는 이미 구조화된 무의식 영역과 가소성 있는 무의식이라 불리는 구조화에 유용한 무의식 영역 사이를 구별하였다(1965a, 1973a).

4 Laura의 이야기는 실제 사례이지만, 내담자의 정체성을 지키기 위하여 많이 바꾸었다. 이 책에 나온 모든 사례도 많이 바꾸었다. 내담자의 이름은 진짜 이름이 아니고, 내담자와 치료사의 성도 맞을 수도 있지만 맞지 않을 수도 있다. 다른 사례에서 (변형된 형태로) 빌려온 사례도 있다. 인용된 대화는 원래의 말을 바꾸어서 표현한 것이다. 이 모든 사례는 치료사와 내담자를 익명으로 했지만 정신통합 치료의 참된 유형을 보여준 것이다.

5 Assagioli는 높은 무의식과 낮은 무의식 형성을 직접 언급한 적은 없지만, 이 두 부분을 무의식 형성을 억압에 의한 것으로 이해하는 정신분석의 맥락 안에서 설명하였다(Assagioli 1965a, 12). 그는 또한 높은 무의식과 낮은 무의식을 구조와 역동에서 유사한 것으로 생각하였다. 그러나 그 내용은 다름을 다음과 같이 말하였다.

> 이 시점에서 내용은 다르지만, 초의식은 전체 무의식의 다른 특성을 공유한다는 것을 기억할 필요가 있다. 초의식은 일반적인 무의식 영역일 뿐이지만, 특별한 특성을 추가로 가지고 있다. 전반적으로 그것은 무의식의 성격을 취하고 무의식과 개인적 의식 사이의 일반적이고 가능한 관계가 있다(1965a, 198).

우리는 연구를 하면서, 이러한 수준의 무의식을 형성하면서 포함된 억압의 기저를 이루는 원상처와 분열을 계속해서 인식하였다. 우리는 높은 무의식이 미래의 성장을 나타내고, 낮은 무의식은 과거의 단계들을 포함한다는 초기 정신통합 개념이 유용하다고 보지 않는다(이번 장의 미주 9를 보라).

6　융 심리학 용어에서 우리는 언제나 부정적인 그림자와 긍정적인 그림자가—의식적 가면을 형성할 때 억압되는 부정적, 그리고 긍정적 모습이—있다고 말한다. 융(1950, 8, 266)은 긍정적 그림자의 가능성을 인정하지 단순히 부정적인 그림자를 인정하는 것이 아니지만, 정신통합은 더 나아가서 그림자의 양극성이 규준이라고 주장하는 데까지 나아간다.

7　심리학과 종교에서 이해되는 '나(I)'에 대한 개관을 위하여, Firman 1991의 '종교에서의 나(I)', '심리학에서의 나(I)' 부록을 보라.

8　정신통합 초기 이론에서는 '높은자기' 혹은 '초개인적 자기'를 '나(I)"'와 '우주적 높은자기(Universal Self)' 사이에 놓았다(Assagioli 1973a를 보라). 여기에서는 높은자기와 동일시할 수 있다면, 우주적 높은자기와 교감할 수 있음을 내포하고 있다.

　　　이 공식화는 우리 자신에 대한 일반적인 경험이, 동일시에 의하여 가려져 있지만, 그 한계를 넘어서 신성, 영혼 혹은 우주적으로 경험될 수 있는, 우리 용어로 말하자면, '자기(Self)'와 교감하면서 우리의 더 깊은, 본질적인 본성을 깨닫는 데까지 확장시킬 필요가 있다[제8장에서 '우주적 자기(Self As Universal)'를 보라].

　　　그러나 높은 또는 초개인적 자기의 초기 형성에 있는 문제는 사실 '다른 자기(other self)'가 없다는 것이다. 우리는 우리 자신에 대한 제한된 경험이 심리적으로, 그리고 영적으로 성장할 때 급진적으로 변형될 수 있을지라도, 의식에서 일어나는 모든 변화를 통하여 '나'로 남는다. 이러한 변형을 '또 다른 자기되기'로 특징짓는 것은, 비록 이것이 심오한 경험을 시적으로 이해한다해도, 결과적으로 부정확하고 오도되고 있는 것이다. 실제로 이러한 변형에서 일어나는 것은 우리가 지금까지 존재했던 사람을—높은자기(Self)와 교감하는 '나(I)', 우주와 교감하는 우리의 개별성을—깨달았다는 것이다.

　　　이 과정에서 우리가 반드시 '또 다른 자기'로 되어야 한다고 믿는 문제는 그 '다른 자기'를 우리가 추구할 수 있는 대상과 같아 보이게 한다. 그 대상은 우리가 동일시할 수 있는 '타인'이고, 우리가 언제나 영원히 '나(I)'라는 진리를 모호하게 하는 결과를 낸다. 결과적으로 우리는 전혀 잘못된 곳에서 '나(I)'를 찾기 시작한다.

　　　따라서 우리에게 이런 방식으로 이해되는 '높은자기' 혹은 '초개인적 자기'는 없다. 오히려 우리는 높은자기실현 과정에서, 인간 존재는 높은자기(Self)와 교감하는 자신을 발견할 수 있다고 가정한다. 자기(Self)는 종종 우주적으로 경험되며, 고유하고 본질적인 '나-됨, I-amness'을— 우리가 참된 인격(authentic personality)이라고 말하는 것을—세계에 나타낸다. 높은자기에 대한 주제를 더 자세하게 연구하려면, Firman 1991의 부록 '개별성과 보편성(Individuality and Universality)'을 보라.

9　높은 무의식의 정점에 높은자기(Self)를 그린 것은 심리영적 발달이 낮은 무의식('과거')에서 높은 무의식('미래')으로 나아간다는 인상을 줄 수 있다. 사실 이 두 영역은 원상처 때문에 억압된, 그리고 분열된 구조로 예를 들어 부정적 인격과 부정적 통합중심, 그리고 긍정적 인격과 긍정적 통합중심(Firman and Gila 1997)과 같은 구조로 구성되어 있다(제7장의 미주 2, 7, 8을 보라). 우리는 높은 무의식과 낮은 무의식을 발달적 수준이 아니라 통합될 필요가 있는 정신의 분리된 부분으로 본다.

　　　높은 무의식이 종종 '연합'되었다고 느낄지라도, 실제로는 낮은 무의식을 배제시키고 있다는 것을 주목하라. 인간의 전체성을 포함하는 것은 높은 무의식이 아니라, 중간 무의식이다. 그것은 높이와깊이에서 실제 삶을 통합시키기 위하여 성장한다(제8장을 보라).

　　　그러나 이것을 넘어서, 높은자기실현은 심리영적 발달 자체와는 구별되어야 할 것이다. 높은자기실현은 우리가 이해한 것처럼, 발달적 성취가 아니라, 매일매일 삶의 모든 활동을 통하여 높은자기(Self)와 지속적인 관계를 맺는 것이다. 그것은 목적지가 아니라 여정이다. 사실 이 여정은 종종 그 사람의 심리영적 변형을 포함할 것이지만, 하나의 목표가 아니라, 그 사람의 가장 깊은 부름에 대한 신실함의 부산물이다. 우리는 노년에 영적 지도자가 되는 것은 원칙적으로 그들의 높은 의식 때문이 아니라, 그들의 소명에 신실했기 때문이라고 생각한다.

제3장

1 유아의 일차적으로 융합된 상태로부터 개별화하는 것을 가정한 발달 이론들은(예를 들어, Mahler, Pine, Bergman 1975; Wilber 1977), 아사지올리의 단계와 막연하게 유사한 것 같다. 그러한 이론들이 가지고 있는 문제는 다른 곳에서 논의하였지만, 어쨌든 정신통합의 단계는 그것들과 혼동될 수 없다(Firman and Gila 1997 ; Stern 1985).

2 방어 기제와 구조의 '방어'는 전통적으로 주장했듯이, 일차적으로 수용될 수 없는 욕망, 환상이나 소망을 반대하는 것이 아니라, 보다 근본적으로 원상처―방어되어야 할 어떤 것에 반대하는 것이다. 정신통합에서 그러한 방어는 생존 기제라는 용어로 말할 수 있으며, 상담사의 돌봄과 존중을 받아야 하는 것이다. 그리고 그것은 실제적인 외상과 위험에 대한 창조적인 반응이다. 그러한 것을 알지 못하면, '방어를 없애려 하거나', '저항을 없애려는' 전략, 즉 새로운 행동을 강요하는 전략을 사용할 수 있다. 그러나 원상처는 억압되어 있기 때문에, 이 새로운 행동은 단순히 생존인격의 세련된 형태가 될 수 있다.

3 중독에 대하여 이 접근법에 기초한 워크숍 설명은 Firman and Gila 1997의 '중독/남용 워크숍'을 보라.

4 집단 무의식 개념은 광범위한 원형 패턴의 엄격한 개념이 아니라, 융(1960)이 집단 무의식이라고 말했던 것이다. 그것은 융 심리학자 Jolande Jacobi의 말로 하자면, "개인이 살고 있는 환경의 전통, 관습, 관례, 편견, 규칙, 규범이고, 개인이 영향을 받는 그 시대의 영혼이다(1967, 150-51)."
우리는 그럼에도 불구하고 그러한 영향을 집단 무의식의 영역이라고 생각한다. 왜냐하면 그것들은 우리에게 무의식적으로 영향을 미치고 미칠 수 있는 집단적 영향들이기 때문이다. 그러나 이것은 광범위한 종이 아니라, 작은 집단 혹은 공동체로부터 우리에게로 전해오는 패턴을 구성하는 집단 영역이다(예를 들어, 원가족, 문화, 민족, 인류, 국적, 종교 등). 이것들은 그림 2.1에서 타원형 도식 주변의 동심원으로 나타낼 수 있다. 예를 들어, 정신통합 사상가 Margret Rueffler(1995a, 1995b)는 가족, 조상, 문화적 국가를 포함하여, 집단 안에 있는 몇 가지 하부 영역으로 인식한다. 이러한 집단 수준에 대하여 한 가지 재미있는 것은 개인과 집단이 여기에서 작용하는 패턴을 바꿀 수 있다는 것이다.

제4장

1 Chris Meriam은 하위인격 이론의 초기 연구에 대하여 쓰면서 다음과 같이 말하였다.

1970년경, Assagioli는 이 개념을 정신통합 이론가 James Vargiu에게(기록된 대화로부터, Ann〈Gila〉 Russell 덕분에) 설명하였다. 이 대화에서, Assagioli는 하위인격 이론이, '콤플렉스' 개념, 그리고 행동주의와 만나는 지점을 통하여, Freud, Jung Reich의 연구와 잠정적으로 연결될 수 있다고 말하였다. 여기에서 하위인격은 환경에 의하여 많은 영향을 받는다. Vargiu는 Palo Alto의 정신통합 연구소에 있는 정신통합 이론가들 Steven Kull, 그리고 Betsie Carter-Haar의 연구의 도움을 많이 받아서(1994, 8-9), 하위인격에 대한 첫 번째 상당한 소논문을 썼다.

2 하위인격에 대한 이러한 이해는 정신통합의 초기 공식화와는 다르다. James Vargiu에게 하위인격은 '표현되려 하고, 실현되려는 내면의 욕동과 충동'으로부터 발달한다(1974b, 60). 다른 한편, Piero Ferrucci는 하위인격이 정신의 높은 수준에 존재하는 무시간적 특성이 격하되거나 왜곡된 것이라고 말한다(1982, 55).
우리는 하위인격의 근원적 발달 축이 우리가 통합중심이라고 말하는 것과의 관계라고 가정한다. 다양한 그러한 관계를 통하여 정신-신체 내용들은 하위인격으로 통합된다. 그리고 이것은 역동과 초개인적 특성들을 포함할 뿐 아니라, 숙련된 기술, 타고난 재능, 정서, 신념, 태도, 가치와 같은 다른 많은 요소들을 포함한다.

3 높은 무의식과 낮은 무의식이 하위인격 형성에 미치는 영향은 Chris Meriam에 의하여 잘 탐색되었다(1994).

4 더 높은 수준의 조직을 만들기 위하여 조직의 한 수준으로부터 탈동일시할 수 있는 이 능력은 Robert Kegan(1982)과 Ken Wilber(2000)에 의하여 인간 발달의 협상 단계에서 핵심적인 역동으로 인식되었다.

5 Arthur Koestler(1978)의 용어로, 하위인격은 전체의 부분과 전체 그 자체 둘 다인 실체, holon 유형이다. Holons는 조직의 모든 수준에서 발견된다. 분자로 조직되는 원자, 세포로 조직되는 분자, 기관으로 조직되는 세포, 유기체로 조직되는 기관. 우리는 그 하위인격을 성격의 유기체를 구성하도록 돕는 기관이라고 말할 것이다.

제5장

1 심리학자이면서 명상가 Jack Engler는 Theravada 명상에서 보여준 것처럼, '나(I)'의 절대적인 주체성을 가리켜서 다음과 같이 말한다.

독립적인 관찰자인 나의 감각은 사라진다. 나는 지금 이 대상을 보고 있으며, 고정되어 있고 지속적인 관찰 지점이라는 정상적인 감각은 사라진다.
각 순간에는 단순히 아는 과정(nama)과 그 대상(rupa)이 있을 뿐이다. 각각은 개별적으로 일어나며, 동시에 각 순간에 자각된다. 어떤 지속적인 혹은 실제적인 실체나 관찰자 혹은 경험자나 대리자도—자기도—그것들이 소속될 수 있는 순간순간의 사건들과 분리되거나 그 뒤에서 발견될 수 없다(an-atta=no-self)(Wilber 1977, 41).

우리는 no-self의 상태를 경험할 수 있다. 왜냐하면 '나(I)'는 '독립적인 관찰자로 있다는 느낌'
과 구별되고, 실제로 그 경험 뒤에서 발견될 수 없으며('자기-표상(self-representation)으로
도'), 전혀 대상으로서 포착될 수 없기 때문이다.
우리가 간단하게 살펴볼 것이지만, Assagioli는 이것을 Engler의 설명에 덧붙인다. '나(I)'는
이런 방식으로 자각할 수 있을 뿐 아니라, 의지할(will) 수도 있다. 실제로 명상은 의지의 작용
을 통하여 가능하고, 부드럽게 자각에 초점을 맞추고 자각의 대상에 사로잡히지 않는다.

2 어떤 면에서 그것은 Ellen의 생존인격조차도 그 자체로 보이는 것이 아니라, 가족 체계에 의하
여 수동적으로 격하되는 것이라고 여겨진다. 그러나 여기에서 이 생존인격으로 '보이는 것'은
그녀가 체계 안에서 볼 수 없다는 것이지, 어쨌든 체계에 의하여 주의의 초점이 되는 것은 아
니라는 의미이다.

3 강한 초개인적 경험, 영지, 혹은 깨달음 후에 일어나는 동일시는 융(1966)이 말하는 긍정적 팽
창이고, R.C. Zaehner(1972)가 말하는 다양한 전통 속에 있는 현상이다. 여기에서 Zaehner는
선사 Harada Roshi의 말을 인용한다(Kapleau 1966에서).

고대의 선에서는 자신의 깨달음에 집착하는 것은 미칠 듯이 적극적인 자아를 표현하는 것과
같은 병이라고 말한다. 실제로 깨달음이 깊을수록 병이 깊다. 나의 병은 거의 십 년이나 이
어졌다(1998).

Rosenthal 또한(1987) 그러한 팽창이 많은 사람들이 통과한 영적 성장의 자연스러운 단계로
보인다고 주장한다.

4 '나(I)'의 신비한 성격은 경험적 실험으로도 보여주었다. 바이오피드백에 대한 수십 년간의 연구
후에 Alyce와 Elmer Green은 다음과 같이 말하였다.

이 수준으로 연구하면서 말할 수 있는 것: 우리는 단지 사회가 우리라고, 어린이라고, 어른
이라고, 혹은 노인이라고 말하는 것이 아니다. 그것은 우리가 피부 밖에 있다고 인식하는 독
립―영역―독립의 첫 번째 수준이다. 더 나아가 우리는 우리의 몸이 우리라고 말하는 것
도 아니고, 자율 신경 체계 혹은 비자율 신경 체계에 있는 것도 아니다. 우리는 우리의 감정
도 아니고, … 우리의 생각도 아니다. 그러면 우리는 누구인가? 라는 질문이 생긴다(1977,
193).

5 초월을 무시하는 것, 그리고 내재를 무시하는 것, 두 가지 입장은 Firman(1974; Firman and
Gila 1997)이 각각, morphilia(혹은 morphophilia, 즉 '사랑의 형태, love of form'), 그리고
morphobia(혹은 morphophobia, 즉 '두려운 형태, fear of form')라고 말했던 것의 실례이다.
morphilia는 인간 존재를 형태로, 표현으로, 정신-신체로 환원한 것이다. morphobia는 인간
존재를 무형의 영혼 또는 공허로 환원한 것으로, 그것의 '참본성'이 드러나지 않고, 단지 초월
된다고 여겨진다. Wilber가 '궁극적 병리' 또는 '드러난 영역과 드러나지 않은 영역을 통합하지
못함'이라고 말한 것의 두 면이다(Wilber, Engler, Brown 1986, 144). 우리의 용어로, 이것은
초월-내재를 인식하지 못하는 것이다.
탈동일시 연습에 대한 아사지올리(1965a)의 초기 공식화―"나는 나의 몸이 아니다. 나는 나의
감정이 아니다. 나는 나의 마음이 아니다."는 어떤 예들에서는 형태변형(morphobic) 입장을
지지할 수 있다. 인간 존재는 본질적으로 순수한 영혼이고, 세계는 중요하지 않으며, 낯설고,

심지어는 감옥이라는 신념을 갖는다. 이 탈동일시 연습은 다른 곳에서는 비판을 받는다 (Firman 1991; O'Regan 1984).

6 탈동일시와 함께 오는 자유는 정신의학자 Arthur Deikman의 말에서 분명하게 볼 수 있다.

자동적인 순서를 탈동일시함으로써 우리는 그 순서의 영향을 줄이고 적절한 반응을 선택하기 위한 자유로운 공간을 제공한다. 따라서 우리는 이전에는 압도당하고 무기력했던 곳에서 자율성을 성취한다(1982, 108).

7 완전한 무기력에 참여할 수 있는 능력, '자기를 죽일 수' 있는 능력은 인간 영혼의 본성에 대한 심오한 진리를 가리킨다. '나'는 실존하는 것의 어떤 감각이라도 완전하게 상실되는 것을 경험할 수 있다. '나'는 우리가 가질 수 있거나 경험할 수 있는 것이 아니다. '나'는 순수한 주체이지 결코 객체가 아니다. '나'는 '나는 실존한다' 혹은 '나는 실존하지 않는다'를 확인하는 어떤 경험과도 구별되지만 분리되지는 않는다.

당신은 사물 없음(no-thingness)과 사물 있음(somethingness), 연합과 해체, 자기와 비자기(no-self)에 대하여 경험하기 전, 그동안, 그리고 그 후에, '나'이다. 당신은 어떤 경험을 하였든, 모든 경험 안에 초월-내재한다. 당신은 특별한 경험이 아니라 경험하는 사람이다.

제6장

1 이것에서 예외된 것들은 유아와 어린이에 대한 의식적, 그리고 의지적 자기됨을―'나-됨(I-amness)을―인식하지 못하는 발달 모델일 것이다. 예를 들어, 우리는 유아가 '일차적 자기애', '자폐증', '공생' 혹은 '자기-타인 융합'의 특징을 가진다고 말하는 정신분석 개념을 지지하지 않는다. 그 개념은 유아가 융합되고 편협하며, 미분화되고, 비현실에 기초한 상태에 빠져 있음을 함의하고 있다. Daniel Stern은 다음과 같이 말한다.

유아는 태어날 때부터 출현하는 자기감을 경험하기 시작한다. 그들은 자기-조직 과정을 자각할 수 있도록 예비되어 있다. 그들은 결코 전체적인 자기-타인 미분화 기간을 경험하지 않는다. 유아기 동안 어느 때라도 혹은 처음부터 자기와 타인 사이에 혼란은 없다. 그들은 외적 사회 사건들에 선택적으로 반응하도록 예비되어 있고 결코 자폐 같은 단계를 경험하지 않는다(10).

초기 발달에 대한 이러한 이해는 유아와 어린이에게뿐 아니라 우리 안에 있는 더 깊은 층들과도 공감적으로 연결되는 데 핵심적이다. 이러한 공감이 없다면, 우리는 '외적 어린이', 그리고 '내적 어린이'를 무시하고 심지어는 학대하기 쉬울 것이다.

유아의 자기-타인 융합에 대한 이 개념은 어린 시절의 정신병리화로 가게 할 수 있다. 정신병리는 정상적이라고 추정되는 다양한 발달 단계에 단순히 고착되었거나 퇴행된 것―자기-타인 융합 단계에서의 정신증, 약간 더 분리된 후기 단계에서의 경계선과 자기애, 그리고 훨씬 더 후기 단계에서의 신경증―으로 볼 수 있다. 따라서 상담자는, 내담자를 원상처의 침해를 관리하기 위하여 보상 구조를 발달시킨 사람으로 보기보다는, 단순히 성장하지 않은 사람, 유아적이고 미성숙한 사람으로 생각하게 된다. 여기에서 고유한 개인의 특별한 상처는 발달 주제로 추정되는 것에 초점을 맞추면서 완전히 간과될 수 있다.

Margaret Mahler(Mahler, Pine, Bergman 1975)는 유아적, 미분화된 상태를 가정하면서, 정신병리적 어린 시절의 문제를 인식한다. 그녀는 Stern과 교류하면서, 예를 들어, '정상적 자폐증'이 '각성(awakening)'으로 변화될 수 있다고 제안하였다(Stern 1985, 234-35). 이 주제에 대한 더 이상의 논의에 대하여는 Bowlby(1988)와 Firman and Gila(1997)를 보라.

2 우리가 외적 통합중심이라고 부르고 있는 것의 한 이론은 초개인 심리학자 Dwight Judy (1991)의 연구에서 볼 수 있는데, 그는 Baker Brownell에 이어서, 네 가지 유형을 개관한다. 계통발생 공동체, 자연스러운 공동체, 신비한 공동체, 이웃, 정치, 지역 공동체.

통합중심의 또 다른 도식은 애착 이론에서 발달되었는데, 그 이론은 인간 발달에서 작용하는 수많은 정서적 유대관계를 인식하였다. 애착 유대관계, 부모의 보상적 돌봄 유대관계, 성적 대상 유대관계, 자매/친족 유대관계, 우정 유대관계(Cassidy, 그리고 Shaver, 1999, 46에서 인용함). Bowlby(1969)의 행동 체계의 개념을 보라.

Rober Kegan(1982)도 개인 발달 단계에 대하여 안아주는 환경 — 우리의 통합중심 — 으로 작용하는 내포된 문화(cultures of embeddedness)를 개관하였다. 어머니 되기 문화, 부모 되기 문화, 역할 인식하기 문화, 상호성 문화, 정체성이나 자기-저작권, 그리고 친밀감 문화.

마지막으로 Alice Miller(2001)의 돕는 증인과 깨달은 증인은 우리가 참된 통합중심이라고 부르는 것과 매우 유사하다. 그리고 Heinz Kohut(1977, 1971, 1984)의 자기대상 개념은 우리의 통합중심 개념과 매우 유사하다.

3 우리가 원상처로 인식하는 것은 Michael Balint가 기본적 결함(basic fault, Balint 1968)에 대하여 논의한 국면에서도 볼 수 있다; 어머니/높은자기(Self)와 아이의 '일차적 관계'에서 깨어짐에 대한 Erich Neumann의 개념은 버려짐으로 곤두박질치는 것, 그리고 끝없는 공허감에 대한 두려움의 원인이 된다(Neumann 1973, 75). 자기와 세계 사이의 깨어짐은 Ludwig Binswanger '실존을 무로 인도'하게 한다(May, Angel, 그리고 Ellenberger 1958, 48). 아이와 양육자 사이의 파괴된 유대관계에 대한 John Bowlby의 연구(Bowlby 1980). 아이의 근원적 욕구를 채워주지 못하는 부모가 만들어내는 Abrahan Maslow의 '일차적, 두려운 위험', 그리고 그것은 '거짓-자기'로 성장하는 원인이 된다(Maslow 1962). 영혼의 자리에 있는 무서운 '블랙홀에 자아를 노출시키는 Michael Washburn의 상처(Washburn 1994, 26)'. 영혼의 상처에 대한 Thomas Yeomans의 개념(Yeomans 1999). Mark Epstein이 말하는, 부모의 무지에서 생긴 '공허함의 괴로운 느낌(Epstein 1995).' 우리의 존재로부터 분리됨으로써 생긴 John Welwood의 '핵심 상처(Welwood 2000)'. 우리가 원상처에 대하여 더 논의한 것을 보라(Firman and Gila 1997).

4 정서적 근친상간의 유형은 Patricia Love(1990), 그리고 Kenneth Adams(1991)이 다루었다.

5 그림 6.9는 임의로 선택한 중독이다. 그것은 각 중독의 근원에 있는 특별한 경험이다. 우리는 버림받음이 모든 관계 중독의 기초가 된다고 주장하지 않는다. 그리고 무기력이 언제나 알코올 중독의 기초가 된다고 주장하지 않는다.

6 우리는 '바닥 치기' 외에 '정상 때리기'도 할 것이다. 그것은 높은 무의식 자료의 출현으로 제3장에서 설명하였다. 그러나 그때에도 생존인격은 출현하는 자료에 의하여 해체되고, 생존인격에 잡고 있는 원상처를 드러낸다. 따라서 정상 때리기에서도, 우리는 초기의 원상처에 연관되어 있다.

7 친밀한 관계에서 상처의 출현은 심리치료에서 중요한 역동이다. 그것은 치료사와 내담자 모두에게 영향을 미친다. 정신통합 치료에서 전이와 역전이 사이의 상호작용은 다른 곳에서 자세하

게 논의될 것이다(Firman and Gila 1997).

8 자연과의 관계를 치유할 때 많이 필요로 하는 연구를 인정하는 정신통합에 대하여, 생태정신통합 성찰(*Reflections on Ecopsychopsynthesis*)을 보라(Firman and Klugman, 1999).

제7장

1 분리에 대한 설명이 의식적이고 지적인 과정 같을지라도, 실제적인 경험은 매우 자동적이고 의식적 생각이나 의지를 포함하고 있지 않을 것이다.

2 이 구조화는 낮은 무의식에서 *부정적 통합중심*(수치스러운 비판, 내면의 가해자, 나쁜 대상)과 관계를 맺는 *부정적 인격* 형성과(상처입은 희생자, 약자, 나쁜 자아), 그리고 높은 무의식에서 *긍정적 통합중심*(이상화된 영적 자원, 이상화 대상)과 관계를 맺는 *긍정적 인격*(이상화된, 팽창된 자기감, 이상화된 자기)을 포함한다.
우리는 이 분열 대상관계가 무의식의 높은 부분과 낮은 부분을 형상한다고 본다. 공감 실패를 경험한 아이는 긍정적 관계 국면과 부정적 관계 국면 모두를 유지할 수 없다. 왜냐하면 비공감적 환경은 그러한 것들을 반영할 수 없어서, 거기에는 종종 그들을 반영할 수 있는 다른 통합중심이 없다. 따라서 아이는 있을 것 같지 않은 모순된―존재와 비존재―경험에 남겨진다. 그것은 반드시 분리되고 억압된다. 분리, 억압, 포함된 구조를 더 자세하게 설명한 것에 대하여, Firman and Gila(1997), 그리고 Meriam(1994)을 보라.

3 물론 현상학적으로 개인적 소멸은 사실 경험될 수 없다. 이것에 대한 이유는 단순히 비존재 상태에서는 주체를 전혀 경험하지 못할 것이고, 그 경험을 하는 사람은 아무도 없을 것이다. 정의를 하자면, 순수한 형태에서 그러한 상태는 영원히 경험 너머에 있다. 개인적 비실존은 의식이 닿을 수 없는 수준에서 상상할 수 없고 생각할 수 없으며 두려운 것이다. 아니, 그것은 다른 종교 전통에서 설명된, '비자기(no-self)' 혹은 '자기-비움(self-emptying)'의 영적 경험이 아니다.

4 Washburn(1994)은 분리의 심오함, 경험되는 우주적 본성을 인정한다. 그는 원형적, 신성한, 마술적 Great Mother가 좋은 어머니와 무서운 어머니로 분열된다고 가정한다. 심지어 이것이 궁극적으로 원상처에 의한 비존재의 위험이라는 것―일차적 양육자를 잃는 것에 대한 불안, 대상 상실에 대한 두려움(56) 때문이라고 말한다. 우리는 Washburn의 견해와는 다르다. 그는 이 분리를 아이 내면의 양가감정의 결과로 보는데, 우리는 그것을 환경의 공감적 실패의 결과로 본다.

5 과거 경험의 억압 때문이기도 하고, (지각 차단이라 불리는 것) 현재 경험 영역의 파괴 때문이기도 한 무의식을 더 잘 이해하기 위하여 Bowlby(1980)를 보라.

6 물론 정신병리의 병인론에 대한 훨씬 더 많은 연구가 필요하다. 초기 외상의 역할을 간과하는 사회적 경향성은 자주 주목을 받지만(Herman 1992; Miller 2001; Van der Kolk, McFarlane, 그리고 Weisaeth 1996을 보라), 생물학 아젠다가 두드러짐에도 불구하고 이 영역을 포함하는 연구가 계속 이어지는 것은 중요하다. 예를 들어, Alice Miller에 따르면,

최근에 신경생물학자들은 외상을 입고 무시받는 어린이들이 정서를 통제하는 뇌 영역의 30%까지 심각한 손상을 입었음을 보여준다고 주장하였다. 유아기에 손상을 입은 심각한 외상은 새롭게 형성되는 신경 세포와 그들의 상호 연관을 파괴하는 스트레스 호르몬 방출을 증가시킨다.

과학 문헌은 어린이 발달을 이해한 것에 대한 이 발견의 함의, 그리고 외상과 무시의 지연된 결과를 거의 논의하지 않는다. 그러나 이 연구는 내가 거의 20년 전에 설명했던 것을 확인한다(2001, 15).

(생물학적 결과를 포함하여) 외상의 결과에 대한 연구에 대하여, Van der Kolk(1987), 그리고 Van der Kolk 외(1996)의 연구를 보라. 애착 이론 관점에서 본 정신병리 연구에 대하여, Cassidy and Shaver(1999)를 보라; 심리 장애의 근원이 되는 상처의 임상적 견해에 대하여, Miller(1981, 1984a, 1984b, 1991, 2001), Herman(1992), Herman and Hirschman(2000), Higgins(1994), Whitfield(1991, 1995), 그리고 Terr(1990, 1994)의 연구를 보라.

7 이상화된 생존인격 유형은 우리가 긍정적 인격과 긍정적 통합중심이라고 했던 것에 기초해 있다. 이 두 가지는 높은 무의식의 이상화된 구조이다(이번 장의 2번 미주를 보라).

8 내면화된 가해자는 우리가 부정적 통합중심이라고 말하는 것이다. 그것은 우리의 삶에서 비공감적 통합중심의 본질이다. 부정적 중심과의 관계에 기초한 우울한 생존인격은 부정적 인격으로 불린다(이번 장의 2번 미주를 보라).

9 양극성 장애를 가진 사람들에 대한 일인칭 설명은 조증이 높은 무의식으로 도망한 것을 분명하게 해준다. 그러한 설명은 종종 절정 경험과 일치 경험에 대한 설명과 다르지 않다. 그 경험은 종종 연관된 사람에 의하여 존중된다. 조증에 대한 직접적인 설명은 다음과 같다.

조증은 실제로 우선 하나님과, 두 번째로는 모든 인류와, 실제로 모든 창조물과 교감하는 느낌이다.

자연의 일상적인 아름다움, 특히 일출과 일몰의 하늘은 신념을 넘어선 초월적 사랑을 담고 있다(Kaplan 1964, 47, 51).

그러나 언제나 모든 것이 완벽한 감정을 만들었을 뿐 아니라, 그 모든 것은 신비한 우주적 관계성에 적합해지기 시작하였다.

당신이 높을 때 그것은 대단하다. 생각과 감정은 유성처럼 빠르고 잦다. 그리고 당신은 더 좋고 더 밝은 별을 찾을 때까지 그것들을 따른다(Jamison 1995, 36-37, 67).

10 폭력적인 생존인격 유형은 우리가 부정적 통합중심이라고 부르는 낮은 무의식 구조에 기초해 있다. 그리고 내면의 희생자보다는 내면의 가해자에게 자기감의 기저를 두는 방식이다(Firman and Gila 1997, 166). (이번 장의 미주 2번을 보라.)

이와 유사하게 탁월한 범죄학자 Lonnie Athens(1992, 1997)는 폭력적인 범죄자를 연구하였는데, 폭력적인 사람은 삶에 대한 반응으로 폭력을 지지하는 내적 환영 공동체(*phantom community*)와 대화할 때 폭력을 선택한다고 공감적인 가정을 한다. 환영 공동체에 대한 Athens의 개념은—George Herbert Mead의 일반화된 타인으로부터 발전된 것은—통합중심 개념과 매우 유사하다. Richard Rhodes(1999)가 Athens의 연구를 명료하게 설명한 것을 보라.

11 Stolorow, Brandchaft, 그리고 Atwood(1987)에 따르면

> 정신증 환자는 심리적 통합을 필사적으로 유지하기 위하여, 주관적 현실이 무너지기 시작했
> 던 경험을 상징적으로 구체화하는 망상적 사고를 정교하게 만든다(133).
> 정신증적 망상은 전통적으로 가정했던 것처럼(Freud 1911, 1924), 현실로부터 도피하려는
> 것이 아니라, 해체되기 시작하는 현실을 보존하고 실제화하려는 구체적인 노력을 나타낸다
> (134).
> … 정신증 환자들을 정신분석적으로 치료하는 데 본질적인 것은 치료사가 환자의 망상적 사
> 고 속에 상징적으로 암묵화된 주관적 진리의 핵심을 이해하려고 노력하는 것이다. 그리고
> 이 이해를 환자가 사용할 수 있는 형태로 전달하려는 것이다(134).

12 이 관점은 R.D.Laing(1965, 1967), 그리고 John Perry(1953, 1974, 1976)의 연구에서 볼 수
있다. 그들은 창조적 갱신, 죽음과 부활, 보다 참된 존재 방식에 대한 변형적 전이로서의 정
신증적 과정을 연구하였다. 보다 최근에는 그러한 경험들이 영적 긴급성 유형으로 보이기도
한다(Grof and Grof 1989를 보라).

13 우리는 Havard 심리학자 Gina O'Connell Higgins의 다음과 같은 말에 동의한다. "외상 후
스트레스 장애가 실제로—암묵적일지라도—너무 큰 심리적 파괴를 한 강타를 강조하기 때문
에, 나는 이 진단을 대부분의 다른 장애들이 종속된 지배적인 지시문으로 보고 싶다(1994,
13)."
정신의학자 Charles Whitfield는 Higgins의 말에 동의한다. 그는 초기 상처 때문에 생긴 상
호의존이 "인간 조건의 고통스러운 면에서 일반적이고 만연된 부분으로 보일 수 있기 때문에
그것은 그 자체로, 대부분은 아닐지라도, 많은 조건들이 포함될 수 있는 범주가 된다."라고
말한다(1991, 83).
우리는 이 견해에 동의하면서, 많은 심리 장애들이 원상처를 다루고 거기에서 살아남으려는
시도인 것 같다고 가정한다. 또 다시 연구에서 가치 있는 것은 유전적이고 생물화학적인 요
소들이 심리 장애와도 연관이 있다는 것이다.

14 정신통합에서 공감적 접근법에 대하여 더 많은 것을 알려면, Meriam(1996), 그리고 Firman and
Gila(1997)를 보라. 그리고 보다 심각한 심리 장애에 대한 공감적 연구에 대하여, Stolorow,
Brandchaft, Atwood(1992, 1994, 1987)의 상호주관적 연구를 보라. 공감적 접근법에 관심이
있는 독자는 포괄적인 소논문집, 『Empathy Reconsidered』(Bohart and Greenberg 1997)를
참고하기 바란다.

제8장

1 이 견해는 개별성이 망상이라고, 우리 자신을 보편성과 융합시킴으로써 없애야 할 망상이라고
주장하는 일원론에 반대한다. 여기에서 Assagioli는 Lama Govinda의 말을 인용한다.

> 개별성은 보편성의 필요하고도 보완적인 반대일 뿐 아니라, 보편성만 경험될 수 있는 초점
> 이기도 하다. 개별성 억압, 그 가치나 중요성을 철학적으로 혹은 종교적으로 부인하는 것은
> 완전한 무관심과 해체의 상태로 가게 할 수 있을 뿐이다. 그것은 고통으로부터 해방이 될
> 수 있지만 순수하게 부정적인 것이어서, 개성화 과정이 목표하는 가장 높은 경험을 우리에

게서 빼앗아간다. 가장 높은 경험은 완전한 깨달음, 붓다의 경험으로, 거기에서 우리의 참존
재의 보편성은 실현된다.
그 전체성을 깨닫지 못한 채, "바다로 들어가는 물방울"처럼 "단순하게 전체로 융합되는 것
은" 소멸을 수용하고 우리의 개별성이 제기하는 문제를 피하는 시적 방식일 뿐이다. 왜 우주
는 개성화된 삶의 형태와 의식을, 그것이 우주의 정신이나 본성에 일치하거나 내재되어 있
지 않은데도, 발달시킬까(1973a, 128)?

Assagioli는 같은 주제에 대하여 Radhakrishnan의 말을 다음과 같이 인용한다.

자기의 특권은 인간이 의식적으로 전체에 가담할 수 있고 전체를 위하여 일할 수 있으며,
전체의 목적을 자신의 삶 속에 구현할 수 있다는 것이다. … 자기됨의 두 요소는 고유성(각
자-됨(each-ness)), 그리고 보편성(모두-됨(all-ness))이며, 그것은 마침내 가장 고유한 것
이 가장 보편적으로 될 때까지 함께 성장한다(1973a, 128).

2　몇몇 극단적인 예들에서, 이 미혹은 Assagioli가 수준들의 혼란(confusion of levels)이라고 말
한 것으로 가게 할 수 있다. "절대적인 진리와 상대적인 진리 사이, 높은자기(Self)와 '나' 사이
의 구별은 흐려지고, 유입되는 영적 에너지는 개인적 자아를 자라게 하고 부풀리는 불행한 결
과를 가져올 수 있다(1965a, 44)." Assagioli는 계속해서 말한다.

이 망상의 희생자가 된 모든 사람들의 치명적인 잘못은 그들의 개인적 자아나 '자기(self)'에
게 높은자기(Self)의 특성과 힘을 부여하는 것이다. 철학적 용어로 말하자면, 그것은 절대적
진리와 상대적 진리 사이의 혼동이며, 현실의 형이상학적 수준과 경험적 수준 사이의 혼동
이다. 종교적 용어로 말하자면, 그것은 하나님과 '영혼(soul)' 사이의 혼동이다.
… 그러한 혼동의 예들은, 다소 표명되기는 했지만, 진리를 만나면서 황홀해진 사람들 사이
에서는 일반적이다. 그 진리는 그들의 정신 능력으로는 너무 강력해서 이해하고 동화시킬
수 없는 것이다. 독자는 분명히 유사한 자기-기만의 예들을 말할 수 있을 것이다. 그것은
광신도 집단을 따르는 많은 사람들에게서 발견된다(45).

높은 무의식과 동일시한 유형의 위험은 많은 작가들이 인식하였다. Jung(1966)은 이것을 '긍
정적 팽창'이라고 했고, Miller(1981)는 우울증에 대한 방어인 '과대성'이라고 하였다. Rosenthal(1987)
은 '영혼에 의하여 팽창된 것'이라는 말을 하였고, Bogart(1995)는 '소명의 그림자'라는 말로
경고하였다. 보다 최근에는 Lifton(2000)이 이러한 역동 유형을 '기능적 과대망상증' 개념으로
인식하였다. 그것은 그가 '새로운 세계 테러주의'라고 말하는 것을 부추긴다.
극단적인 유형, 광적인 동일시는 진실하고 높은 무의식적 에너지에 기초해 있지만, 그 에너지
는 낮은 무의식의 상처에 대한 방어로 생존인격에 의하여 결합된다. 정신통합 용어로 이것은
단계 0, 생존 단계로 깊이 들어간다. 변형의 위기가 이어지는 탐색 단계, '나(I)'의 출현, 높은
자기(Self)와의 참된 만남, 참된 반응으로 이어질 필요가 있다. 실제로 여기에서 참된 부름은
그러한 위기에 참여할 수 있을 것이다.

3　이 그래프는 James Vargiu가 처음에 만든 것에 기초해 있다(Firman and Vargiu, 1977, 1980
을 보라). 그리고 이어서 Firman and Gila(1997)가 더 정교하게 만들었다.

4　인간주의 심리학 학술지(*Journal of Humanistic Psychology*)에 글을 쓴 초개인 사상가 Greg
Bogart는 소명에 대한 연구가 초개인 심리학을 위한 새로운 토대를 제공한다고 주장한다.

결국 나는 초개인 심리학을 위한 새로운 토대가 발견될 수 있는 곳은 초월의 원리에서가 아니라(Washburn 1990; Wilber 1990), 과정을 설명한 것에 있다고 생각한다. 그 과정으로 개인은 본성(dharma) 혹은 삶의 과제의 이미지를 분별하고, 그것을 통하여 — 개인적으로 적절한 방식으로 — 우주의 질서 안에서 자신의 위치를 성취할 것이다(1994, 31).

5 예를 들어, Weiser, 그리고 Yeomans(1984, 1985, 1988)가 편집한 글들을 보라. 그들은 정신통합 적용을 심리치료, 자기-돌봄, 교육, 건강, 종교, 조직 발달, 그리고 세계 질서와 같은 영역에 포함시킨다.

참고문헌

Adams, Kenneth M. 1991. *Silently Seduced: When Parents Make Their Children Partners* *(은밀한 유혹: 부모가 아이를 파트너로 만들 때)*, Deerfield Beach, Fla.: Health Communications.

익명. 1976. *Alcoholics Anonymous.* New York: Alchololics Anonymous World Services, Inc.

_____. 1985. *Twelve Steps and Twelve Traditions (12 단계와 12 전통들).* New York: Alcoholics Anonymous World Services.

Aries, Philippe. 1962. *Centuries of Childhood: A Social History of Family Life (수백년의 어린시절: 가정생활의 사회적 역사),* (). R. Baldick 역, New York: Vintage Books.

Assagioli, Roberto. 1965a. *Psychosynthesis: A Manual of Principles and Techniques (정신통합: 원리와 기법 매뉴얼),* New York and Buenos Aires: Hobbs, Dorman.

_____, 1965b. *Psychosynthesis: Individual and Social (정신통합: 개인과 사회),* Vol. 16. New York: Psychosynthesis Research Foundation.

_____, 1967. *Jung and Psychosynthesis(융과 정신통합),* Vol. 19. New York: Psychosynthesis Research Foundation.

_____, 1973a. *The Act of Will (의지의 작용).* New York: Penguin Books.

_____, 1973b. *The Conflict between the Generations and the Psychosynthesis of the Human Ages (세대들 사이의 갈등과 그리고 전 생애의 정신통합),* Vol. 31. New York: Psychosynthesis Research Foundation.

_____, 1973c. Personal communication, November 28.

_____, 1974. "Training" Florence: Instituto di Psicosintesi.

_____, 1976. *Transpersonal Inspiration & Psychological Mountain-Climbing (초개인적 영감 그리고 심리적 등산).* Vol. 36. New York: Psychosynthesis Research Foundation.

_____, 1978. "The Crises of Spiritual Awakening, Part I (영적 각성의 위기 제1부)", Science of Mind (June): 14-102.

_____, 1978. "The Crises of Spiritual Awakening, Part II (영적 각성의 위기, 제2부)", Science of Mind (July): 36-102.

_____, 1991a. "The Perils of Self-Realization (자기-실현의 위험)", Sun (June): 9-13.

_____, 1991b. Transpersonal Development: The Dimension beyond Psychosynthesis (초개인적 발달: 정신통합을 넘어선 차원), London: Crucible.

Athens, Lonnie, 1992. The Creation of Dangerous Violent Criminals (위험한 폭력 범죄자들의 창조). Urbana: University of Illinois Press.

_____, 1997. Violent Criminal Acts and Actors Revisited (폭력 범죄 행동과 재발), Urbana: University of Illinois Press.

Balint, Michael, 1968. The Basic Fault: Therapeutic Aspects of Regression (기본적 흠: 퇴행의 치료적 국면들), London and New York: Tavistock/Routledge.

Barrington, Jacob. 1988. "Twelve Steps to Freedom (자유에 이르는 12 단계)", Yoga Journal (83): 44-56.

Beebe, B., and F. Lachmann. 1988. "Mother-Infant Mutual Influence and Precursors of Self and Object Representations (어머니-유아 상호 영향 그리고 자기의 박해자들 그리고 대상 표상들)", Frontiers in Self Psychology: Progress in Self Psychology, ed. A. Goldberg. Hillsdale, N.J.: Analytic Press, pp3-26.

Berne, Eric, 1961. Transactional Analysis in Psychotherapy (교류분석 심리치료), New York: Grove Press.

Berti, Allesandro. 1988. Roberto Assagioli 1888-1988. Firenze, Italia: Centro di Studi di Psicosintesi 'R. Assagioli.'

Blakney, R., ed. 1941. Meister Eckhart. New York: Harper & Row.

Bogart, Greg. 1994. Finding a Life's Calling (삶의 소명 발견하기), Journal of Humanistic Psychology 34:4: 6-37.

_____, 1995. Finding a Life's Calling: Spiritual Dimensions of Vocational Choice (삶의 소명 발견하기: 직업 선택의 영적 차원들), Berkeley: Dawn Mountain Press.

Bohart, Arthur C., and Leslie S. Greenberg. eds. 1997. 재고되는 공감: 심리치료의 새로운 방향. Washington, D.C.: American Psychological Association.

Bollas, Christopher. 1989. *Forces of Destiny: Psychoanalysis and Human Idiom (운명의 힘: 정신분석과 관용어)*, London: Free Association Books.

Boorstein, Seymour, ed. 1980. *Transpersonal Psychotherapy (초개인 심리치료)*, Palo Alto, Calif.: Science and Behavior Books.

Bowlby, John. 1969. *Attachment(애착)*, 3 vols. Vol. I. *Attachment and Loss (애착과 상실)*. New York: Basic Books.

_____ , 1980. *Loss: Sadness Depression (상실: 슬픔과 우울)*. 3 vols. Vol. III, *Attachment and Loss (애착과 상실)*. New York: Basic Books.

_____ , 1988. *A Secure Base: Parent-Child Attachment and Healthy Human Development (안전 기지: 부모-어린이 애착과 건강한 인간 발달)*, New York: Basic Books.

Brooks, Philip. 2000. Personal communication.

Brown, Molly. 1983. *The Unfolding Self (드러나는 자기)*, Los Angeles: Psychosynthesis Press.

Brown, Molly Young. 1993. *Growing Whole: Self-Realization on an Endangered Planet, A Hazelden Book.* New York: HarperCollins.

Buber, Martin. 1958. *I and Thou (나와 너)*. R. G. Smith 번역. New York: Charles Scribner's.

Bucke, Richard, 1967. *Cosmic Consciousness (우주적 의식)*, New York: E. P. Dutton.

Carter-Haar, Betsie, 1975. "Identity and Personal Freedom (정체성과 개인적 자유)". Synthesis 2:1:2:56-91.

Cassidy, Jude, and Phillip R. Shaver, eds. 1999. *Handbook of Attachment: Theory, Research, and Clinical Applications (애착 핸드북: 이론, 연구, 그리고 임상 적용)*, New York and London: Guilford Press.

Cunningham, Tom. 1986. *King Baby.* Center City, Minn.: Hazelden.

Deikman, A. 1982. *The Observing Self (관찰하는 자기)*, Boston: Beacon Press.

deMause, Lloyd, ed. 1974. *The History of Childhod: The Untold Story of Child Abuse (어린시절의 역사: 숨겨진 어린이 학대 이야기)*, New York: Peter Bedrick Books.

Djukic, Dragana. 1997. "No Need to Change the Egg Diagram (타원형 도식을 변화시킬

필요는 없다)" Psicosintesi 14:2: 38-40.

Epstein, Mark, 1995. *Thoughts without a Thinker (생각하는 사람 없는 생각)*, New York: BasicBooks.

Fairbairn, W. Ronald D. 1986. *Psychoanalytic Studies of the Personality (인격에 대한 정신분석 연구)*, London, Henley, and Boston: Routledge & Kegan Paul.

Ferrucci, Piero. 1982. *What We May Be.* Los Angeles: Jeremy P. Tarcher.

Finley, J. 1988. "The Contemplative Attitude (성찰하는 태도)". Paper read at Course in Spiritual Direction, Los Angeles.

Firman, Dorothy, and David Klugman, eds. 1999. *Reflections on Ecopsychosynthesis (생태정신통합에 대한 성찰)*, Amherst, Mass.: Association for the Advancement of Psychosynthesis.

Firman, J., and J. Vargiu. 1977. "Dimensions of Growth (성장의 차원들)" *Synthesis* 3/4: 60-120.

Firman, John. 1974. "Morphophobia and Morphophilia." Paper read at Psychosynthesis Professional Training Program, Palo Alto.

_____ , 1991. *"I" and Self: Re-Visioning Psychosynthesis ("나" 그리고 자기: 정신통합 다시-보기)*, Palo Alto, Calif.: Psychosynthesis Palo Alto.

Firman, John, and Ann Gila, 1997. *The Primal Wound: A Transpersonal View of Trauma, Addiction, and Growth (원상처: 외상, 중독, 성장에 대한 초개인적 견해)*, Albany: State University of New York Press.

Firman, John, and Ann Russell, 1993, *What is Psychosynthesis?* 2d ed. Palo Alto, Calif.: Psychosynthesis Palo Alto.

_____ , 1994. *Opening to the Inner Child: Recovering Aujthentic Personality (내면 아이에게 개방함: 참 인격 회복하기)*, Palo Alto, Calif.: Psychosynthesis Palo Alto.

Firman, John, and James Vargiu, 1980. "Personal and Transpersonal Growth: The Perspective of Psychosynthesis (개인적 그리고 초개인적 성장: 정신통합 관점)", pp. 92-115, *Transpersonal Psychotherapy*, ed. S. Boorstein, Palo Alto, Calif.: Science and Behavior Books.

First, Michael B., ed. 1994. *DSM-IV*, Washington, D.C.: American Psychiatric Association.

Fleischman, Paul R. 1990. *The Healing Spirit (치유하는 영혼)*, New York: Paragon House.

Freud, Anna. 1946. *The Ego and the Mechanism of Defense (자아와 방어기제)*, New York: International Universities Press.

Freud, S. 1960. *The Ego and the Id (자아와 본능)*, New York and London: W.W. Norton.

Freud, Sigmund. 1965. *New Introductory Lectures on Psychoanalysis*, New York and London: W.W. Norton.

_____, 1978. *The Question of Lay Analysis*, New York and London: W.W. Norton.

_____, 1981. "Splitting of the Ego in the Process of Defence (방어 과정에서 생기는 자아의 분리)", pp. 275-78, *The Standard Edition of the Complete Psychological Works of Sigmund Freud*, Vol. 23. Edited by J. Strachey. London: The Hogarth Press and the Institute of Psychoanalysis.

Friedman, W. 1984. "Psychosynthesis, Psychoanalysis, and the Emerging Developmental Perspective in Psychotherapy (정신통합, 정신분석, 그리고 심리치료의 출현하는 발달적 관점)", pp. 31-46, *Psychosynthesis in the Helping Professions: Now and for the Future*, ed. J. Weiser and T. Yeomans. Toronto, Canada: Department of Applied Psychology/Ontario Institute for Studies in Education.

Gay, Peter. 1988. Freud: *A Life for Our Time (프로이드: 우리 시대를 위한 삶)*, New York and London: W.W. Norton.

Goldberg, Carl. 1996. *Speaking with the Devil: Exploring Senseless Acts of Evil (악마와의 대화: 악의 감정 없는 행동 탐색)*, New York: Penguin Books.

Green, Alyce, and Elmer Green. 1977. *Beyond Biofeedback*. San Francisco: Delacorte Press/Seymour Lawrence.

Grof, Stanislav. 1985. *Beyond the Brain: Birth, Death, and Transcendence in Psychotherapy, SUNY Series in Transpersonal and Humanistic Psychology*, Edited by R. D. Mann and J. B. Mann. Albany: State University of New York Press.

Grof, Stanislav, and Christina Grof, eds. 1989. *Spiritual Emergency: When Personal Transformation Becomes a Crisis (영적 긴급성: 개인적 변형이 위기로 될 때)*, Los Angeles: Jeremy P. Tarcher.

Hardy, Jean, 1987. *A Psychology with a Soul: Psychosynthesis in Evolutionary Context*, New York: Routledge and Kegan Paul.

Haronian, Frank. 1974. "The Repress of the Sublime." *Synthesis* 1:125-36.

_____, 1983. Frank Haronian과의 인터뷰. *Psychosynthesis Digest* 2:1:17-31.

Herman, Judith Lewis. 1992. *Trauma and Recovery (외상과 회복)*, *Basic Books*, New York: Harper-Collins.

Herman, Judith Lewis, and Lisa Hirschman. 2000. *Father-Daughter Incest (아버지-딸 근 친상간)*, Cambridge, Mass., and London: Harvard University Press.

Higgins, Gina O'Connell. 1994. *Resilient Adults: Overcoming a Cruel Past*. San Francisco: Jossey-Bass.

Hillman, James. 1996. *The Soul's Code: In Search of Character and Calling*. New York: Random House.

Jacobi, Jolande. 1967. *The Way of Individuation, Meridian*. New York and Scarborough, Ont.: New American Library.

James, William. 1961. *The Varieties of Religious Experience (종교 경험의 다양성)*, New York: Collier Books.

Jamison, Kay Redfield. 1995. *An Unquiet Mind*, New York: Vintage Books.

Judy, Dwight H. 1991. *Christian Meditation and Inner Healing (기독교 명상과 내적 치 유)*, New York: Crossroad.

Jung, C.G. 1954. *The Development of Personality, Bollingen Series* XX. Princeton: Princeton University Press.

_____, 1959. *Aion: Researches into the Phenomenology of the Self*. Princeton: Princeton University Press.

_____, 1960. *The Structure and Dynamics of the Psyche. (정신의 구조와 역동 제 2판)*, 20 vols. Vol. 8, *Bollingen Series* XX. Edited by J. Read, M. Fordham, G. Adler, and W. McGuire.

_____, 1964. *Civilization in Transition.* Vol. 10, *Bollingen Series* XX. Edited by H. Read. M. Fordham, and G. Adler. New York: Pantheon Books.

_____, 1966. *The Practice of Psychotherapy.* 제 2판, Vol. 16, Bollingen Series XX. R.F.C. Hull 번역. Princeton: Princeton University Press.

_____, 1969a. *The Archetypes and the Collective Unconscious (원형과 집단 무의 식),* Princeton: Princeton University Press.

_____, 1969b. *Psychology and Religion: West and East 심리학과 종교: 서양과 동 양.* Princeton: Princeton University Press.

_____, 1971. *Psychological Types (심리 유형),* 20 vols. Vol. 6, *Bollingen Series XX.* J. Read, M. Fordham, G. Adler, 그리고 W. McGuire 편집, Princeton: Princeton University Press.

Kaplan, Bert, ed. 1964. *The Inner World of Mental Illness: A Series of First-Person Accounts of What It Was Like.* G. Murphy 편집, New York, Evanston, and London: Harper & Row.

Kapleau, Philip. 1966. *The Three Pillars of Zen.* New York: Harper & Row.

Keen, Sam. 1974. "The Golden Mean of Roberto Assagioli"l *Psychology Today,* December.

Kegan Robert. 1982. *The Evolving Self: Problem and Process in Human Development.* Cambridge, Mass, and London: Harvard University Press.

Kernberg, Otto. 1992. *Borderline Conditions and Pathological Narcissism.* Northvale, N.J., and London: Jason Aronson.

Klein, Melanie. 1975. *Envy and Gratitude and Other Works 1946-1963.* New York: Free Press, Macmillan.

Koestler, Arthur. 1978. *Janus: A Summing Up.* New York: Random House.

Kohut, H. 1977. *The Restoration of the Self (자기의 회복),* Madison, Conn.: International Universities Press.

Kohut, Heinz, 1971. *The Analysis of the Self (자기 분석)* Vol. 4. *The Psychoanalytic Study of the Child.* Madison, Conn.: International Universities Press.

_____, 1984. *How Does Analysis Cure? (분석은 어떻게 치유하나?),* A. Goldberg

편집, Chicago and London: University of Chicago Press.

Kramer, Sheldon Z. 1988. "Psychosynthesis and Integrative Marital and Family Therapy (정신통합 그리고 통합적 결혼과 가족 치료)" *Readings in Psychosynthesis: Theory, Process, & Practice* 2:98-110.

_____, 1995. *Transforming the Inner and Outer Family.* New York and London: Haworth Press.

Laing, R. D. 1965. *The Divided Self.* Baltimore: Penguin Books.

_____, 1967. *The Politics of Experience.* New York: Ballantine Books.

Lao-Tzu, 1968. *Tao Te Ching (도덕경)*, D.C. Lau 번역, Baltimore: Penguin Books.

Laski, Marghanita. 1968. *Ecstasy: A Study of Some Secular and Religious Experience (황홀: 세속적 경험과 종교적 경험 연구)*, New York: Greenwood Press.

Levoy, Gregg. 1997. *Callings: Finding and Following an Authentic Life.* New York: Harmony Books.

Lewis, C.S. 1955. *Surprised by Joy.* New York: Harcourt Brace Jovanovich.

Lifton, Robert Jay. 2000. *Destroying the World to Save It.* New York: Henry Holt.

Love, Patricia, and Jo Robinson, 1990. *The Emotional Incest Syndrome: What to Do When a Parent's Love Rules Your Life.* New York, Toronto, London, Sydney, and Auckland: Bantam Books.

Mahler, Margaret S., Fred Pine, and Anni Bergman. 1975. *The Psychological Birth of the Human Infant (유아의 심리적 탄생)*, New York: Basic Books.

Marabini, Enrico, and Sofia Marabini. 1996. "Why Change the Egg Diagram? (타원형 도식은 왜 변화하는가?)" *Psicosintesi* 13:1: 41-44.

Maslow, Abraham. 1954. *Motivation and Personality.* New York: Harper & Row.

_____, 1962. *Toward a Psychology of Being* (존재 심리학), Princeton: D. Van Nostrand.

_____, 1971. *The Farther Reaches of Human Nature.* New York: Viking Press.

Masterson, James F. 1981. *The Narcissistic and Borderline Disorders (자기애적 그리고 경계선 장애)*, New York: Brunner/Mazel.

May, R., E. Angel, and H. Ellenberger, eds. 1958. *Existence: A New Dimension in*

Psychiatry and Psychology (실존: 정신의학과 심리학의 새로운 차원), New York: Basic Books.

McGuire, William, ed. 1974. *The Freud/Jung Letters*. Vol. XCIV, Bollingen Series. Princeton: Princeton University Press.

Meriam, Chris. 1994. *Digging up the Past: Object Relations and Subpersonalities*. Palo Alto, Calif.: Psychosynthesis Palo Alto.

_____, 1996. *Empathic "I" : Empathy in Psychosynthesis Therapy (공감적 "나": 정신통합 치료의 공감)*, Palo Alto, Calif.: Psychosynthesis Palo Alto.

_____, 1999. Personal communication.

Miller, Alice. 1981. *The Drama of the Gifted Child*. New York: Basic Books.

_____, 1984a. *For Your Own Good: Hidden Cruelty in Child-Rearing and the Roots of Violence*. H. a. H. Hannum 번역. New York: Farrar, Straus, Girous.

_____, 1984b. *Thou Shalt Not Be Aware: Society's Betrayal of the Child*. H.a.H. Hannum 번역. New York and Scarborough, Ont.: New American Library.

_____, 1991. *Breaking Down the Wall of Silence (침묵의 벽 허물기)*, New York, London, Victoria, Toronto, and Auckland: Dutton.

_____, 2001. *The Truth Will Set You Free: Overcoming Emotional Blindness and Finding Your True Adult Self (당신을 자유롭게 하는 참의지: 정서적 맹목을 극복하고 성인의 참자기 발견하기)*, New York: Basic Books.

Miller, Stuart, 1975. "Dialogue with the Higher Self (높은자기와의 대화)", *Synthesis* 2:1:2: 122-39.

Mitchell, Stephen A. 1988. *Relational Concepts in Psychoanalysis (정신통합의 관계 개념)*. Cambridge, Mass., and London: Harvard University Press.

Nelson, John E. 1994. *Healing the Split: Integrating Spirit into Our Understanding of the Mentally Ill*. *SUNY Series in the Philosophy of Psychology*. M. Washburn 편집, Albany: State University of New York Press.

Nelson, John E., and Andrea Nelson, 1996. *Sacred Sorrows: Embracing and Transforming Depression (신성한 슬픔: 우울증을 수용하고 변형시키기)*, J.P. Tarcher 편집, New York: G.P. Putnam's Sons.

Neumann, Erich, 1973. *The Child: Structure and Dynamics of the Nascent Personality (어린이: 발생하는 인격의 구조와 역동)*, R. Manheim 번역, London: Maresfield Library.

_____, 1989. *The Place of Creation (창조의 위치)*, Vol. LXI, no. 3, *Bollingen Series*, H. Nagel, E. Rolfe, J. van Heurck 그리고 K. Winston 번역, Princeton: Princeton University Press.

Ogbonnaya, A. Okechukwu, 1994. "Person As Community: An African Understanding of the Person As an Intrpsychic Community (공동체로써 인간: 심리내적 공동체로써 인간에 대한 아프리카의 이해)" *Journal of Black Psychology* 20:1: 75-87.

O'Regan, Miceal. 1984. "Reflections on the Art of Disidentification (탈동일시 기술에 대한 성찰)", pp. 44-49. Yearbook, J. Evans 편집, London: Institute of Psychosynthesis.

Perls, Fritz, 1969. *Gestalt Therapy Verbatim (게슈탈트 치료 축어록)*, Moab, Utah: Real People Press.

Perry, John, 1953. *The Self in Psychotic Precess (정신증 과정에서의 자기)*. Berkeley: University of California Press.

_____, 1974. *The Far Side of Madness*. Englewood Cliffs, N.J.: Prentice Hall.

_____, 1976. *Roots of Renewal in Myth and Madness*. San Francisco: Jossey-Bass.

Piaget, Jean. 1976. *The Child and Reality (어린이와 현실)*, New York: Penguin Books.

Platts, David Earl, ed. 1994. *International Psychosynthesis Directory 1994-1995*. London: Psychosynthesis & Education Trust.

Polster, Erving. 1995. *A Population of Selves: A Therapeutic Exploration of Personal Diversity*. San Francisco: Joeey-Bass.

Rhodes, Richard. 1999. *Why They Kill: The Discoveries of a Maverick Criminologist (그들은 왜 죽이나: 개성이 강한 범죄학자의 발견)*, New York: Knopf.

Rindge, Jeanne Pontius. 1974. "Editorial Comment." *Human Dimensions* 3:4:2.

Rosenthal, Gary, 1987. "Inflated by the Spirit" pp. 305-19. *Spiritual Choices*, D. Anthony, B. Ecker 그리고 K. Wilber 편집, New York: Paragon House.

Rowan, John. 1990. *Subpersonalities: The People Inside Us (하위성격: 우리 안에 있는 사람들)*, London and New York: Routledge.

Rueffler, Margret, 1995a. *Our Inner Actors: The Theory and Application of Subpersonality Work in Psychosynthesis (우리의 내적 행동: 정신통합에서 하위 성격 작업의 이론과 적용)*, Geherenhof, Switzerland: PsychoPolitical Peace Institute Press.

_____, 1995b. "Transforming a National Unconscious" *Psicosintesi* 12:1: 27-32.

Sanville, Prilly, 1994. "Diversity (다양성)", Paper read at Concord Institute, Concord.

Schaub, Richard, and Bonney Gulino Schaub. 1996. "Freedom in Jail: Assagioli's Notes" *Psicosintesi* 13:1: 19-22.

Schwartz, Richard C. 1995. *Internal Family Systems Therapy (내면의 가족 체계 치료)*. New York and London: Guilford Press.

Scotton, Bruce W., Allan B. Chinen, and John R. Battista. 1996. *Textbook of Transpersonal Psychiatry and Psychology (초개인 정신의학과 심리학 교과서)*, New York: Basic Bkooks, HarperCollins.

Shapiro, S.B. 1976. *The Selves Inside You (당신 내면의 자기들)*, Berkeley: Explorations Institute.

Simpkinson, Anne A. 1993. "Mindful Living" *Common Boundary* 2:4: 34-40.

Sliker, Gretchen. 1992. *Multiple Mind: Healing the Split in Psyche and World.* Boston and London: Shambhala.

Smith, Eugene. 1974. "Biography of Assagioli" *Human Dimensions* 3:4: 2.

Sterba, Richard. 1934. "The Fate of the Ego in Analytic Therapy (분석적 치료에서 자아의 운명)", *The International Journal of Psycho-analysis* 15: 116-26.

Stern, D. 1985. *The Interpersonal World of the Infant (유아의 대인관계 세계)*, New York: Basic Books.

Stolorow, Robert D., and George E. Atwood. 1992. Contexts of Being: *The Intersubjective Foundations of Psychological Life (존재의 맥락: 심리학적 삶의 상호주관적 근원)*, Hillsdale, N.Y., and London: Analytic Press.

Stolorow, Robert D., George E. Atwood, and Bernard Brandchaft, 편집 1994. *The Intersubjective Perspective (상호주관적 관점)*, Northvale, N.J., and London: Jason Aronson.

Stolorow, Robert D., Bernard Brandchaft, and George E. Atwood, 1987. *정신분석적 치*

료: *상호주관적 접근법.* Hillsdale, N.J., Hove and London: Analytic Press.

Stone, Hal, and Sidra Winkelman. 1985. *Embracing Our Selves.* Marina del Rey, Calif.: Devorss.

Tackett, Victoria. 1988. "Treating Mental and Emotional Abuse (정신적 학대와 정서적 학대 치료)', pp. 15-29. *Readings in Psychosynthesis: Theory, Process & Practice.* Weiser and T. Yeomans 편집. Toronto: Department of Applied Psychology/Ontario Institute for Studies in Education.

Terr, Lenore. 1990. *Too Scared to Cry.* New York: Harper & Row.

_____, 1994. *Unchained Memories: True Stories of Traumatic Memories, Lost and Found.* New York: Basic Books.

Tuchman, Barbara W. 1978. A Distant Mirror. New York: Ballantine Books.

Van der Kolk, Bessel A. 1987. *Psychological Trauma (심리적 외상),* Washington, D.C.: American Psychiatric Press.

Van der Kolk, Bessel A., Alexander C. McFarlane, and Lars Weisaeth, 편집 1996. *Ptaumatic Stress: The Effects of Overwhelming Experience on Mind, Body, and Society (외상적 스트레스: 마음, 몸, 사회에 대한 압도적 경험의 결과),* New York and London: Guilford Press.

Vagiu, J., ed. 1974a. *Synthesis 1, the Realization of the Self.* Redwood City, Calif.: Synthesis Press.

_____. ed. 1975. *Synthesis 2, the Realization of the Self.* Redwood City, Calif.: Synthesis Press.

Vargiu, James. 1974b. "Subpersonalities (하위 성격들)" *Synthesis* 1:1:1: 52-90.

_____, 1977. Creativity. *Synthesis* 3/4: 17-53.

Vaughan, Frances. 1985. *The Inward Art, New Science Library.* Boston and London: Shambhala.

Washburn, Michael. 1988. *The Ego and the Dynamic Ground (자아와 역동적 근거),* Albany: State University of New York Press.

_____, 1994. *Transpersonal Psychology in Psychoanalytic Perspective, Philosophy of Psyhology (정신분석적 관점, 심리철학에서의 초개인 심리학),* Albany: State

University of New York Press.

Watkins, John G., and Helen H. Warkins, 1997. *Ego States: Theory and Therapy (자아 상태: 이론과 치료)*, New York and London: W.W. Norton.

Weiser, J., and T. Yeomans, eds. 1984. *Psychosynthesis in the Helping Professions: Now and for the Future.* Toronto: Department of Applied Psychology/Ontario Institute for Studies in Education.

_____, eds. 1985. *Readings in Psychosynthesis: Theory, Process, & Practice.* Vol. 1. Toronto: Department of Applied Psychology/Ontario Institute for Studies in Education.

_____, eds. 1988. *Readings in Psychosynthesis: Theory, Process, & Practice.* Vol. 2. Toronto: Department of Applied Psychology/Ontario Institute for Studies in Education.

Welwood, John, 2000. *Toward a Psychology of Awakening: Buddhism, Psychotherapy, and the Path of Personal and Spritual Transformation (깨달음의 심리학: 불교, 심리치료, 개인적 그리고 영적 변형의 여정)*, Boston and London: Shambhala.

Whitfield, Charles L. 1991. *Co-dependence: Healing the Human Condition (상호 의존: 인간 조건 치유)*, Deerfield Beach, Fla.: Health Communications.

_____, 1995. *Memory and Abuse: Remembering and Healing the Effects of Trauma (기억과 학대: 외상의 영향 기억과 치유)*, Deerfield Beach, Fla.: Health Communications.

Whitmore, Diana. 1991. *Psychosynthesis Counselling in Action.* W. Dryden 편집. *Counselling in Action.* London: Sage.

Wilber, K., J. Engler, and D. Brown. 1986. *Transformations of Consciousness (의식의 변형)*, Boston: Shambhala.

Wilber, Ken. 1977. *The Spectrum of Consciousness (의식의 스펙트럼)*, Wheaton, Ill.: Theosophical Publishing.

_____. 1996. *A Brief History of Everything.* Boston and London: Shambhala.

_____, 2000. *Integral Psychology: Consciousness, Spirit, Psychology, Therapy.* Boston and London: Shambhala.

Wilson, Colin, 1972. *New Pathways in Psychology: Maslow and the Post-Freudian Revolution (심리학의 새로운 진로: Maslow and the Post-Freudian 혁명*, New York: Taplinger.

Winnicott, D.W. 1984. *Deprivation and Delinquency*. London and New York: Routledge.

_____, 1987. *The Maturational Precesses and the Facilitating Environment (성숙 과정과 촉진적 환경)*, London: Hogarth Press and the Institute of Psycho-anaylsis.

_____, 1988. *Playing and Reality (놀이와 현실)*, London: Penguin Books.

_____, 1989. "Fear of Breakdown." pp. 87-95. *Psycho-Analytic Explorations*, C. Winnicott, R. Shepherd, & M. Davis 편집, Cambridge: Harvard University Press.

Yeomans, Thomas. 1999. *Soul on Earth: Readings in Spiritual Psychology*. Concord, Mass.: The Concord Institute.

Zaehner, R.C. 1972. *Zen, Drugs and Mysticism*. New York: Pantheon Books, Random House.

찾아보기

저자 소개

| 존 퍼만John Firman, 앤 길라Ann Gila

존 퍼만과 앤 길라는 정신통합치료사로 캘리포니아, 팔로 알토Palo Alto의 개인 상담사로, 『원상처: 외상, 중독, 성장에 대한 초월적 관점』(*The Primal Wound: A Transpersonal View of Trauma, Addiction and Growth*)의 공동저자이다. 그들은 1970년대 초에 정신통합으로 훈련받았고, 퍼만은 아사지올리와 함께 훈련받았다.

역자 소개

| 이정기 박사(Ph.D.)

실존치료사(ETIK-SV-01)

한국실존치료연구소 대표소장

서울신학대학교 상담학 교수, 상담대학원장, 특임교수 역임

한국목회상담협회 감독

한국기독교상담심리치료학회 감독

한국교류분석상담학회 감독

한국가족문화상담협회 감독

한국영성과심리치료학회 감독, 창립 초대회장

미국, University of Illinois at Chicago(M.Ed. in Psychology and Education)

미국, Chicago Theological Seminary(Th.M. & Ph.D. in Theology and Psychology)

저서: 『맑은 魂으로 꿈꾸기』, 『존재는 넉넉하다』, 『목회상담 매뉴얼』, 『그
리스도 요법 입문』, 논문집 『존재의 바다에 던진 그물』, 『목회상담개
론』(공저)

역서: 『돌봄』, 『실존주의상담학』, 『실존주의 상담과 심리치료의 실제』, 『영
성과 심리치료』, 『그리스도요법』, 『상담신학』, 『전략적 목회상담』,
『실존주의 심리학』, 『성직자를 위한 건강한 영성』

| 윤영선 박사(Th.D.)

실존치료사(ETIK-SV-02)

한국실존치료연구소 소장

순복음대학원대학교 상담학 교수

한국영성과심리치료학회 감독

한국목회상담협회 전문가

한국교류분석상담학회 전문가

숙명여자대학교 영문과(BA)

서울신학대학교 상담대학원(상담학 석사)

서울신학대학교 신학전문대학원(Th.D. in Counseling Psychology, 상담심리학 박사)

저서: 『목회상담 매뉴얼』

역서: 『돌봄』, 『실존주의상담학』, 『실존주의 상담과 심리치료의 실제』, 『영성과 심리치료』

정신통합

영혼의 심리학

초판인쇄 2016년 03월 24일
초판발행 2016년 03월 31일

저 자 존 퍼만, 앤 길라
역 자 이정기, 윤영선
펴 낸 이 김성배
펴 낸 곳 도서출판 씨아이알

책임편집 박영지, 서보경
디 자 인 김나리, 하초롱
제작책임 이현상

등록번호 제2-3285호
등 록 일 2001년 3월 19일
주 소 (04626) 서울특별시 중구 필동로8길 43(예장동 1-151)
전화번호 02-2275-8603(대표)
팩스번호 02-2275-8604
홈페이지 www.circom.co.kr

I S B N 979-11-5610-199-4 93180
정 가 18,000원

여러분의 원고를 기다립니다.

도서출판 씨아이알은 좋은 책을 만들기 위해 언제나 최선을 다하고 있습니다. 토목·해양·환경·건축·전기·전자·기계·불교·철학 분야의 좋은 원고를 집필하고 계시거나 기획하고 계신 분들, 그리고 소중한 외서를 소개해주고 싶으신 분들은 언제든 도서출판 씨아이알로 연락 주시기 바랍니다. 도서출판 씨아이알의 문은 날마다 활짝 열려 있습니다.

출판문의처: cool3011@circom.co.kr
　　　　　 02)2275-8603(내선 605)

<<도서출판 씨아이알의 도서소개>>

※ 문화체육관광부의 우수학술도서로 선정된 도서입니다.
† 대한민국학술원의 우수학술도서로 선정된 도서입니다.
§ 한국과학창의재단 우수과학도서로 선정된 도서입니다.

철학/교육학

마음의 덕
Linda Trinkaus Zagzebski 저 / 장동익 역 / 2016년 2월 / 488쪽
(152*224) / 24,000원

다시 민주주의다: 한국 민주주의 실태의 철학적 성찰 사회와 철학 연구총서 ③
사회와 철학 연구회 저 / 2015년 12월 / 336쪽(152*224) / 18,000원

도덕적 감정과 직관
사빈 뢰저(Sabine Roeser) 저 / 박병기, 김민재, 이철주 역 / 2015년 12월 / 308쪽(152*224) / 20,000원

윤리적 자연주의
Susana Nuccetelli, Gary Seay 편저 / 박병기, 김동창, 이슬비 공역 / 2015년 12월 / 440쪽(152*224) / 23,000원

요가란 무엇인가
원광대학교 요가학연구소 편 / 2015년 10월 / 208쪽(148*210) / 15,000원

마음의 혁명
조지 마카리 저 / 한동석 역 / 2015년 6월 / 572쪽(152*224) / 26,000원

한국 교육 현실의 철학적 성찰 사회와 철학 연구총서 ②
사회와 철학 연구회 저 / 2014년 7월 / 456쪽(152*224) / 23,000원

구성주의를 넘어선 복잡성 교육과 생태주의 교육의 계보학
브렌트 데이비스(Brent Davis) 저 / 심임섭 역 / 2014년 6월 / 344

쪽(152*224) / 20,000원

상상의 섬, 인도 ※
장 그르니에(Jean Grenier) 저 / 배재형 역 / 2014년 5월 / 156쪽
(152*224) / 12,000원

G.E. 무어의 윤리학 ※
장동익 저 / 2014년 2월 / 268쪽(152*224) / 18,000원

세 학급이 들려주는 창조적 집단지성학습(개정판)
존 설리번(John P. Sullivan) 지음 / 현인철, 서용선, 류선옥 옮김 / 2013년 10월 / 304쪽(152*214) / 14,000원

베버
스티븐 터너 엮음 / 옹진환 옮김 / 2013년 10월 / 468쪽(152*224) / 23,000원

존 듀이 교육론
마틴 드워킨(Martin S. Dworkin) 엮음 / 황정숙 역 / 224쪽
(148*210) / 18,000원

논리와 현대화술
낸시 카벤더, 하워드 케인 저 / 김태은 역 / 2013년 6월 / 656쪽
(152*224) / 28,000원

하타요가의 철학과 수행론 금강인문총서 ⑥
박영길 저 / 2013년 3월 / 436쪽(152*224) / 23,000원

문화 및 문화현상에 대한 철학적 성찰 사회와 철학 연구총서 ①
사회와 철학 연구회 저 / 2012년 12월 / 400쪽(152*224) / 28,000원

길을 묻는 테크놀로지 - 첨단 기술 시대의 한계를 찾아서
랭던 위너 저 / 손화철 역 / 2010년 8월 / 301쪽(152*224) / 18,000원

현대 민주주의와 정치 주체 문제 - 존 듀이의 민주주의론
존 듀이 저 / 홍남기 역 / 220쪽(152*224) / 18,000원

법률가의 논리 - 소크라테스처럼 사유하라
루제로 앨디서트 저 / 이양수 역 / 408쪽(152*224) / 25,000원

불교

불교 시간론
사사키 겐준 저 / 황정일 역 / 2016년 1월 / 424쪽(152*224) / 23,000원